应用型人才培养教材

桥梁上部结构施工

李 灵 张爱芳 主 编　沈 程 副主编

化学工业出版社

·北京·

内容简介

本书为道路运输类专业教材，根据不同桥梁上部结构的特点，系统地介绍桥梁上部结构施工的基本方法。本书分为6个项目，内容包括简支梁桥施工（先张法预应力施工、后张法预应力施工、预制拼装法施工），连续梁桥施工（悬臂浇筑法施工、悬臂拼装法施工、移动模架法施工、顶推法施工和支架法施工），钢管混凝土拱桥施工（拱架现浇法施工、缆索吊装法施工、转体法施工、劲性骨架法施工），斜拉桥施工，悬索桥施工，桥面系及附属工程施工。对于重点施工方法，都配有工程案例，每个项目都配有相应思考题。

本书根据现行桥梁相关规范和最新桥梁施工技术编写，采用校企合作、工学结合的模式，有机融入课程思政元素，体现党的二十大精神，落实立德树人根本任务，具有鲜明的时代性和实践性。本书配有各施工工艺的微课视频，可扫描书中二维码获取。

本书可作为高等职业教育与应用型本科道路与桥梁工程技术、市政工程技术、公路工程等专业的教学用书，也可供从事桥梁工程施工和管理的技术人员参考。

图书在版编目（CIP）数据

桥梁上部结构施工 / 李灵，张爱芳主编；沈程副主编. -- 北京：化学工业出版社，2024. 11. -- ISBN 978-7-122-46581-8

Ⅰ. U443.3

中国国家版本馆 CIP 数据核字第 2024QF8306 号

责任编辑：李仙华　　　　　　　　　文字编辑：郝　悦　王　硕
责任校对：宋　玮　　　　　　　　　装帧设计：张　辉

出版发行：化学工业出版社
　　　　　（北京市东城区青年湖南街 13 号　邮政编码 100011）
印　　装：河北延风印务有限公司
787mm×1092mm　1/16　印张 14　字数 361 千字
2025 年 1 月北京第 1 版第 1 次印刷

购书咨询：010-64518888　　　　　　售后服务：010-64518899
网　　址：http://www.cip.com.cn

凡购买本书，如有缺损质量问题，本社销售中心负责调换。

定　　价：48.00 元　　　　　　　　　　　　　版权所有　违者必究

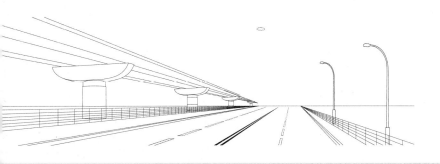

前言

2022年5月，国家颁布了《中华人民共和国职业教育法》，高等职业教育迎来了前所未有的发展机遇。为推动职业教育教学改革、服务学习型社会建设、促进"互联网+职业教育"深入发展，按照教育部2019年发布的《高等职业学校道路与桥梁工程技术专业教学标准》，融入党的二十大精神组织编写了专业核心课程"桥梁上部结构施工"的配套教材。

本书结合道路与桥梁工程施工过程中的新材料、新方法、新工艺和新设备的发展现状，以施工技术标准（规范）为出发点，注重施工实用技术，在文字叙述上力求简明扼要，辅以大量现场施工图片，对每个项目都设置了必要的思考题，并在重要的任务后配套了工程案例。这样不仅能给授课教师更多的发挥空间，而且易于学生自学、理解。

本书采用项目形式进行编写，将每一种桥梁施工方法都划分为一个独立的项目。项目的内容设置以学生为中心，注重培养学生在信息收集整理、项目实施与评价、团队合作方面的能力。

本书共分6个项目，25个任务。项目1介绍了简支梁桥的施工，重点是先张法预应力施工技术和后张法预应力施工技术；项目2介绍了连续梁桥的施工，重点讲解桥梁上部结构施工的典型方法，如悬臂浇筑法施工、悬臂拼装法施工、移动模架法施工、顶推法施工、支架法施工；项目3介绍了钢管混凝土拱桥的施工，主要是拱架现浇法施工、缆索吊装法施工、转体法施工；项目4介绍了斜拉桥的施工，重点是斜拉桥的构成、斜拉桥的施工工艺和监控技术；项目5介绍了悬索桥的施工，重点讲解了悬索桥的构造和施工方法；项目6介绍了桥面系和附属工程施工，主要内容是桥面铺装和伸缩缝的施工、桥面防水与排水施工、桥面防护措施等。通过对本书的学习，学生可掌握各种类型桥梁上部结构的施工方法，有助于培养其工程实践的能力。

本书由常州工程职业技术学院李灵、张爱芳担任主编；常州工程职业技术学院沈程担任副主编；常州工程职业技术学院徐进、张睛睛，江苏旷元建设有限公司周惠忠参编。江苏恒基路桥有限公司芮山高级工程师对本书进行了审阅。具体编写分工如下：李灵、徐进编写项目1和项目2，张爱芳、张睛睛编写项目3，张爱芳和周惠忠编写项目4，李灵编写项目5，沈程编写项目6，全书由李灵统稿。

本书配有各施工工艺的微课视频，可扫描书中二维码获取；同时还提供了电子课件，可登录网址 www.cipedu.com.cn 免费获取。

本书借鉴和参考了有关文献、资料，在此谨向这些资源的作者表示深深的谢意！

由于编者水平有限，书中不当之处在所难免，敬请读者批评指正。

编者
2024年10月

目录

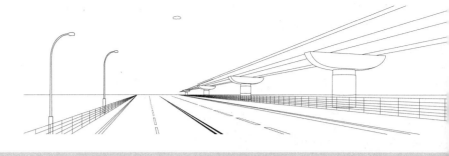

项目1 简支梁桥施工 ··· 1

任务 1.1 简支梁桥的认识与施工图识读 ··· 1
- 1.1.1 简支梁桥的跨径 ··· 1
- 1.1.2 简支梁桥的分类 ··· 3
- 1.1.3 简支梁桥施工图识读 ··· 4

任务 1.2 先张法预应力施工 ··· 14
- 1.2.1 预应力混凝土概述 ··· 14
- 1.2.2 先张法预应力施工过程与注意事项 ··· 15

任务 1.3 后张法预应力施工 ··· 20
- 1.3.1 后张法预应力施工原理 ··· 20
- 1.3.2 后张法预应力施工要点 ··· 20

任务 1.4 预制拼装简支梁施工 ··· 25
- 1.4.1 架桥机安装 ··· 25
- 1.4.2 跨墩龙门吊施工 ··· 28
- 1.4.3 起重机安装 ··· 30

任务 1.5 工程案例解析 ··· 33
- 1.5.1 0号块托架现浇施工段 ··· 35
- 1.5.2 主跨挂篮施工段 ··· 35
- 1.5.3 边跨现浇施工段 ··· 37
- 1.5.4 边跨合龙 ··· 37
- 1.5.5 中跨合龙 ··· 39
- 1.5.6 二期恒载工程 ··· 42

项目小结 ··· 42
巩固与提高 ··· 42

项目2 连续梁桥施工 ··· 43

任务 2.1 连续梁桥的认识 ··· 43
- 2.1.1 体系特点 ··· 44
- 2.1.2 构造特点 ··· 45

  2.1.3 配筋特点 …………………………………………………………………… 47
任务2.2 悬臂浇筑法施工 ………………………………………………………… 48
  2.2.1 悬臂施工法 …………………………………………………………………… 48
  2.2.2 悬臂浇筑的分类 ……………………………………………………………… 49
  2.2.3 施工准备 ……………………………………………………………………… 50
  2.2.4 施工设备 ……………………………………………………………………… 50
  2.2.5 梁体悬浇程序 ………………………………………………………………… 51
  2.2.6 梁体悬浇的要点 ……………………………………………………………… 53
  2.2.7 梁体悬浇事故的预防与处理 ………………………………………………… 54
任务2.3 悬臂拼装法施工 ………………………………………………………… 55
  2.3.1 悬臂拼装法的特点 …………………………………………………………… 55
  2.3.2 施工准备 ……………………………………………………………………… 55
  2.3.3 施工设备 ……………………………………………………………………… 56
  2.3.4 施工工艺 ……………………………………………………………………… 57
  2.3.5 施工要点 ……………………………………………………………………… 60
任务2.4 移动模架法施工 ………………………………………………………… 61
  2.4.1 施工准备 ……………………………………………………………………… 62
  2.4.2 施工设备 ……………………………………………………………………… 62
  2.4.3 施工工艺 ……………………………………………………………………… 63
  2.4.4 施工要点 ……………………………………………………………………… 64
  2.4.5 施工注意事项 ………………………………………………………………… 64
  2.4.6 质量标准及质量控制 ………………………………………………………… 65
任务2.5 顶推法施工 ……………………………………………………………… 65
  2.5.1 顶推法概述 …………………………………………………………………… 65
  2.5.2 施工准备 ……………………………………………………………………… 66
  2.5.3 梁段预制 ……………………………………………………………………… 67
  2.5.4 张拉 …………………………………………………………………………… 68
  2.5.5 施工工艺 ……………………………………………………………………… 68
  2.5.6 监测与检测 …………………………………………………………………… 70
  2.5.7 施工注意事项 ………………………………………………………………… 70
  2.5.8 施工中事故的预防与处理 …………………………………………………… 71
任务2.6 支架拼装法施工 ………………………………………………………… 71
  2.6.1 支架拼装法的特点 …………………………………………………………… 71
  2.6.2 支架拼装法的施工过程 ……………………………………………………… 72
  2.6.3 箱梁节段预制、拼装施工工艺 ……………………………………………… 74
  2.6.4 节段预制、拼装关键技术 …………………………………………………… 74

  2.6.5 节段拼装设计、施工中要注意的问题 …………………………………………… 75
任务 2.7 支架现浇法施工 ……………………………………………………………… 76
  2.7.1 施工准备 …………………………………………………………………………… 76
  2.7.2 施工材料 …………………………………………………………………………… 77
  2.7.3 施工工艺 …………………………………………………………………………… 78
  2.7.4 施工要点 …………………………………………………………………………… 85
项目小结 ………………………………………………………………………………………… 85
巩固与提高 …………………………………………………………………………………… 85

项目 3 钢管混凝土拱桥施工 …………………………………………………………… 87
任务 3.1 拱架现浇法施工 ……………………………………………………………… 87
  3.1.1 钢管混凝土拱桥拱架 …………………………………………………………… 87
  3.1.2 主拱圈浇筑施工 ………………………………………………………………… 92
  3.1.3 拱上建筑施工 …………………………………………………………………… 92
  3.1.4 施工要点 ………………………………………………………………………… 93
  3.1.5 工程案例解析 …………………………………………………………………… 95
任务 3.2 缆索吊装法施工 ……………………………………………………………… 98
  3.2.1 缆索吊装法概述 ………………………………………………………………… 98
  3.2.2 缆索吊装设备、系统的安装 …………………………………………………… 100
  3.2.3 拱肋节段制作 …………………………………………………………………… 102
  3.2.4 拱箱吊装 ………………………………………………………………………… 102
  3.2.5 拱肋合龙 ………………………………………………………………………… 104
  3.2.6 稳定措施 ………………………………………………………………………… 105
  3.2.7 吊装过程中的事故预防与处理 ………………………………………………… 106
  3.2.8 工程案例解析 …………………………………………………………………… 106
任务 3.3 转体法施工 …………………………………………………………………… 110
  3.3.1 转体法施工概述 ………………………………………………………………… 110
  3.3.2 有平衡重平转施工 ……………………………………………………………… 111
  3.3.3 无平衡重平转施工 ……………………………………………………………… 113
  3.3.4 竖转施工 ………………………………………………………………………… 115
  3.3.5 工程案例解析 …………………………………………………………………… 115
任务 3.4 劲性骨架法施工 ……………………………………………………………… 119
  3.4.1 劲性骨架法施工概述 …………………………………………………………… 119
  3.4.2 工程案例解析 …………………………………………………………………… 122
项目小结 ……………………………………………………………………………………… 126
巩固与提高 …………………………………………………………………………………… 127

项目4 斜拉桥及其施工 ························ 128
任务4.1 斜拉桥的认识 ························ 128
4.1.1 预应力混凝土斜拉桥迅速发展的主要原因 ·········· 129
4.1.2 斜拉桥的发展趋势 ························ 129
4.1.3 斜拉桥的分类 ·························· 130
4.1.4 斜拉桥的特点 ·························· 130
4.1.5 斜拉桥的结构体系 ························ 143
任务4.2 斜拉桥施工工艺 ························ 144
4.2.1 索塔施工 ···························· 145
4.2.2 主梁施工 ···························· 152
4.2.3 斜拉索施工 ··························· 154
4.2.4 工程案例解析 ·························· 159
任务4.3 斜拉桥施工监控 ························ 176
4.3.1 施工监控的方法与内容 ···················· 177
4.3.2 工程案例解析 ·························· 180
项目小结 ································· 184
巩固与提高 ································ 184

项目5 悬索桥及其施工 ························ 185
任务5.1 悬索桥的认识 ························ 185
5.1.1 悬索桥概述、基本类型与设计风格流派 ············ 185
5.1.2 悬索桥的组成 ·························· 190
任务5.2 悬索桥的施工 ························ 195
5.2.1 主塔施工 ···························· 196
5.2.2 鞍部施工 ···························· 196
5.2.3 主梁浇筑 ···························· 196
5.2.4 索部施工 ···························· 196
项目小结 ································· 198
巩固与提高 ································ 198

项目6 桥面系及附属工程施工 ···················· 199
任务6.1 桥面铺装层施工 ······················· 199
6.1.1 混凝土桥面铺装 ························ 199
6.1.2 钢桥面铺装 ··························· 201
6.1.3 桥面铺装质量标准 ······················· 201
任务6.2 伸缩装置施工 ························ 202
6.2.1 填充式伸缩装置施工 ····················· 202

6.2.2 板（梁）式伸缩装置施工 …… 203
6.2.3 齿形钢板伸缩装置施工 …… 203
6.2.4 模数式伸缩装置施工 …… 204
6.2.5 改性沥青弹塑体伸缩装置施工 …… 204
6.2.6 伸缩装置施工质量标准 …… 205

任务6.3 桥面防水与排水施工 …… 206
6.3.1 桥面防水施工 …… 206
6.3.2 桥面排水施工 …… 207

任务6.4 桥面防护设施施工 …… 209
6.4.1 人行道栏杆施工 …… 209
6.4.2 波形梁钢护栏施工 …… 210
6.4.3 组合式护栏施工 …… 211
6.4.4 防护设施施工质量标准 …… 211
6.4.5 质量评定标准 …… 212

项目小结 …… 214
巩固与提高 …… 214

参考文献 …… 215

二维码资源目录

编号	资源名称	类型	页码	编号	资源名称	类型	页码
1.1	简支梁施工图识读	视频	4	2.9	顶推法施工概述	视频	65
1.2	施工准备之技术准备	视频	4	2.10	顶推法施工准备	视频	66
1.3	T梁配筋识图	动画	9	2.11	顶推法施工工艺	视频	68
1.4	混凝土工程	视频	14	2.12	满堂支架法	视频	78
1.5	先张法预应力施工场地准备	视频	16	3.1	拱架的构造	视频	88
1.6	先张法预应力施工张拉设备	视频	17	3.2	拱架制作与安装	视频	90
1.7	先张法预应力张拉	视频	18	3.3	拱圈与拱上建筑施工	视频	92
1.8	先张法预应力松张	视频	19	3.4	拱桥的悬臂施工	视频	96
1.9	T型梁桥施工过程	动画	21	3.5	拱桥的悬臂拼装	视频	104
1.10	后张法预应力施工准备	视频	21	3.6	拱桥的转体施工	视频	111
1.11	后张法施工张拉与封锚	视频	22	3.7	钢管混凝土拱桥施工	视频	120
2.1	连续梁施工图识读	视频	45	4.1	斜拉桥主塔施工	视频	145
2.2	悬臂施工之挂篮构造	视频	49	4.2	斜拉桥桥塔施工工艺	动画	145
2.3	悬臂施工之现浇0号块施工	视频	52	4.3	斜拉桥主梁施工	视频	153
2.4	悬臂施工之挂篮混凝土浇筑	视频	53	4.4	预制箱梁施工工艺	动画	153
2.5	悬臂施工之合龙段施工	视频	54	4.5	斜拉索施工	视频	155
2.6	移动模架法之上导梁	视频	62	5.1	悬索桥锚碇施工	视频	191
2.7	移动模架法之下导梁	视频	62	5.2	悬索桥主缆施工	视频	196
2.8	移动模架施工工艺	视频	63	6.1	桥面系及伸缩缝施工	视频	199

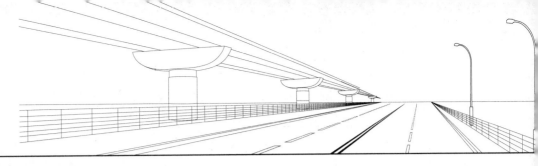

项目 1
简支梁桥施工

📄 知识目标

通过对简支梁桥施工基本知识的学习,掌握与钢筋、模板、混凝土、预应力、预制拼装相关的施工设备、施工方法、施工工艺及施工注意事项。

🎯 技能目标

通过本项目的学习,能进行与钢筋、模板、混凝土、预应力、预制拼装有关的实际操作。

📘 素质目标

通过本项目的学习,培养分析问题、解决问题的能力,科学统筹规划的能力,动手操作、沟通与协作的能力,与人协作的团队精神。

任务 1.1　简支梁桥的认识与施工图识读

1.1.1　简支梁桥的跨径

简支梁桥属中小跨径桥梁,按照《公路桥涵设计通用规范》(JTG D60—2015)的规定,当跨径在 50m 以下时应采用标准跨径。桥梁标准跨径规定为:5.0m、6.0m、8.0m、10m、13m、16m、20m、25m、30m、35m、40m、45m、50m。一般情况下,跨径 5.0~8.0m 的为钢筋混凝土板桥;跨径 10.0~20.0m 的为钢筋混凝土 T 形梁桥或预应力混凝土空心板桥;跨径 25.0~50.0m 的为预应力混凝土 T 形梁桥或箱形梁桥。

桥梁全长:按规定,有桥台的桥梁全长为两岸桥台侧墙或八字墙尾端间的距离;无桥台的桥梁全长为桥面系行车道长度。

桥梁净空:公路桥梁的净空应符合图 1.1 所示公路建筑限界的规定。高速公路、一级公路,一般以建造上、下行两座独立桥梁为宜。图 1.1 中 W 表示行车道宽度,具体数值按表 1.1 取用。其他数值应按《公路桥涵设计通用规范》(JTG D60—2015)规定取用。

表 1.1　行车道宽度 (W)

设计速度/(km/h)	120	100	80	60	40	30	20
车道宽度/m	3.75	3.75	3.75	3.50	3.50	3.25	3.00 (单车道为 3.50)

注:八车道高速公路上的桥梁,当设置左侧路肩时,内侧车道宽度可采用 3.50m。

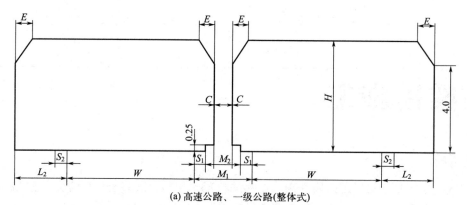

(a) 高速公路、一级公路(整体式)

注：①当桥梁设置人行道时，桥梁净空应包括该部分的宽度；
②人行道、自行车道与行车道分开设置时，其净高不应小于2.5m。

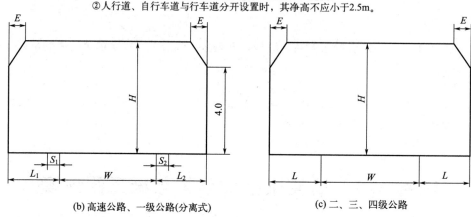

(b) 高速公路、一级公路(分离式)　　(c) 二、三、四级公路

图 1.1　桥梁净空（尺寸单位：m）

W—行车道宽度，为车道数乘以车道宽度，并计入所设置的加（减）速车道、紧急停车道、爬坡车道、慢车道或错车道的宽度，行车道宽度规定见表 1.1；

C—当设计速度大于 100km/h 时为 0.5m，当设计速度小于等于 100km/h 时为 0.25m；

S_1—行车道左侧路缘带宽度，见表 1.2；

S_2—行车道右侧路缘带宽度，应为 0.5m；

M_1—中间带（由两条左侧路缘带和中央分隔带组成）宽度，见表 1.2；

M_2—中央分隔带宽度，见表 1.2；

L—侧向宽度：高速公路、一级公路上桥梁的侧向宽度为路肩宽度（L_1、L_2），二、三、四级公路上桥梁的侧向宽度为其相应的路肩宽度减去 0.25m；

E—桥梁净空顶角宽度，当 $L \leqslant 1$m 时 $E=L$，当 $L>1$m 时 $E=1$m；

H—净空高度：对于高速公路和一级、二级公路上的桥梁应为 5.0m，对于三、四级公路上的桥梁应为 4.5m；

L_1—桥梁左侧路肩宽度（见表 1.3）；八车道及八车道以上高速公路上的桥梁宜设置左路肩，其宽度应为 2.50m，左侧路肩宽度内含左侧路缘带宽度；

L_2—桥梁右侧路肩宽度，见表 1.4。

当受地形条件及其他特殊情况限制时，L_2 可采用最小值。高速公路和一级公路上的桥梁应在右侧路肩内设右侧路缘带，其宽度为 0.5m。设计速度为 120km/h 的四车道高速公路上的桥梁，宜采用 3.50m 的右侧路肩；六车道、八车道高速公路上的桥梁，宜采用 3.00m 的右侧路肩。高速公路、一级公路上桥梁的右侧路肩宽度小于 2.50m 且桥长超过 500m 时，宜设置紧急停车带，紧急停车带宽度包括路肩在内为 3.50m，有效长度不应小于 30m，间距不宜大于 500m。

表 1.2 中间带宽度

设计速度/(km/h)		120	100	80	60
中间分隔带宽度/m	一般值	3.00	2.00	2.00	2.00
	最小值	2.00	2.00	1.00	1.00
左侧路缘带宽度/m	一般值	0.75	0.75	0.50	0.50
	最小值	0.75	0.50	0.50	0.50
中间带宽度/m	一般值	4.50	3.50	3.00	3.00
	最小值	3.50	3.00	2.00	2.00

注："一般值"为正常情况下的采用值;"最小值"为条件受限制时,可采用的值。

表 1.3 左侧路肩宽度

设计速度/(km/h)	120	100	80	60
左侧路缘带宽度/m	1.25	1.00	0.75	0.75

表 1.4 右侧路肩宽度

公路等级		高速公路、一级公路				二、三、四级公路				
设计速度/(km/h)		120	100	80	60	80	60	40	30	20
右侧路缘带宽度/m	一般值	3.00 或 3.50	3.00	2.50	2.50	1.50	0.75	—	—	—
	最小值	3.00	2.50	1.50	1.50	0.75	0.25	—	—	—

注："一般值"为正常情况下的采用值;"最小值"为条件受限制时,可采用的值。

1.1.2 简支梁桥的分类

按照截面形式的不同,简支梁桥分为以下四类。

(1) 预应力混凝土空心板桥 预应力混凝土空心板桥是小跨径简支梁桥中最常用的桥型之一,由于其桥跨结构在外形上像一块薄板,故习惯上称为板桥。

板桥的突出优点是建筑高度小,适用于桥下净空受限制的情况。与其他类型的桥梁相比,板桥可以降低桥头引道高度、缩短引道的长度,因而常常在城市道路或公路上的立交中采用。板桥还具有外形简单、质量较轻、制作和架设方便等优点。板桥的主要缺点是跨径不宜过大,这是因为随着跨径的增大,板的厚度就要增加,使得截面材料不能充分发挥作用,而且增加了自重。为此,板的截面中部常常被部分挖空,做成空心板桥。预应力混凝土简支空心板桥的跨径一般不超过20m,常见的跨径为10m、13m、16m和20m。

(2) 钢筋混凝土简支T形梁桥 目前,我国采用较多的装配式简支梁桥是T形梁桥。装配式钢筋混凝土简支T形梁桥具有以下优点:制作简单,梁肋内的钢筋可以做成刚性的钢筋骨架,各主梁之间利用多道横隔梁连接,整体性好。其缺点是:截面形状不稳定,运输和安装时较困难;构件正好在桥面板的跨中接头,对板的受力不利。为此,施工中常常将桥面板做得窄一些,然后通过现浇混凝土将桥面板连接成整体。装配式钢筋混凝土简支T形梁桥的常用跨径为10~20m。

(3) 预应力混凝土简支 T 形梁桥　预应力混凝土简支 T 形梁桥具有受力明确、构造简单和施工方便的优点，是中小跨径桥梁中应用最广泛的桥型。

① 构造布置。常用跨径在20~50m之间；主梁梁距一般在1.5~2.2m之间；横梁布置为端横梁、中横梁（布置在跨中及四分点处）。

② 主要尺寸。主梁的高跨比为 1/15~1/25。肋厚 14~16cm。横梁：中横梁 $(3/4)h$（h 表示主梁的高度），端横梁与主梁同高，宽 12~20cm，可挖空。翼板，不小于 $(1/12)h$，一般为变厚度。下马蹄，为了满足布置预应力束筋的要求，应将 T 形梁的下缘做成马蹄形。

③ 配筋特点。受力钢筋有主钢筋（主要为预应力筋）、箍筋、横梁钢筋、翼板横向钢筋；分布钢筋有架立钢筋、水平分布钢筋、支座下局部加强钢筋、锚下局部加强钢筋。横向联结通常为钢板式接头、扣环式接头、桥面板的企口铰联结。

(4) 预应力混凝土简支箱形截面梁桥　目前箱形截面梁桥应用非常广泛，典型的箱形截面形式有等截面和变截面形式，有一箱一室和一箱多室的形式。

1.1.3　简支梁桥施工图识读

在桥梁工程中，无论是雄伟壮观的大跨径桥梁，还是造型简单的小桥涵，都需要根据设计完善、绘制精确的图纸进行施工。人们借助图纸，将设计师的设计思想变成现实。在这里，人类的思想和语言要借助图纸来发挥作用，所以工程技术人员都要掌握制图知识和识图技术，否则将无法与其他技术人员进行交流。随着改革开放的深入推进，国际交流日益频繁，工程图作为"工程师的国际语言"更是不可或缺。交流经验、引进项目、劳务输出、走出国门，无一不需要图纸。

1.1.3.1　桥涵施工图的作用

桥涵施工图是审批桥涵工程项目的依据。在生产施工中，它是备料和施工的依据。当工程竣工时，要按照施工图的设计要求进行质量检查和验收，并以此评价工程质量的优劣。桥涵施工图还是编制工程概算、预算和决算及审核工程造价的依据。桥涵施工图是具有法律效力的技术文件。

二维码1.1

1.1.3.2　识读桥涵施工图的步骤

① 看图纸的设计说明及标题栏和附注，了解桥梁的位置、名称、种类、主要技术指标、施工措施及注意事项、比例、尺寸单位等。

② 看桥位平面图、桥位地质断面图，了解所建桥梁的位置、水文地质状况。

二维码1.2

③ 看总体布置图，弄清各投影图的关系，如有剖面、断面，则要找出剖切线位置和观察方向。看图时，应先看立面图，包括纵剖面图，了解桥梁类型、孔数、跨径大小、墩台数目、总长、总高、河床断面及地质情况。再对照看平面图和侧面、横剖面等投影图，了解桥的宽度、人行道的尺寸和主梁的断面形式等。这样，对桥梁的全貌便有一个初步的了解。

④ 分析阅读各构件的构造图、大样图及钢筋图，搞清构件的详细构造。

⑤ 了解桥梁各部分所使用的建筑材料，并阅读工程数量表、钢筋明细表等说明。

⑥ 看懂桥梁结构图以后，再对尺寸进行复核，检查有无错误或遗漏。

⑦ 看懂各构件以后，再回过头来阅读总体图，了解各构件的相互配置及装配尺寸，看是否有矛盾或不对应之处，直至全部看懂。

识读桥涵施工图时，要多观察桥涵构造物的实际组成及构造，多到施工现场参观，并应通过专业书籍，提前了解桥涵工程的构造情况和知识，以便于加强对桥涵施工图图示方法和图示内容的理解和掌握。

1.1.3.3 预应力混凝土空心板梁施工图识读

（1）预应力混凝土空心板梁一般构造图（图1.2）识读　桥的桥跨部分为20m的预应力混凝土简支梁。在其一般构造图中板断面图中，可以看到桥跨部分呈箱形结构，上沿宽度为89cm，两边各有5cm×5cm的倒角；下沿宽度为99cm，内部为箱形结构，倒角为8cm×8cm；梁高度为95cm，桥梁的顶板厚度为12cm，底板厚度为12cm；在其端部，距桥梁端部有厚度为50cm、强度为C40的混凝土封头，见1/2立面。混凝土封头的作用，是避免施工过程中水渗入梁体而对混凝土造成损害，影响构件的使用。

另外，通过图纸可以看到中板断面与边板断面略有不同，原因是在每一个边跨上都有混凝土防撞护栏，通过桥型布置图的铰缝钢筋施工大样可以看到其宽度为50mm。在梁与梁之间有铰缝施工，其宽度为1cm。另外，图中还有一个支座中心线的位置。在桥梁预制混凝土板梁底板上，自支座中心线的位置设预埋钢板，以便于支座安装。通过20m板梁的一般构造图，能计算出每一块中板和边板的混凝土用量，从而为材料员购买材料提供依据。

（2）20m板梁中板钢筋构造图（图1.3、图1.4）识读　施工前，要读懂先张法预应力板梁的钢筋构造图，以便为钢筋下料、钢筋购买提供充足的依据。以20m板梁中板钢筋构造图为例，在图纸中要找到相应编号所对应的钢筋形状、规格、数量以及它的位置。其中，位置信息很重要，只有找到了对应钢筋的位置，才是真正读懂了钢筋构造图。如图1.3、图1.4所示，以编号为⑮的钢筋为例，在中板底平面中找到编号为⑮的钢筋位置，通过形状判断其为底板钢筋，位于梁板的底部，数量为110，而编号为⑮a的底板钢筋有44根。

图纸中关于编号是⑮和⑮a的钢筋显示有均长。也就是说，编号为⑮的底板钢筋长度不均匀，有长有短。通过图1.4所示底板钢筋图，可以看出在梁的梁端有夹角的地方，顺着端边布置的钢筋长度有变化，越往梁中间，长度越短，直到底板钢筋与梁边缘垂直放置为止。图1.4中⑮号筋与⑭号筋、⑯号筋都是对应布置的，即在相应的位置有数量相等的钢筋。在桥梁底板底部，有编号为①、②、③、④、⑤的标准预应力筋，其直径为15.2mm，张拉控制应力采用1395MPa，预应力钢绞线标准强度为1860MPa；其两端各有失效管，采用硬塑料套管，在失效管末端有编号为⑩的螺旋钢筋，规格是直线6mm的圆钢，数量根据预应力筋的布置，共28根。失效硬塑料套管的长度为0～503mm不等，具体根据对应的预应力筋的有效长度来计算。

1.1.3.4 预应力混凝土T形梁施工图识读

装配式预应力混凝土简支T形梁相关图示见图1.5～图1.8。

装配式预应力混凝土简支T形梁的横截面类型基本上与钢筋混凝土简支梁类似，通常也做成T形。但为了方便布置预应力筋和满足锚固布置的需要，下部一般都设有马蹄加宽的下缘。某桥桥面宽为24.5m，设计荷载等级为公路-Ⅰ级，预制梁长度为30m，预制梁高为2.5m，现浇层厚80mm，沥青铺装层厚100mm，路基宽度为24.5m。图1.5为1座5片式预应力混凝土T形梁桥的上部标准横断面图。

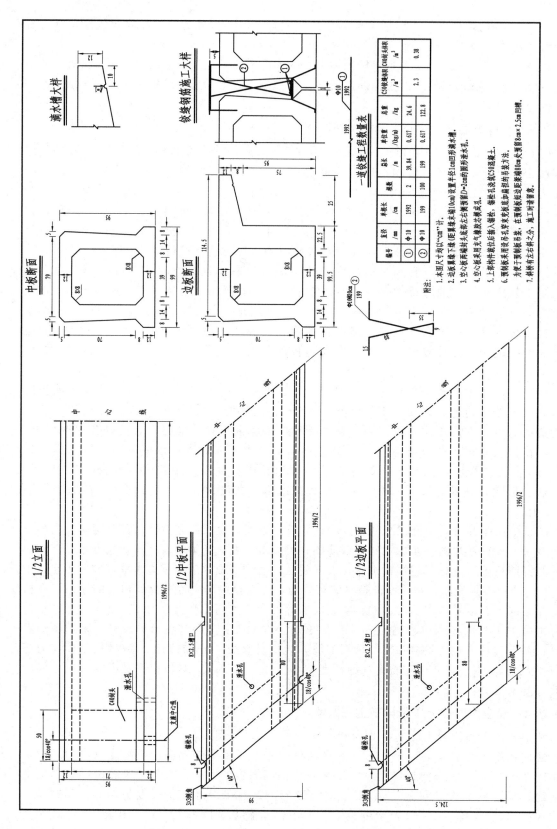

图 1.2 预应力混凝土空心板梁一般构造图

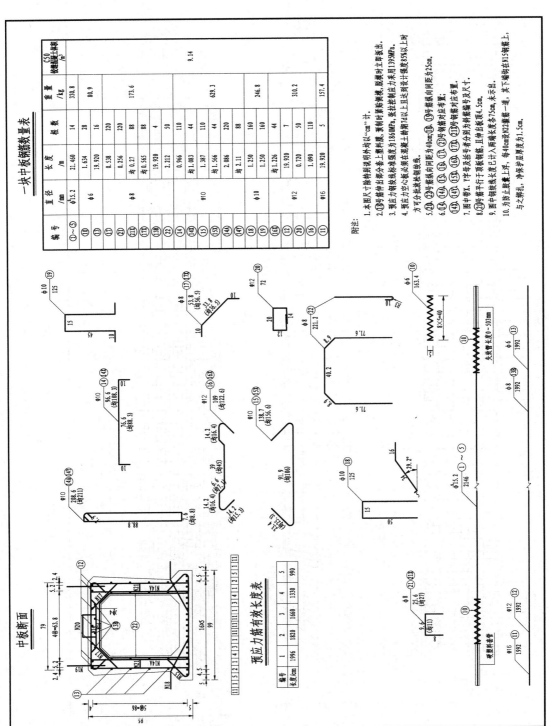

图 1.3 预应力混凝土空心板梁配筋图

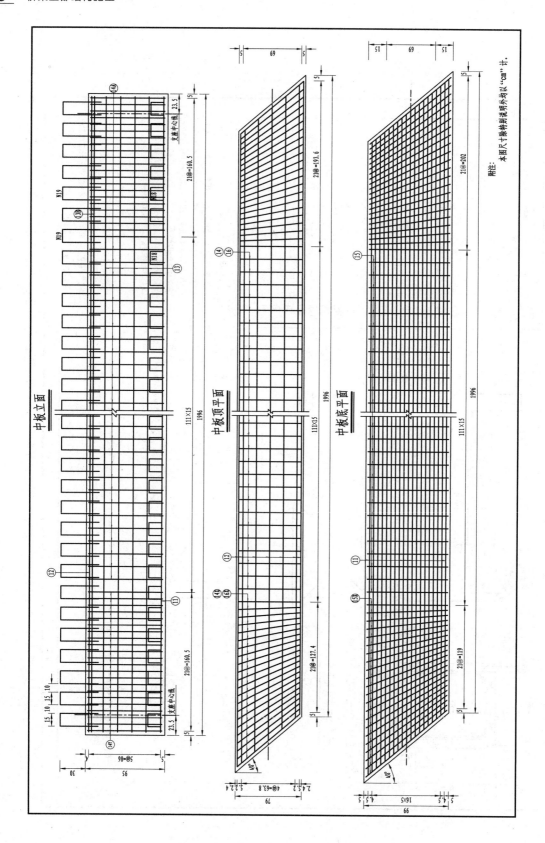

图 1.4 预应力混凝土空心板梁钢筋图

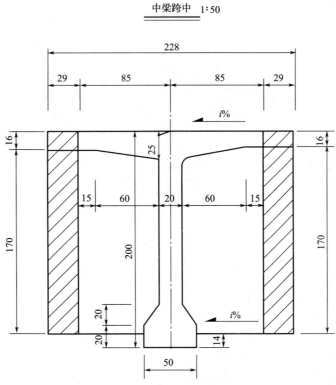

图 1.5　30m T 形梁桥横断面一般构造图（单位：cm）

二维码 1.3

（1）主梁布置　经济分析表明，对于较大跨径的预应力混凝土简支 T 形梁，当吊装质量不受限制时，主梁之间的横向间距采用较大间距比较合理，一般为 1.8～2.5m。

（2）主梁细部尺寸

① 主梁高度。预应力混凝土简支梁的主梁高度取决于采用的公路荷载等级、主梁间距及建筑高度等因素，可以在较大范围内变化。对于常用的等截面简支梁，其高跨比的取值范围为 1/15～1/25，一般随跨径增大而取较小比值，随梁数减少而取较大比值。对预应力混凝土 T 形梁，高跨比一般可取 1/16～1/18。当建筑高度不受限制时，采用较大梁高比较经济。

② 梁肋宽度。在预应力混凝土梁中，混凝土所受预应力和预应力筋弯起能抵消荷载剪力的作用。肋中的主拉应力较小，肋宽一般都由构造和施工要求确定，但不得小于 140mm。标准设计图中肋宽为 140～160mm。

③ 翼缘厚度。T 形梁上翼缘的厚度按钢筋混凝土梁的相应原则来确定。为了减小翼板和肋板连接处的局部应力集中和便于脱模，在该处一般设置折线型承托或圆角。

④ 马蹄尺寸。T 形梁下缘的马蹄尺寸应满足预加力阶段的强度要求，同时从截面效率指标 ρ 分析，马蹄应当是越宽且矮，就越经济。截面效率指标 ρ 越大，说明截面经济性越好。

马蹄的具体形状要根据预应力筋的数量和排列方式确定，同时还应该考虑施工方便和预应力筋弯曲的要求。具体尺寸建议如下：马蹄宽度为肋宽的 2～4 倍，并注意马蹄部分（特别是斜坡区）的管道保护层厚度不应小于 60mm。马蹄全宽部分的高度加上 1/2 斜坡区高度为梁高的 0.15～0.20，斜坡亦陡于 45°。

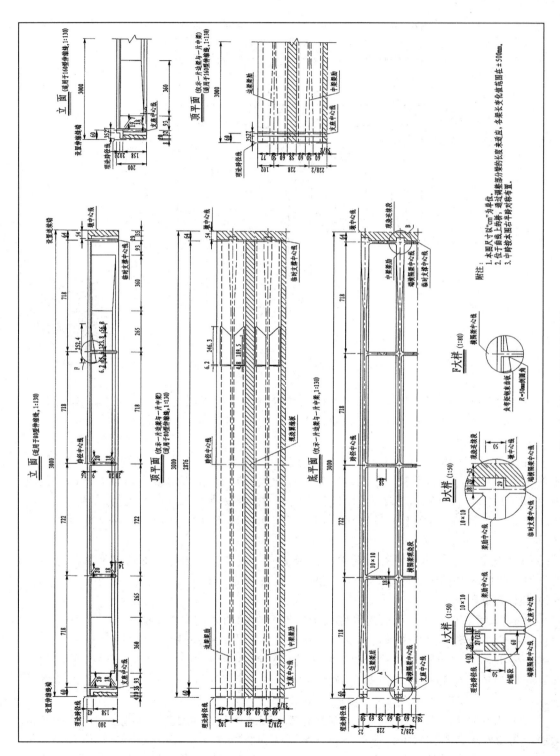

图1.6 30m T形梁构造图

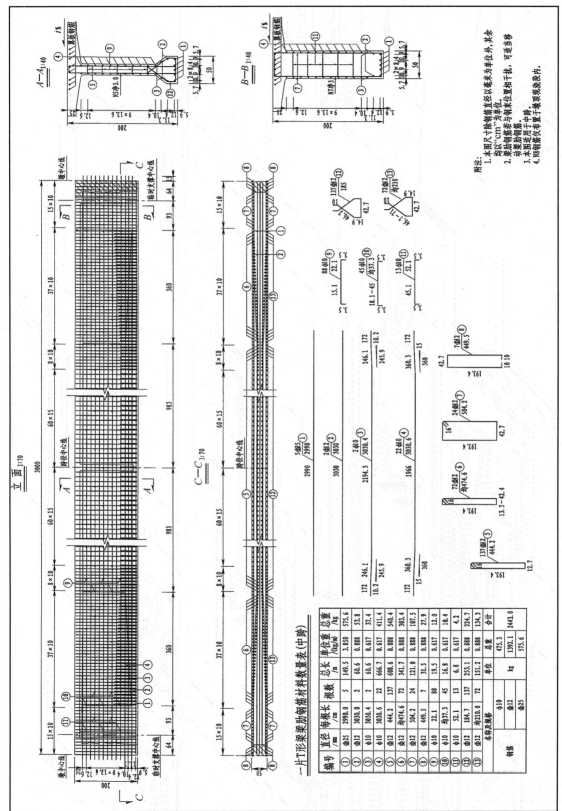

图1.7 30 m T形梁钢筋配筋图

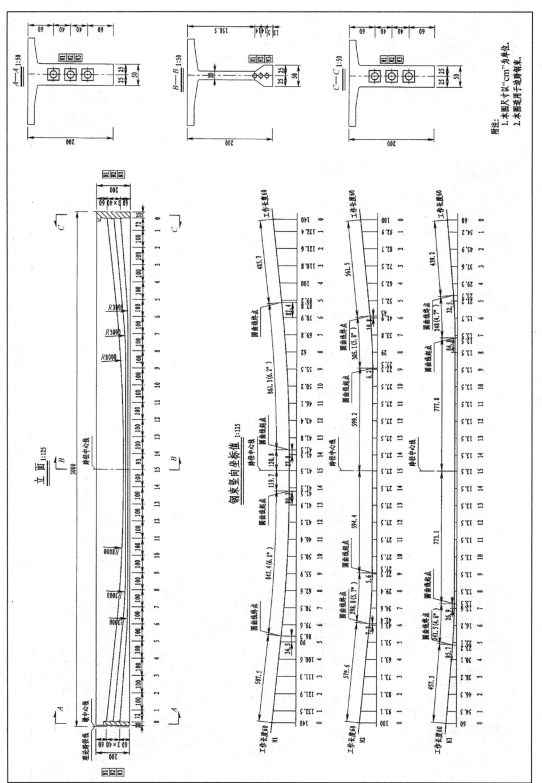

图1.8 30m T形梁预应力筋布置图

为了配合预应力筋的弯起,也为了在梁端能布置锚具和安放张拉千斤顶,在支点附近,马蹄部分应逐渐加高,腹板也应加厚至与马蹄同宽,加宽的范围最好达到一倍梁高左右,从而形成沿纵向腹板厚度和马蹄高度都变化的变截面 T 形梁。在标准设计中一般采用第一道内横隔梁向梁端逐步变化的形式。

(3) 横隔梁布置　沿主梁纵向的横隔梁布置,基本与钢筋混凝土 T 形梁相同,但中横隔梁应延伸至马蹄的加宽处。在主梁跨度较大、梁较高的情况下,为了减小质量,往往将横隔梁的中部挖空。

(4) 配筋构造　预应力混凝土梁的配筋,除主要的纵向预应力筋外,还有非预应力纵向受力钢筋、架立钢筋、箍筋、水平分布钢筋、承受局部应力的钢筋(如锚固端加强钢筋网)和其他各种钢筋。

① 纵向预应力筋布置。预应力混凝土简支 T 形梁桥,通常采用后张法施工,根据简支梁的受力特点,通常采用曲线配筋的形式。其常用的布置形式如图 1.8 所示。全部主筋直线布置的形式,仅适用于先张法施工的小跨径梁。预应力筋一般采用图 1.8 所示全部弯至梁端锚固的布置形式,这种布置张拉操作简便,预应力筋弯曲角度不大,一般都小于 20°的极限值,对减少摩阻损失有利。

对于钢束根数较多,或梁高受到限制,以致梁端不能锚固全部束筋的情况,可以将一部分预应力筋弯出两端,这样的布置形式使张拉操作稍趋烦琐,使预应力筋弯曲角度增大,达到了 25°~30°,摩阻损失也将增大。

预应力筋的布置形式与桥梁结构体系、受力情况、构造形式、施工方法都有密切关系。图 1.8 所示的后张法预应力混凝土简支梁预应力布置图中,预应力筋锚固在梁端。

从图 1.7 中梁的立面图上看,预应力束应该布置在钢束界限内,以保证梁的任何截面在弹性工作阶段时,梁的上、下缘应力不超过规定值。钢束一般在梁段三分点处弯起,同时考虑横截面的位置及锚固位置,具体多在第一道内横隔板附近弯起,弯起角度不宜大于 20°。

从梁的横断面图上看,预应力钢束在满足构造要求的同时,应尽量相互紧密靠拢,以减小下马蹄的尺寸和自重,并保证在保护梁底保护层的前提下,重心尽量靠下,以达到提高效率、节约钢材的目的。

② 纵向预应力钢束的锚固。在先张法梁中,钢丝或钢筋主要靠混凝土的握裹力锚固在梁体内;在后张法梁中,则通过各类锚具锚固在梁端或梁顶。锚具底部对混凝土产生很大的压力,而直接承压的面积小,因此应力非常集中。在锚固附近不仅有很大的压应力,还有很大的拉应力。

为了防止锚固附近混凝土出现裂缝,还必须配置足够的间接钢筋,包括加强钢筋网和螺旋筋。间接钢筋应根据局部抗压承载力的计算来确定,加强钢筋网的配置范围一般是在一倍梁高的区域。另外,锚具下还应设置厚度不小于 16mm 的钢垫板,以扩大承载面积,减小混凝土应力,也可以采用带有预埋锚具的预应力钢筋混凝土端板来锚固预应力筋,如图 1.8 所示。此时,除加强钢筋骨架外,模具下设置两层交叉钢筋网,使施工比较方便。

施加预应力之后,应在锚具周围设置构造钢筋与梁体连接,并浇筑混凝土来封锚,以保护锚具不致锈蚀。封锚混凝土的强度,不应低于构件本身混凝土强度的 80%,并不低于 C30。

③ 其他钢筋的布置。预应力混凝土梁与钢筋混凝土梁一样,需按规定的构造要求布置

箍筋、架立钢筋和纵向水平分布钢筋等。由于弯起的钢筋为梁肋混凝土提供了预剪力,主拉应力较小,一般可不设斜筋。

④ 箍筋的配置。预应力混凝土 T 形梁的腹板内应设置直径不小于 10mm 的箍筋,且采用带肋钢筋,间距不大于 250mm。自支座中心起,长度不小于一倍梁高的范围内,应采用闭合式箍筋,间距不大于 100mm,用来加强梁端承受的局部应力。纵向预应力筋集中布置在下缘的马蹄部分,该部分的混凝土承受很大的压应力,因此必须另外设置直径不小于 8mm 的闭合式加强箍筋,其间距不应大于 200mm。另外,马蹄内还必须设置直径不小于 12mm 的定位钢筋。

在预应力混凝土简支梁中,将非预应力筋与预应力筋协同配置,有时可以达到补充局部梁段内承载力的目的,从而满足承载力要求;也可以更好地分布裂缝和提高梁体韧性等,使简支梁的设计更加经济、合理。

以先张法施工的小跨度梁,如果采用直线布筋形式,在张拉阶段支点附近无法平衡的负弯矩会在梁顶引起过高的拉应力。为了防止因此可能产生的裂缝,可布置适当的局部受拉钢筋。

装配式预应力混凝土梁的横向连接构造一般与钢筋混凝土梁一样。

任务 1.2　先张法预应力施工

1.2.1　预应力混凝土概述

(1) 预应力混凝土工作原理　预应力混凝土结构是在构件承受外荷载前,预先在构件的受拉区对混凝土施加预压应力。利用钢筋张拉后的弹性回缩,对构件受拉区的混凝土预先施加压力,产生预压应力。当构件在荷载作用下产生拉应力时,首先抵消预应力,然后随着荷载不断增加,受拉区混凝土才受拉开裂,从而延迟了构件裂缝的出现并限制了裂缝的开展,提高了构件的抗裂度和刚度,如图 1.9、图 1.10 所示。

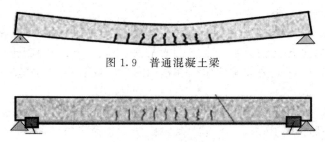

图 1.9　普通混凝土梁

二维码 1.4

图 1.10　预应力混凝土梁

(2) 预应力筋原材料

① 钢丝:钢材的板、管、型、丝四大品种之一,是用热轧盘条经冷拉制成的再加工产品,要符合现行《预应力混凝土用钢丝》(GB/T 5223) 的规定。

② 钢绞线:由多根钢丝绞合构成的钢铁制品,碳钢表面可以根据需要增加镀锌层、锌铝合金层、包铝层、镀铜层、环氧树脂层,要符合现行《预应力混凝土用钢绞线》(GB/T 5224) 的规定。

③ 预应力混凝土用螺纹钢筋（也称精轧螺纹钢筋）：在整根钢筋上轧有外螺纹的大直径、高强度、高尺寸精度的直条钢筋。该钢筋在任意截面处都可拧上带有内螺纹的连接器进行连接或拧上带螺纹的螺母进行锚固，要求符合现行《预应力混凝土用螺纹钢筋》（GB/T 20065）的规定。

(3) 预应力材料进场验收

① 钢丝验收要求：

a. 每检验批次质量不大于60t。

b. 先从每批中抽查5%（不少于5盘）进行形状、尺寸和表面检查，如检查不合格，则对该批钢丝逐盘检查。

c. 在检查合格的钢丝中抽取5%（不少于3盘），在每盘钢丝的两端取样进行抗拉强度、折弯强度和伸长率的试验。

d. 试验结果如有一项不合格，则不合格盘报废，并从同批未试验过的钢丝盘中取双倍数量的试样进行该不合格项的复验，如仍有一项不合格，则该批钢丝不合格。

② 钢绞线验收要求：

a. 每检验批次质量不大于60t。

b. 从每批钢绞线中任取3盘，并从每盘所选的钢绞线端部正常部位截取一根试样进行表面质量、直径偏差和力学性能试验。如每批少于3盘，则应逐盘取样进行上述试验。

c. 试验结果如有一项不合格，则不合格盘报废，再从该批未试验过的钢绞线中取双倍数量的试样进行该不合格项的复验，如仍有一项不合格，则该批钢绞线不合格。

③ 精轧螺纹钢筋验收要求：

a. 每检验批次质量不大于100t。

b. 对表面质量应逐根目视检查，外观检查合格后在每批中任选2根钢筋截取试件进行拉伸试验。试验结果如有一项不符合《公路桥涵施工技术规范》（JTG/T 3650—2020）要求，则另取双倍数量的试件重做全部各项试验，如仍有一根试件不合格，则该批钢筋不合格。

注：拉伸试验的试件，不允许进行任何形式的加工。

(4) 预应力筋的制作　下料长度：

① 计算长度时应考虑构件或台座长度、锚夹具厚度、千斤顶长度、焊接接头或镦头预留量、冷拉伸长值、弹性回缩值、张拉伸长值和外露长度等因素。

预应力筋下料长度＝台座长度＋2×张拉横梁宽度＋2×夹具厚度＋2×100mm（富余量）

② 用钢丝束镦头锚具时，宜采用等长下料法对钢丝进行下料。

切割工艺：采用切割机或砂轮锯，严禁采用电弧焊切割。

1.2.2　先张法预应力施工过程与注意事项

预应力混凝土先张梁的制梁工艺是在浇筑混凝土前张拉预应力筋，并将其临时锚固在张拉台座上，然后立模浇筑混凝土，待混凝土达到规定的强度后，逐渐将预应力筋放松。预应力筋的回缩力通过其与混凝土之间的黏结作用传递给混凝土，从而使混凝土获得预压应力。图1.11为先张法预应力混凝土梁预制工艺示意图，图1.12为先张法预应力混凝土梁预制工艺流程。

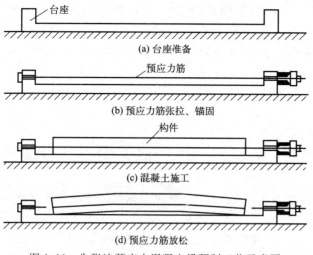

图 1.11 先张法预应力混凝土梁预制工艺示意图

二维码 1.5

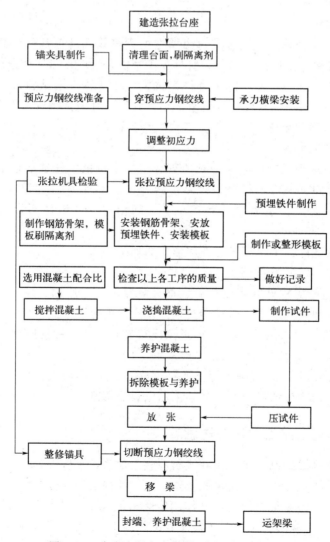

图 1.12 先张法预应力混凝土梁预制工艺流程

(1) 台座准备　台座组成如图 1.13 和图 1.14 所示。

① 底板：有整体式混凝土台面和装配式台面两种，作为预制构件的底模。

② 承力架或支承架：台座的主要受力结构。其形式很多，如框架式、墩式、槽式等。

③ 横梁：将预应力筋的张拉力传给承力架的横向构件。常用型钢或钢筋混凝土制作。

④ 定位板：用来固定预应力筋位置的构件，一般是用钢板制成的。定位板上的孔位按梁体预应力筋的位置设置，孔径比预应力筋直径大 2~4mm，以便穿筋。

⑤ 固定端装置：用于固定预应力筋位置并在梁预制完成后放松预应力筋。它设在非张拉端，仅用于一端张拉的先张台座。

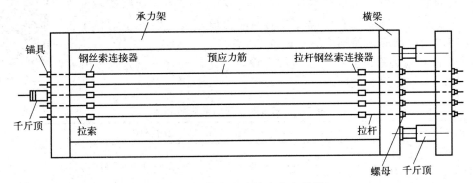

图 1.13　先张法张拉台座布置图

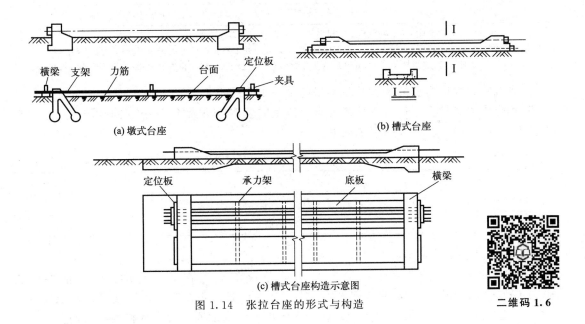

图 1.14　张拉台座的形式与构造

台座类型：

① 框架式台座：由纵梁（压柱）、横梁、横系梁组成框架承受张拉力，一般采用钢筋混凝土在现场整体浇筑。

② 墩式台座，墩式台座如图 1.14(a) 所示。横梁直接和墩或桩基连成整体，共同承受张拉力。墩式台座构造简单、造价较低，缺点是稳定性较差、变形较大，设计时必须保证具有足够的强度、刚度。

③ 槽式台座，如图 1.14(b) 所示。

④ 拼装式钢管混凝土台座：以钢管混凝土作为压柱，压柱两端采用型钢立柱和型钢框架内装片石来压重的平衡体与压柱连接，组成台座承力架。此类台座具有施工迅速、方便，可重复使用，造价低的特点，常用于铁路桥梁。

（2）先张法预应力筋张拉

① 张拉前先安装定位板，检查定位板的预应力筋孔位置和孔径大小是否符合设计要求，然后将定位板固定在横梁上。在检查预应力筋数量、位置、张拉设备和锚具后，方可进行张拉。

② 同时张拉多根预应力筋时，应预先调整其单根预应力筋的初应力，使相互之间的应力一致，再整体张拉。张拉过程中，应使活动横梁与固定横梁始终保持平行，并应检查预应力筋的预应力值，其偏差的绝对值不得超过一个构件全部预应力筋预应力总值的 5%。

③ 先张法预应力筋的张拉程序应符合设计规定；设计未规定时，其张拉程序可按表 1.5 的规定进行。

二维码 1.7

表 1.5 先张法预应力筋张拉程序

预应力筋种类		张拉程序
钢丝、钢绞线	夹片式等具有自锚性能的锚具	低松弛预应力筋：0→初应力→δ_{con}（持荷 5min 锚固）
	其他锚具	0→初应力→$1.05\delta_{con}$（持荷 5min）→0→δ_{con}（锚固）
螺纹钢筋		0→初应力→$1.05\delta_{con}$（持荷 5min）→$0.9\delta_{con}$→δ_{con}（锚固）

注：1. δ_{con} 为张拉时的控制应力值，包括预应力损失值。
2. 超张拉数值超过规定的最大超张拉应力限值时，应按该条规定的限制张拉应力进行张拉。
3. 张拉螺纹钢筋时，应在超张拉并持荷 5min 后放张（放松）至合适程度时，然后再安装模板、普通钢筋及预埋件等。

④ 张拉时，预应力筋的断丝数量不得超过表 1.6 的规定。

⑤ 预应力筋张拉完毕后，其位置与设计位置的偏差应不大于 5mm，同时应不大于构件最短边长的 4%，且宜在 4h 内浇筑混凝土。

表 1.6 先张法预应力筋断丝数量限制

预应力筋种类	检查项目	控制数
钢丝、钢绞线	同一构件内断丝数量不得超过钢丝总数的百分比	1%
螺纹钢筋	断筋	不容许

（3）先张法预应力筋放松方法

① 砂箱放松法。放松装置应在预应力筋张拉前放置在非张拉端。张拉前将砂箱（图 1.15）活塞全部拉出，箱内装满干砂，让其顶住横梁。张拉时箱内砂被压实，承受横梁反力。放松预应力筋时，打开出砂口让砂慢慢流出，活塞缩回，逐渐放松预应力筋。

② 千斤顶放松法。在台座固定端的承力架与横梁之间，张拉前安放两个千斤顶，待混凝土达到规定放松强度后，即可让两千斤顶同步回程，使拉紧的预应力筋慢慢回缩，将预应力筋放松。

张拉端放松：在张拉端利用连接器、拉杆、双螺母放松预应力筋，如图 1.16 所示。所施加应力不应超过原张拉时的控制应力，之后将固定在横梁定位板前的双螺母慢慢旋动，同一组放松的预应力筋螺母旋动的距离应相等。然后再将千斤顶回油。张拉→放松螺母→回油，反复进行，慢慢放松预应力筋。

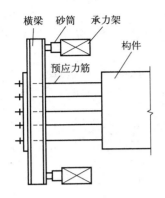 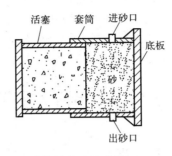 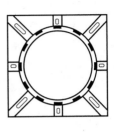

图 1.15 砂箱放松法示意图

固定端放松：在台座固定端设置螺杆和张拉架，张拉架顶紧横梁让预应力筋锚固在张拉架上，如图 1.17 所示；放松时，再略微拉紧预应力筋，让其伸长一些，然后拧松螺母，再将千斤顶回油，预应力筋就慢慢回缩，张拉力即被释放。

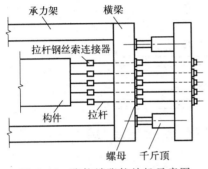 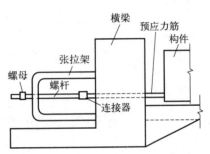

图 1.16 张拉端张拉放松示意图　　图 1.17 固定端张拉放松示意图

③ 滑楔放松法。张拉前将三块钢制 U 形滑楔放在台座横梁与螺母之间，如图 1.16 所示，在中间滑楔上设置螺杆、螺栓顶住预应力筋。张拉完成后，旋松螺栓，因反力作用，中间滑楔向上滑动，将预应力筋慢慢放松（图 1.18）。

先张法预应力筋放张规定：

① 预应力筋放张时构件混凝土的强度和弹性模量（或龄期）应符合设计规定；设计未规定时，混凝土的强度应不低于设计强度的 80%，弹性模量应不低于混凝土 28 天弹性模量的 80%，当采用混凝土龄期代替弹性模量控制时应不少于 5 天。

② 在预应力筋放张之前，应将限制位移的侧模、翼缘模板或内模拆除。

③ 预应力筋的放张顺序应符合设计规定；设计未规定时，应分阶段、均匀、对称、相互交错地放张。

④ 多根整批预应力筋的放张：当采用砂箱放张时，放砂速度应均匀、一致；采用千斤顶放张时，放张宜分数次完成。单根钢筋采用拧松螺母的方法放张时，宜先两侧后中间，并不得一次将一根预应力筋松完。

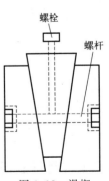

图 1.18 滑楔

二维码 1.8

⑤ 放张后,预应力筋在构件端部的内缩值宜不大于1.0mm。

⑥ 预应力筋放张后,对钢丝和钢绞线,应采用机械切割的方式进行切断;对螺纹钢筋,可采用乙炔-氧气切割,但应采取必要措施防止高温对其产生不利影响。

⑦ 长线台座上预应力筋的切断顺序,应由放张端开始,依次向另一端切断。

任务1.3 后张法预应力施工

1.3.1 后张法预应力施工原理

预应力混凝土后张梁的制梁工艺是先浇筑留有预应力筋孔道的梁体,待混凝土达到规定的强度后,再在预留孔道内穿入预应力筋进行张拉锚固(有时预留孔道内已事先穿束,待混凝土达到规定的强度后,再进行预应力筋张拉锚固),最后进行孔道压浆并浇筑梁端封锚混凝土。图1.19为后张法预应力混凝土简支T形梁施工工艺示意图,图1.20为后张法预应力混凝土简支T形梁施工工艺流程图。

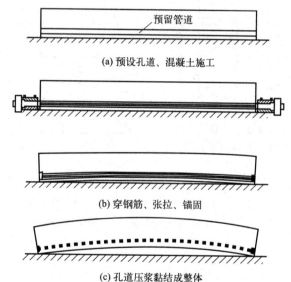

图1.19 后张法预应力混凝土简支T形梁施工工艺示意图

1.3.2 后张法预应力施工要点

1.3.2.1 预应力筋加工

后张法预应力混凝土梁可采用钢丝、钢绞线、热处理钢筋、冷拉Ⅳ级钢筋及精轧螺纹钢筋作为预应力筋,其中钢绞线和钢丝应用较为广泛。

(1)预应力粗钢筋的加工 直径12～32mm的预应力粗钢筋要经过下料、对焊、冷拉、端头镦粗或轧丝等工序。

(2)高强钢丝的加工

① 高强钢丝的来料一般为盘装形式,打开后基本呈直线,一般无须整直即可下料。

② 编束时,应逐根理顺,绑扎牢固,防止互相缠绕。

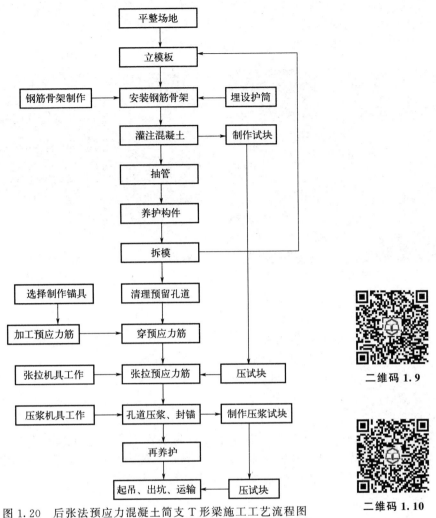

图 1.20 后张法预应力混凝土简支 T 形梁施工工艺流程图

(3) 钢绞线的加工

① 钢绞线的下料长度由孔道长度和工作长度决定：

预应力筋下料长度＝孔道长度＋2×工作锚厚度＋2×张拉设备(千斤顶、限位环等)长度
＋2×工具锚厚度＋2×100mm(富余量)

② 钢绞线的切割宜采用切割机和砂轮锯，不得使用电弧焊切割。

1.3.2.2 预留孔道

(1) 孔道形成　在浇筑梁体混凝土前，按梁内预应力筋的设计位置先安放制孔器，待梁体混凝土达到一定强度后，抽拔出制孔器（当用抽拔式制孔器时），即形成孔道。孔道形成过程包括制孔器的选择、安装和抽拔以及通孔检查等工作。

(2) 制孔器分类　无论采用何种制孔器，所有管道均应设压浆孔，还应在最高点设排气孔及在需要时于最低点设排水孔。

① 埋置式制孔器（图 1.21）：在梁体制成后留在梁内，形成孔道壁，对预应力筋的摩阻力小，但加工成本高，不能重复使用，金属材料耗用量大。埋置式制孔器主要有铁皮管式和铝合金波纹管式 2 种。

② 抽拔式制孔器（图 1.22）：在浇筑梁体混凝土前，安放在预应力筋的设计位置上，等初凝后将其拔出，梁体内即形成孔道。该种制孔器能够周转使用，省料、经济。抽拔式制孔器主要有橡胶抽拔管、金属伸缩抽拔管、钢管 3 种。

图 1.21　埋置式制孔器

图 1.22　抽拔式制孔器

1.3.2.3　预应力筋穿束

预应力筋可在浇筑混凝土之前或之后穿入管道。穿束前应检查锚垫板和孔道；锚垫板应位置准确；孔道内应畅通，无水和其他杂物。采用的方法有：

① 人工直接穿束。

② 机械穿束。

a. 卷扬机穿束。

b. 穿束机穿束。将钢绞线从盘架上拉出后从孔道的一端快速地（速度为 3～5m/s）推入孔道。当带有护头的束前端穿出孔道另一端时，留出必要的工作长度，然后用电动切线机予以截断，再将新的端头戴上护头穿第二束，直至完成所有穿束工作。

1.3.2.4　预应力筋的张拉

① 张拉之前，宜对不同类型的孔道进行至少一个孔道的摩阻测试，通过测试所确定的 u 值和 k 值用于对设计张拉控制应力的修正，对长度大于 60m 的孔道宜适当增加摩阻测试的数量。

② 张拉时，结构或构件混凝土的强度、弹性模量（或龄期）应符合设计规定；设计未规定时，混凝土的强度应不低于设计强度的 80%，弹性模量应不低于混凝土 28 天弹性模量的 80%，当采用混凝土龄期代替弹性模量控制时，应不少于 5 天。

二维码 1.11

③ 两次张拉工艺：

预应力混凝土梁在混凝土强度达到设计强度之前，先张拉一部分预应力筋，对梁体施加较低的预压应力，使梁体能承受自重荷载，将梁移出生产梁位；

预制梁移出生产梁位后，继续进行养护，待达到混凝土设计强度后，进行其他预应力筋的张拉工作。

④ 两端张拉时，各千斤顶之间同步张拉力的允许误差宜为 ±2%。

⑤ 后张法预应力筋的张拉程序应符合设计规定；设计未规定时，可按表 1.7 的规定进行。

表 1.7 后张法预应力筋张拉程序

锚具和预应力筋种类		张拉程序
夹片式等具有自锚性能的锚具	钢绞线束、钢丝束具	低松弛预应力筋:0→初应力→δ_{con}(持荷 5min 锚固)
其他锚具	钢绞线束	0→初应力→1.05δ_{con}(持荷 5min)→δ_{con}(锚固)
	钢丝束	0→初应力→1.05δ_{con}(持荷 5min)→0→δ_{con}(锚固)
螺母锚固锚具	螺纹钢筋	0→初应力→δ_{con}(持荷 5min)→0→δ_{con}(锚固)

注:1. δ_{con}为张拉时的控制应力,包括预应力损失值。
2. 两端同时张拉时,两端千斤顶升降压、画线、测伸长等工作应同时进行。
3. 超张拉数值超过最大超张拉应力限值时,应按该条规定的限值进行张拉。

⑥ 后张法预应力筋断丝及滑移的数量不得超过表 1.8 的控制数。

表 1.8 后张法预应力筋断丝、滑移数量限制

类别	检测项目	控制数
钢丝束、钢绞线束	每束钢丝断丝或滑丝	1 根
	每束钢绞线断丝或滑丝	1 丝
	每个断面断丝之和不超过该断面钢丝总数的百分比	1%
螺纹钢筋	断筋或滑移	不允许

注:1. 钢绞线断丝系指单根钢绞线内钢丝的断丝。
2. 超过表列控制数时,原则上应更换;当不能更换时,在许可的条件下,可采取补救措施,如提高其他束预应力值,但必须满足设计各阶段极限状态的要求。

⑦ 切割时应采用砂轮锯,严禁采用电弧焊进行切割,同时不得损伤锚具。

1.3.2.5 孔道压浆

① 压浆目的:保护预应力筋(束)免于锈蚀,并使它们与构件相黏结而形成整体。

② 压浆是用压浆机(拌和机加水泥泵)将水泥浆压入孔道,并使孔道从一端到另一端充满水泥浆,且不使水泥浆在凝结前漏掉。为此需在两端锚具上或锚具附近的预制梁上设置接口(连接带阀压浆嘴)和排气孔。

③ 注意事项:

a. 压浆前,应对孔道进行清洁、润湿处理,并用吹风机排除积水。

b. 压浆时,对曲线孔道和竖向孔道应从最低点的压浆孔压入,由最高点的排气孔排气和泌水。压浆顺序宜先压注下层孔道。

c. 比较集中和附近的孔道,宜尽量连续压浆完成,以免窜到邻孔的水泥浆凝固,堵塞孔道。

d. 压浆应使用活塞式压浆泵,不得使用压缩后的空气。压浆应达到孔道另一端饱满和出浆,排气孔排出与规定稠度相同的水泥浆为止。

e. 压浆过程中及压浆后 3 天内,结构混凝土的温度不应低于 5℃,否则应采取保温措施。当气温高于 35℃时,压浆宜在夜间进行。

1.3.2.6 封锚

压浆后应先将其周围冲洗干净并对梁端混凝土凿毛,然后设置钢筋网浇筑封锚混凝土。封锚混凝土的强度应符合设计规定,一般不宜低于构件混凝土强度的 80%。必须严格控制封锚后的梁体长度。长期外露的锚具,应采取防锈措施。

锚具分类如下：

靠楔作用的原理产生对钢丝的摩擦夹紧，摩阻锚固：夹片锚、锥形锚。

靠通过钢丝端所形成的镦头或螺母直接承压，承压锚固：墩头锚、螺纹锚。

靠散开的锚头和混凝土之间的黏结力来锚固，黏着锚固：压花锚、固端锚。

(1) 锥形锚具　由锚圈和锚塞两部分组成，如图1.23所示。

工作原理：钢丝穿过锚圈并贴紧其内壁，靠一锥形的锚塞楔紧，靠楔作用的原理产生对钢丝的摩擦夹紧。适用预应力筋：$\phi 5mm$、$\phi 7mm$ 高强钢丝。

缺点：钢丝回缩量大，引起的应力损失大。

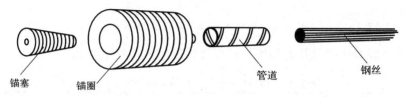

图1.23　锥形锚具

(2) 夹片锚　一种由夹片、锚板及锚垫板等部分组成的锚具，如图1.24所示。

工作原理：用楔形夹片夹住钢绞线，放在锚板的锥形的孔洞内，通过楔块作用的原理锚固钢绞线。

适用预应力筋：钢绞线。

缺点：钢丝回缩量大，引起的应力损失大。

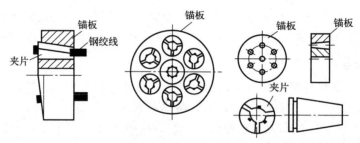

图1.24　三分式夹片锚

(3) 镦头锚　由锚环、锚圈、冷镦头三部分组成，如图1.25所示。

工作原理：将预应力筋穿过锚环的蜂窝眼后，用专门的镦头机将钢筋或钢丝的端头镦粗，直接锚固在锚环上，张拉后用锚圈旋紧，于是锚圈通过支承垫板将预压力传到混凝土体上。

适用预应力筋：直径5mm、7mm的高强度钢丝。

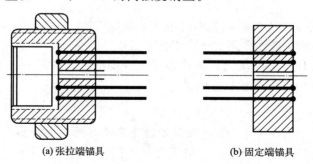

(a) 张拉端锚具　　　　(b) 固定端锚具

图1.25　镦头锚

优点:预应力回缩量小,即预应力损失小。

缺点:要求下料长度精确,否则会因受力不均而发生断丝现象。

(4)轧丝锚 由螺母和锚板组成,如图1.26所示。

工作原理:在预应力筋端部有螺纹段(或沿钢筋全长均有精轧螺纹),待张拉完毕后,旋紧螺母,预拉力则通过螺母和垫板传力到混凝土体上。

适用预应力筋:粗钢筋。

优点:张拉操作方便;锚具的预应力损失小,适用于短小预应力混凝土构件;能用简单的套筒加以接长;能多次重复张拉与放松。

缺点:刚度大。

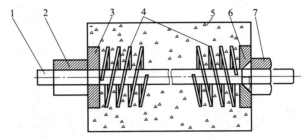

图1.26 轧丝锚
1—粗钢筋;2—套筒;3—垫板;4—螺旋筋;5—现浇混凝土;6—固定锚板;7—螺母

任务1.4 预制拼装简支梁施工

1.4.1 架桥机安装

架桥机在预制拼装简支梁施工中主要完成提梁、运梁、架梁的工作,其按纵导梁形式可分为:单导梁架桥机和双导梁架桥机;按过孔形式可分为:需在桥面铺设轨道做梁的纵移的轮轨式架桥机和不需铺设轨道的步履式架桥机。随着高速公路桥梁架桥施工的需要,轮轨式架桥机逐步被步履式架桥机所取代。因此,目前我国公路用架桥机通常采用步履式单导梁架桥机和步履式双导梁架桥机。

目前各种类型的公路架桥机,其架梁工艺与铁路架桥机一样,应该有一个统一的架梁规程,这样才能使公路桥梁行业有章可循,安全、有效运转。由于公路架桥机是架设公路桥梁预应力钢筋混凝土梁片的专用设备,其架梁规程可结合架桥机的类型安排。

1.4.1.1 施工准备

① 首先对作业人员进行技术交底,熟读设备使用说明书及其他有关出厂技术文件,了解设备组成、结构特点,准备组装场地、机具和人力,明确具体组装任务。

② 架桥机经装拆、运输到桥台处后,应首先注意检查以下事项:

a. 检查、清点各构件、联接件、机电设备组成部分是否完整,电气元件及电缆数量是否符合,结构和机电元件是否完好无损。

b. 检查各部件是否无杂物附着、达到整洁状态,特别是运动机构。

c. 检查电缆是否安全、可用,需无断路和绝缘损坏现象。

③ 架桥机经组装后,应检查下列项目:

a. 检查各部分螺栓紧固情况,不能忽视任何一个螺栓。
b. 检查液压系统油面高度是否符合要求。
c. 检查液压系统管路是否有松动和泄漏。
d. 检查运动减速机润滑油是否符合使用要求。
e. 检查电气系统是否可安全操作。
f. 检查吊梁钢丝绳是否符合要求。
g. 检查限位开关、电铃是否正常。
h. 检查随车机具、工具是否齐全。
i. 检查电机制动部分是否可用、正常。
j. 检查全车是否进行了一次全面润滑。

1.4.1.2 设备组成

架桥机设备主要由主导梁、引导梁、辅助顶杆、前支腿(支点)、中支腿、后支腿、纵行台车、吊重行车、运梁车、液压系统、电气控制等系统组成,如图1.27所示。

图1.27 架桥机总体图

1.4.1.3 施工工艺流程

施工工艺流程见图1.28。

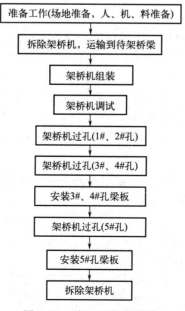

图1.28 施工工艺流程图

1.4.1.4 简支梁架桥机施工的要点及注意事项

(1) 运输

① 架桥机拆除、运输时，应特别注意避免扭弯、撞击，防止各构件损坏和变形等事故。

② 吊运时必须绑扎牢固，且捆扎处设置衬垫物，捆扎位置以竖杆节点位置为宜。

③ 存放时应放置平稳，并用枕木垫平、垫实。

(2) 组装

① 在桥头路基或桥面上依次按总装图要求组装、摆放中支腿横移轨道，在桥台上摆放前支腿横移轨道，用硬木支垫水平，并保证各轨基础底面差不大于20mm，纵向间距差不大于20mm。

② 在横移轨道上依次吊装摆放前支腿、中支腿横移台车，然后将前支腿、中支腿吊至台车上固定，用临时缆绳固定好前支腿、中支腿，用木塞塞好，保证两支腿纵向直线度。

③ 在前支腿、中支腿间搭设枕木垛，从前至后组拼引导梁、主导梁、单元梁销接、引导梁横联和前、后横联，使纵导梁连接成整体。组装时应严格控制水平旁弯小于$L/2000$（L为两支腿间距离），达到精度后方可连接销轴、拧紧螺栓。

④ 分别将前支腿、中支腿悬挂自行装置，后支腿组装在引导梁、主导梁上成整体。

⑤ 将横导梁台车吊置在纵导梁上面的纵移轨道上，然后将横导梁落在其上并连接固定好。

⑥ 吊装吊梁行车于横导梁上。安装、布置液压管路、电气控制线路。

(3) 过孔 见图1.29。

① 收起前辅助顶杆，支前、后支腿，将两行车并行置于导梁尾端前方8m位置，将中支腿前移17m。

② 落回导梁，收起后支腿油缸，将导梁纵向前移23m至前辅助顶杆到前方桥台并固定好。

③ 顶起后支腿，将中支腿前移至前方桥台架梁位，收起前支腿，驱动前支腿纵行动力至前方桥台并固定好。将两行车并行置于原前支腿位前方8m，锁前支腿与导梁体。

④ 收前辅助顶杆、后支腿，解除前支腿与导梁固定件。

⑤ 将导梁从原位前行17m，并锁固前、后支腿，以及导梁锁定机构。

图1.29 过孔

(4) 运梁

① 运梁台车在梁场停放后，采用梁场龙门吊或其他方式将梁片吊或移至运梁台车上方。

② 运梁车装梁时，梁片重心应落在台车纵向中心线上，偏差不得超过 20mm，在曲线上装梁时，可使梁片中心与台车纵向中心线略成斜交。

③ 梁片落在台车上时，梁前端应超出台车支承横梁 2~3m，如受施工条件限制，可按照规范利用其最大悬出位置，梁片与台车支承间应垫放硬木板或纤维层胶皮，以保护梁片混凝土。

④ 运梁台车运送梁片时，两台车应分别有专人护送，预防梁片支撑松动。

⑤ 运梁台车重载速度为 5m/min，由专人操作控制动力。

⑥ 运梁轨道基础应坚实、平整，不得有死弯、三角坑等，枕木排列间距应小，且两轨间应有横联定位，以保证轨距准确，两轨应保持水平。

(5) 落梁　公路架梁作业，应先架设外边梁，由外向内逐片架设。架梁作业顺序应严格按要求进行，不得擅自改变作业要求。作业顺序：在架设外边梁时，应在梁体对孔位后下落至距桥台最高点 20cm 以上时停止落梁；驱动整机横移动力，使梁体对位于支座垫石上，支护好梁体，撤除吊梁钢丝绳。

① 落梁顺序应按外边梁→外次边梁→中梁进行架设，运梁应根据架梁顺序进行；

② 梁体横移轨道应水平，三条轨道间距离应符合设计尺寸，误差不得大于 15mm；

③ 横移挡块应在满足架设情况下设置，不得有太多余量；

④ 当架设第一片时，应注意梁体稳定、可用，对防护支撑要求较高，防护措施应安全可用、万无一失。

(6) 桥梁落位安支座　梁片到达支座上方后，应精细调整梁片和支座在平面、立面上的位置，使之符合有关规定要求后落梁就位。

(7) 解体　当单项桥梁架设工程完工后，对架桥机解体应按以下顺序进行：

① 同时收前支腿、后支腿，降导梁于低位并支好；

② 解除动力电源，撤除机上动力、控制电缆；

③ 先用吊车拆下前、后吊梁行车及横梁和横梁纵移台车；

④ 用吊机解除前辅助顶杆，注意吊点位置，防止不平衡情况出现；

⑤ 用风缆将前支腿拉紧，拆除主导梁、引导梁横联；

⑥ 采用从后向前的拆除方式，当拆除至中支腿后，采取单元梁架设、搭设枕木垛的方法，逐节拆除主导梁和引导梁；

⑦ 拆除前、后支腿及走行机构；

⑧ 将所有构件归类码放整齐，便于运输装车。

1.4.2　跨墩龙门吊施工

龙门吊又称门式起重机，多用于桥梁水上平台起吊。当桥下无水、桥墩高度不大时，也可用于旱桥的架设。要求其承载能力高、装拆方便，可适用于一定跨径范围，见图 1.30。

特点：结构简单、快速轻巧等。被广泛应用于桥梁施工、预制场起吊移运预制构件、桥墩旁运装大梁等现场施工作业。

1.4.2.1　设备组成

(1) 金属结构部分　金属结构部分包括主梁、天车架、支腿和下横梁。本龙门吊为桁架

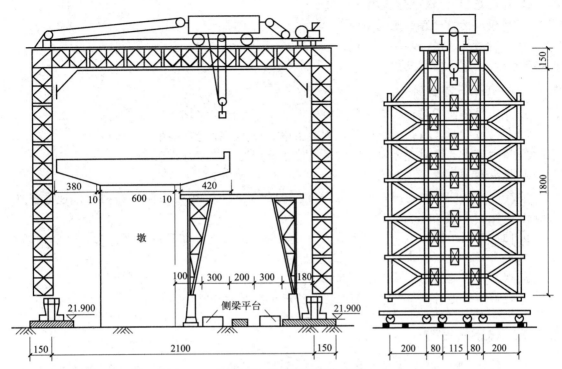

图1.30 跨墩门架正面和侧面图（单位：mm）

式双主梁门式起重机，其两支腿与主梁均采用刚性连接。

① 主梁：选用2组单层3排2×45cm间距贝雷片，并安装加强弦杆。每组3排贝雷片上下弦杆之间栓接水平支撑架（俗称花窗）。两组主梁通过联结平台与端部支撑架栓接，形成刚性节点。

② 斜腿：采用型钢桁架结构，单侧支腿呈八字形。单侧单条斜腿为6肢格构式型钢桁架焊接结构，为独立的单元构件。其上端与联结平台栓接，与主梁形成刚性连接；其下端与下部横梁栓接。

③ 下横梁：为斜腿下端连接横梁，即作为大车走行机构的分配梁。考虑到下横梁的抗倾覆能力和整体承载能力，采用箱形钢板梁。

（2）机械传动部分

① 大车走行机构：考虑到斜腿与主梁的刚性连接，单侧台车采用双轮缘单轨方式。又考虑到承载能力和局部积压力，单侧八字斜腿选用大车轴距6.5m的两轮均衡台车，即单条斜腿下部布设1组两轮均衡台车。跑轮直径400mm，最大轮压控制在16t以内。为使大车走行平稳，驱动轮采用对面布置方式。

② 天车升降机构：采用JM5卷扬机和5×5滑轮组。天车走行机构采用四轮制、两轮集中驱动方式。

（3）电气设备部分 采用集中控制系统，设计为既可单独操作，又可以联机操作；联机操作和单独操作可以自由切换，并设有短路、过流、缺相保护。天车设起升限位开关，运行机构设走行限位开关。

1.4.2.2 工作顺序

① 龙门吊组装调试；

②行走龙门吊吊放梁至运梁平车上；
③平板车运行至跨墩龙门吊内；
④龙门吊具起吊梁两端起吊点；
⑤将梁横移，落梁就位。

1.4.2.3 施工注意事项

①龙门吊机使用时，有专人负责拉电缆，防止拉断和压坏。
②起吊重物时，吊钩中心应垂直于板梁中心位置，不允许斜吊。
③风力超过 5 级时应停止使用，吊机停止使用时，应拉好缆风绳。
④操纵台的布置要便于瞭望。
⑤一个梁场的两台龙门吊机，起吊龙门的起吊装置必须采用同一类型的慢速卷扬机，起吊和下落速度要同步。
⑥两台龙门吊机起吊同一重物需横向移动时，起重小车走行速度要一致，并随时观察予以校正。
⑦严禁两台龙门吊机分别用大钩和小钩同时抬吊重物。
⑧经常检查走行大车轮缘磨损情况及传动情况，并给齿轮箱上油。

1.4.3 起重机安装

陆地桥梁、城市高架桥预制梁安装常采用自行吊车安装，如图 1.31、图 1.32 所示。一般先将梁运到桥位处，采用一台或两台自行式汽车吊机或履带吊机直接将梁片吊起就位，此方法便捷。

图 1.31　自行式汽车吊机

图 1.32　履带吊机

1.4.3.1 起重吊装准备工作

① 吊装前做到"三通一平",即施工用水、电、道路要求畅通,场地平整。安全标志明确,施工场地安全措施到位。

② 施工机械的自检与保养和维修,保证在运输或吊装过程中不因施工机械故障而造成交通阻塞或影响正常的工作和工期。

③ 各种运输手续和占道施工有关手续的办理,如通行证、超限运输证、占道施工证等都应在施工前办理好,以保证运输及吊装的畅通与安全。

④ 在吊装前要对吊装设备的具体几何尺寸进行摸底,确定吊装的重心位置和捆绑点以及吊装实际重量,以利于吊装作业。

⑤ 吊装前做好主梁底支座中心位置和桥墩支座中心位置的弹线、高程测量工作。

⑥ 吊装前做好现场的清理工作,排除一切影响工字形桥梁转运的障碍,为工字形桥梁的现场转运和吊装提供必要的施工条件。

⑦ 吊装前做好工字形桥梁的弹线和清理工作以及尺寸的复核工作,以保证工字形桥梁能顺利吊装就位。

1.4.3.2 主梁的转运吊装

为方便吊上桥墩后的梁固定以及先吊装的梁固定后不影响后面梁体的吊装,每孔梁的吊装顺序必须遵循后吊装的主梁和已吊装的主梁之间不能有空余主梁位置的原则。由于大多数主梁的吊装现场与预制场有一定的距离,需要转运后才具备吊装条件。其施工顺序为:预制场吊装梁片→装车→固定→运输→施工现场吊装。

(1) 场内吊装要点

① 从预制台座上移出梁、板仅限一次,不得在孔道压浆前多次倒运。

② 吊移的范围必须限制在预制场内的存放区域,不得移往他处。

③ 吊移过程中不得对梁、板产生任何冲击和碰撞。

④ 不得在构件安装就位后再进行预应力孔道压浆。

⑤ 后张法预应力混凝土梁、板在预制台座上进行孔道压浆后再移运的,移运时其压浆浆体的强度应不低于设计强度的80%。

⑥ 梁、板构件移运时的吊点位置应符合设计规定;设计未规定时,应根据计算确定。

⑦ 在构件上设置的吊环必须采用未经冷拉的HPB300钢筋制作;吊具应采用经专门设计的定型产品,且应符合相关产品标准或设计规范的要求。

⑧ 吊绳与起吊构件的交角小于60°时,应设置吊架或起吊扁担,使吊点垂直受力。

⑨ 吊移板式构件时,不得吊错上、下面。

(2) 梁体运输要点

① 梁的运输应按高度方向竖立放置,并应有防止倾倒的固定措施。

② 装卸梁时,必须在支撑稳妥后,方可卸除吊钩。

(3) 梁体安装要点

① 安装前应制定专项施工方案,对安装施工中的各种临时受力结构和安装设备的工况应进行必要的安全验算,所有施工设施均宜进行试运行和荷载试验。

② 安装前应对墩台的施工质量进行检验,并应对支座或临时支座的平面位置和高程进行复测,合格后方可进行梁、板等构件的安装。

③ 采用起重机吊装构件时,如采用一台起重机起吊,则应在吊点位置的上方设置吊架

或起吊扁担；如采用两台起重机抬吊，则应统一指挥，协调一致，使构件的两端同时起吊、同时就位。

④ 梁、板就位后，应及时设置锁定装置或支撑将构件临时固定，对横向自稳性较差的T形梁等，应与先安装的构件进行可靠的横向连接，防止倾倒。

⑤ 安装在同一孔跨的梁、板，其预制施工的龄期差不宜超过10天，特殊情况应不超过30天。梁、板上预留相互对接的预应力孔道的，其中心应在同一轴线上，偏差应不大于4mm。梁、板之间的横向湿接缝，应在一孔梁、板全部安装完成后方可进行施工。

1.4.3.3 起重机安装要求

起重机的安装要求见表1.9。

表1.9 起重机安装要求

项目	起重机安装要求
起重机安装桥梁上部构件的特点	汽车式或伸臂式起重机适用于起吊安装桥梁上部构件，有充分的机动性和灵活性，当构件起吊后可在自行条件下和臂杆的有效半径范围内直接吊装。当构件距离安装现场很近时尤为有利。但桥跨较长、跨径较大时，超越起重机臂杆有效半径就受到限制，此外，桥跨净空不足（架空线路影响）或起重机吨位不足（起重系数过小）等，均能使起重机难以充分发挥应有作用
起重机的运转检查	起重机在安装构件前，应对其传动部分进行试运转，要求各操作完全正常，所有索具应符合规定，发现有不符合要求或损坏的索具，更换后方可使用
起重机走道等的加固	起重机行走通道和停机位置，均须事先检查并整修，必要时采取加固措施（如松动地段的地基加固），以保证起重机的工作稳定性和对地下管线的维护（免致损坏）
空间条件	在起重机工作有效半径和有效高度（当有输电架空线路时还应加安全高度）范围内不得有障碍，否则必须采取有效措施
试吊检查	按规定的吊点位置挂钩或绑扎，吊起构件离地20～30cm时，检查机身是否稳定，吊点是否牢固，在情况良好的前提下，方可继续工作
起重机的使用和负重行驶	汽车或轮胎式起重机不得斜拉或作卷扬牵引使用，必须垂直吊升；起吊安装时，必须将支腿放下保持稳固，当履带式起重机负荷构件近距离行驶就位时，只能将构件吊离地30cm左右，并将构件转至机身正前方，拉好溜绳（防止摆动）慢速行驶
起吊构件的速度	起吊构件的速度应均匀、平稳，尤其不允许忽快忽慢地突然制动

1.4.3.4 起重机架设桥梁时事故的预防与处理

（1）定期检查维护管理　起重机使用单位要经常对在用的起重机进行检查维保，并制定一项定期检查管理制度，包括日检、周检、月检、年检，对起重机进行动态监测，有异常情况随时发现，及时处理，从而保障起重机安全运行。

（2）操作人员的管理　操作人员在上岗前要对所使用的起重机的结构、工作原理、技术性能、安全操作规程、保养维修制度等相关知识和国家有关法规、规范、标准进行学习、掌握。经当地技术监督部门培训并通过理论知识和实际操作技能两个方面考核后，方能上岗操作。

（3）起重机的"三定"管理　"三定"管理是指定人、定机、定岗制度。起重机的"三定"制度首先是制度的制定和制度形式的确定。其中，定人、定机是基础，要求人人有岗、有责,起重机台有人操作、管理;定岗责任是保证,每个起重作业岗位要固定。

(4) 特种调和事故应急措施和救援预案　根据《特种设备安全监察条例》第三十一条规定,特种设备使用单位制定特种设备的事故应急措施和救援预案。特种设备使用单位应设立以单位领导牵头、特种设备安全管理部门为主、相关部门配合的紧急事故救援领导小组,明确职责,责任到人。根据本单位特种设备使用情况,判断可能出现的故障、引发的险情、发生的意外事故,制定出适合本单位起重机特点的应对措施。该措施应包括起重机出现事故后的处理原则,紧急情况下所采取的程序、方法、步骤及相关部门人员的职责等,并定期组织现场演习。

任务 1.5　工程案例解析

某三跨连续刚构桥,跨径布置:57.5m+95m+57.5m。如图 1.33 所示,采用预应力钢筋混凝土变截面箱梁,箱梁宽度 12m,箱梁高度(从 6.1m 变化到 2.4m)和底板厚度(从 10cm 变化到 68cm)均按 1.8 次抛物线变化,如图 1.34 所示。

本桥施工划分为 6 大部分:
① 0 号块托架现浇施工段;
② 主跨挂篮施工段;
③ 边跨现浇施工段;
④ 边跨合龙;
⑤ 中跨合龙;
⑥ 二期恒载工程。

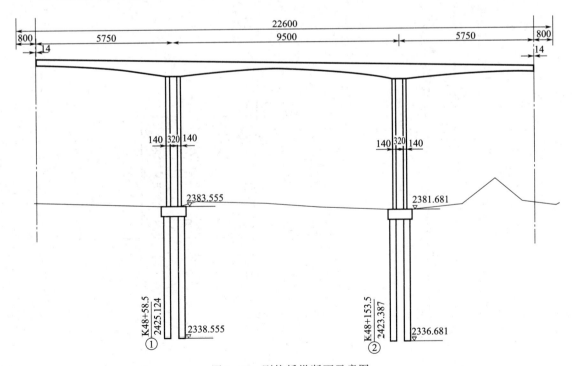

图 1.33　刚构桥纵断面示意图

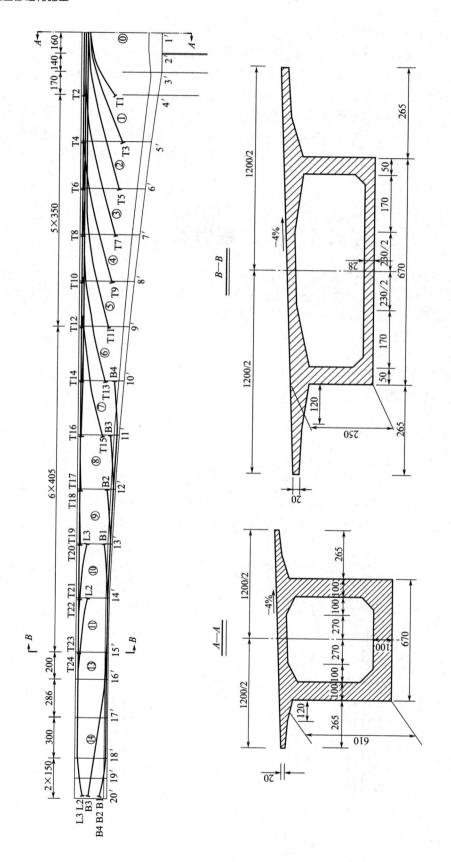

图 1.34 变截面箱梁构造图

1.5.1　0号块托架现浇施工段

STEP=1

完成桩基、承台及主墩墩身的施工。

STEP=2

① 安装T构主梁0号梁段现浇支架（托架），并做好主墩墩身顶部定位，以保证0号块浇筑质量。

② 立模，绑扎钢筋，浇筑0号梁段混凝土，如图1.35所示。

③ 拼装挂篮用于浇筑0号梁段，挂篮上桥前须做加载试验，如图1.36所示。

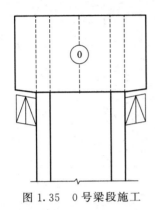

图1.35　0号梁段施工

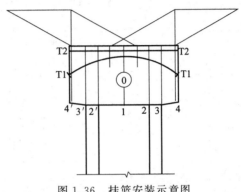

图1.36　挂篮安装示意图

④ 张拉并锚固0号梁段纵向预应力束T1、T2。

⑤ 立模，绑扎钢筋，做好浇筑1号梁段混凝土准备工作。

1.5.2　主跨挂篮施工段

STEP=3

浇筑T构1号梁段混凝土。混凝土养生，强度达到设计强度的85%且龄期达到4天后准备张拉预应力，如图1.37所示。

STEP=4

张拉并锚固1号梁段纵向预应力束T3、T4（采用单端张拉），0号块件的横、竖向预应力束，如图1.38所示。

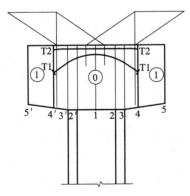

图1.37　1号梁段混凝土浇筑

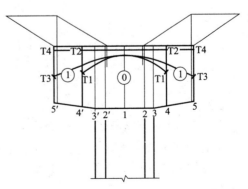

图1.38　1号梁段预应力束张拉

STEP=5（由于各T梁对称悬浇，故文字描述中仅写一个T梁段，下同）
① 挂篮分别前行，用于悬浇T构箱梁，两个T梁同时进行。
② 在已浇梁段上调试好挂篮，确定立模标高。
③ 立模绑扎2号梁段钢筋，做好浇筑2号梁段混凝土准备。
STEP=6（如图1.39所示）

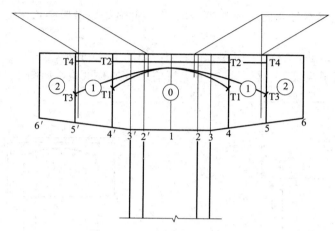

图1.39　2号梁段混凝土浇筑

① 浇筑2号梁段混凝土。
② 混凝土养生，强度达到设计强度的85%且龄期达到4天后准备张拉预应力。
STEP=7（如图1.40所示）
张拉并锚固T构2号梁段纵向预应力束T5、T6，以及1号块件的横、竖向预应力束，顺序同上。

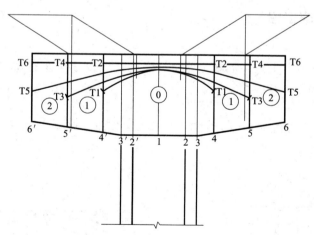

图1.40　2号梁段预应力束张拉

STEP=8～32
采用以下3个流程循环完成3号至11号梁段的对称悬浇施工，如图1.41所示。
① 前移挂篮，确定立模标高，立模，绑扎钢筋。
② 同步对称浇筑混凝土。混凝土养生，强度达到设计强度的85%且龄期达到4天后准备张拉预应力。

③ 张拉本块件纵向预应力束以及前一块件的横、竖向预应力束并锚固、压浆。

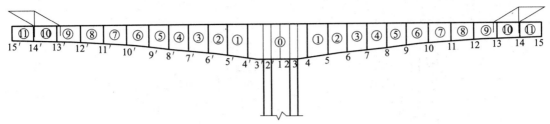

图 1.41 3 号至 11 号梁段施工示意图

1.5.3 边跨现浇施工段

STEP=33

① 桥台安装主梁 14 号梁段现浇支架（图 1.42），并做好墩身顶部定位，以保证 14 号块件浇筑质量。（注意配重）

② 立模，绑扎钢筋，浇筑 14 号梁段混凝土，注意安装盆式橡胶支座，现浇段应向跨中方向留有预偏值，预偏值为顶推中跨时向交界墩的位移值。

③ 混凝土强度达到设计强度的 85% 且龄期达到 4 天后，准备合龙边跨。

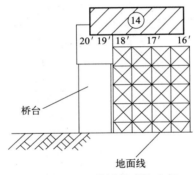

图 1.42 14 号梁段现浇支架

1.5.4 边跨合龙

STEP=34（如图 1.43 所示）

① 将边跨挂篮改装为合龙吊架，根据监控单位的意见进行水箱压重，中跨跨中则进行相应配重。

② 确定立模标高，立模，绑扎钢筋。

③ 同步对称浇筑边跨合龙段。混凝土养生，强度达到设计强度的 85% 且龄期达到 4 天后准备张拉预应力。

④ 张拉边跨 11、13、14 号块件的横、竖向预应力束并锚固、压浆。

STEP=35

① 边跨合龙段混凝土的养生，在混凝土强度达到设计强度的 85% 且龄期达到 4 天后，进行两边跨顶底板纵向预应力束的 B4 张拉，如图 1.44 所示。

② 拆除边跨支架和合龙吊架。

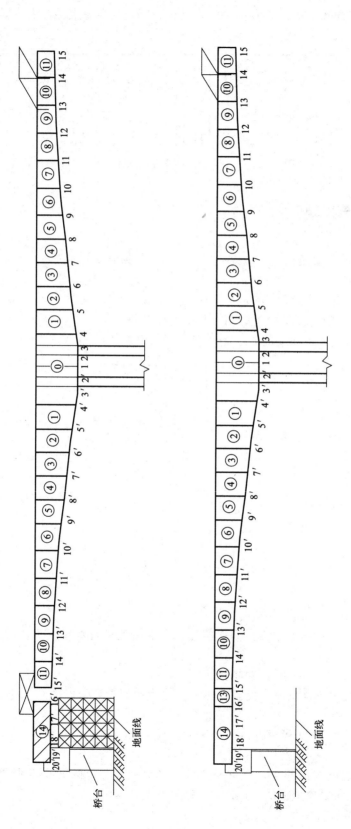

图1.43 边跨合龙示意图

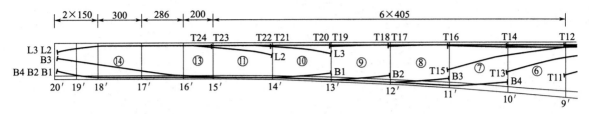

图1.44 边跨纵向预应力束张拉示意图

1.5.5 中跨合龙

STEP=36

① 跨中处挂篮改为合龙吊架,安装、调试中跨合龙吊架;多余的挂篮构件拆除后放在原处,如图1.45所示。

② 立模,绑扎钢筋,合龙段劲性骨架安放就位。

③ 根据计算及实际情况(参考值:顶推力为150kN,跨中相对位移为3.3cm)用千斤顶在两个合龙段同步施加水平力顶推,中跨合龙段进行水箱压重,边跨侧则进行相应配重。

STEP=37

① 劲性骨架合龙锁定(合龙温度不大于5℃),如图1.46所示。

② 浇筑中跨合龙段混凝土,要求在凌晨完成初凝,合龙温度不大于5℃。浇注混凝土时进行水箱放水,边跨侧配重不变。

③ 加强混凝土的养生,混凝土强度达到设计强度的85%且龄期达到4天后方能张拉中跨合龙束L1,灌浆。

④ 混凝土强度达到设计强度的85%且龄期达到4天后张拉中跨11、12号块件横、竖向预应力并压浆、锚固,然后释放边跨侧配重。

STEP=38

① 释放所有配重。

② 拆除所有挂篮及吊架,如图1.47所示。

STEP=39

在混凝土强度达到设计强度的85%且龄期达到4天后,张拉跨中底板纵向预应力束(D1~D8),如图1.48所示。

① 张拉D8、D7,灌浆锚固,灌浆锚固3天后准备张拉下一组底板束。

② 张拉D6、D5,灌浆锚固,灌浆锚固3天后准备张拉下一组底板束。

③ 循环,每次张拉两组,直至张拉D2、D1,灌浆锚固。

STEP=40

在混凝土强度达到设计强度的85%且龄期达到4天后,张拉边跨剩余底板束、合龙束。

① 张拉B3、L3、B2,灌浆锚固,灌浆锚固4天后准备张拉下一组钢束。

② 张拉B1、L2,灌浆锚固。

③ 按以上顺序及要求每次张拉、灌浆锚固2根底板束。

STEP=41

全桥预留孔道灌浆。

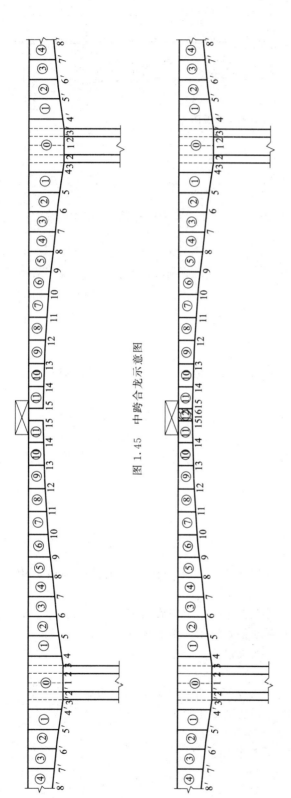

图 1.45 中跨合龙示意图

图 1.46 中跨合龙混凝土浇筑

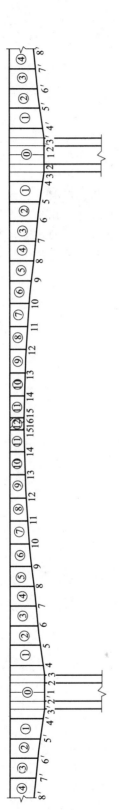

图 1.47 挂篮拆除

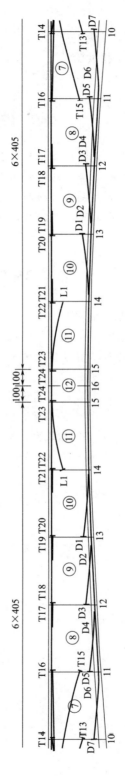

图 1.48 跨中底板纵向预应力束张拉

1.5.6 二期恒载工程

STEP=42
① 全桥进行铺设二期恒载工程。
② 全桥进行动静载加载试验。

项目小结

本项目主要讲解了简支梁桥施工中的与钢筋、模板支架、混凝土、预应力筋有关的施工工艺和预制拼装的施工工艺。其中,重点需要掌握钢筋的除锈、调直、下料、切断、弯曲成形的要点,支架模板的类型、安装拆除的施工要点,混凝土施工的质量控制要点,先张法预应力施工和后张法预应力施工的工艺流程,预制梁段的各种安装方法。

巩固与提高

1. 脚手架的常见分类有哪些?
2. 模板的类型有哪些?
3. 混凝土工程施工的基本程序有哪些?
4. 钢筋接长的方式有哪些?
5. 请绘制先张法预应力混凝土工艺流程图。
6. 请绘制后张法预应力混凝土工艺流程图。
7. 简述孔道压浆的目的、压浆工艺、压浆注意事项。
8. 简述起重机吊装主要注意事项。

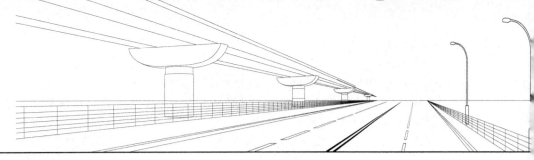

项目 2
连续梁桥施工

📄 知识目标

通过对连续梁桥施工基本知识的学习,掌握连续梁桥的构造与施工特点,特别是连续梁桥悬臂施工的设备、施工方法、施工工艺及施工注意事项。

🎯 技能目标

通过本项目的学习,能根据施工图纸,确定连续梁桥的施工方法和施工组织设计方案,为实际施工提供技术支持。

素质目标

通过本项目的学习,培养分析问题、解决问题的能力,科学统筹规划的能力,动手操作、沟通与协作的能力,与人协作的团队精神。

任务 2.1 连续梁桥的认识

连续梁桥是中等跨径桥梁中常用的一种桥梁结构。预应力混凝土连续梁桥是其主要结构形式,它具有接缝少、刚度好、行车平顺舒适等优点,在 30~120m 跨度内常是桥型方案比选的优胜者。而横张预应力技术在 T 形梁桥、箱形梁桥、空心板桥三座常规跨径简支梁桥中的应用,取得了明显的技术经济效益。为拓宽横张预应力技术的应用范围,将其应用到更大跨度的连续梁桥中就显得尤为必要了。

连续梁桥主梁连续支承在几个桥墩上,荷载作用时,主梁的不同截面上有的有正弯矩,有的有负弯矩,而弯矩的绝对值均较同跨径桥的简支梁小,这样可节省主梁材料用量。连续梁桥通常是将 3~5 孔做成一联,在一联内没有桥面接缝,行车较为顺适。连续梁桥施工时,可以先将主梁逐孔架设成简支梁,然后互相连接成为连续梁,或者从墩台上逐段悬伸加长,最后连接成为连续梁。近一二十年,在架设预应力混凝土连续梁时,成功地采用了顶推法施工,即在桥梁一端(或两端)路堤上逐段连续制作梁体,逐段顶向桥孔,使施工较为方便。连续梁桥主梁内有正弯矩和负弯矩,构造比较复杂。此外,连续梁桥的主梁是超静定结构,墩台的不均匀沉降会引起梁体各孔内力发生变化。因此,连续梁一般用于地基条件较好、跨径较大的桥梁。1966 年建成的美国亚斯托利亚桥,是目前单跨跨径最大的钢桁架连续梁桥,它的跨径为 376m。我国已建成的大跨径预应力混凝土连续梁桥见表 2.1。

将简支梁梁体在支点上连接也可形成连续梁,连续梁可以做成两跨或三跨为一联的,也可以做成多跨一联的。每联跨数太多,联长就要加大,受温度变化及混凝土等影响产生的纵向位移也就较大。为充分发挥连续梁高速行车平顺的优点,现在的伸缩缝及支座的构造在不断改进,最大伸缩缝长度已达 660mm,梁体的连续长度已经达到 1000m 以上,如杭州钱塘江二桥公路桥为18孔一联预应力混凝土连续梁桥，跨径布置为 45m＋65m＋14×80m＋65m＋45m，连续长度为1340m。一般情况下连续梁中间墩上只需设置一个支座，而在相邻两联连续梁的桥墩上仍需设置两个支座。在跨越山谷的连续梁中，中间高墩也可采用双柱（壁）式墩，每个柱上都设有支座，可削减连续梁支点的负弯矩尖峰。

表 2.1　我国已建成的大跨径预应力混凝土连续梁桥

序号	桥名	主桥跨径/m	桥址	建成年份	截面形式	梁高 H/m		高跨比 H/L	
						$H_支$	$H_中$	$H_支/L$	$H_中/L$
1	南京长江二桥北汊桥	90＋3×165＋90	江苏	2000	双幅单箱单室	8.80	3.00	1/18.7	1/55.0
2	六库怒江大桥	85＋154＋85	云南	1995	单箱单室	8.53	2.83	1/18.1	1/54.4
3	宜昌乐天溪桥	85.8＋2×125＋85.8	湖北	1990	单箱单室	7.70	3.20	1/16.2	1/39.1
4	黄浦江奉浦大桥	85＋3×125＋85	上海	1995	单箱单室	7.00	2.80	1/17.9	1/44.6
5	潭州水道特大桥	75＋125＋75	广东	1996	双幅单箱单室	7.00	2.75	1/17.9	1/45.5
6	常德沅水大桥	84＋3×120＋84	湖南	1986	单箱单室	6.80	3.00	1/17.6	1/40.0
7	风陵渡黄河大桥	87＋7×114＋87	山西	1994					
8	沙洋汉江大桥	63＋6×111＋63	湖北	1985	单箱单室	6.00	2.50	1/180.5	1/44.4
9	江门外海桥	55＋7×110＋55	广东	1988		5.80	2.50	1/19.0	1/44.0
10	珠江三桥	80＋110＋80	广东	1983	单箱五室	5.50	2.70	1/20.0	1/40.7

注：L 为计算跨度，m。

2.1.1　体系特点

连续梁的受力图示如图 2.1 所示。

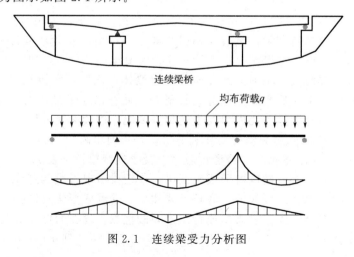

图 2.1　连续梁受力分析图

① 由于支点负弯矩的卸载作用，跨中正弯矩大大减小，恒载、活载均有卸载作用；
② 由于弯矩图面积的减小，跨越能力增大；
③ 超静定结构，对基础变形及温差荷载较敏感；
④ 行车条件好。

2.1.2 构造特点

2.1.2.1 跨径布置

连续梁跨径的布置一般采用不等跨的形式。如果采用等跨布置，则边跨内力（包括边支墩处梁中的负弯矩）将控制全桥设计，这样不经济；此外，边跨过长，削弱了边跨的刚度，将增大活载在中跨跨中截面处的弯矩变化幅度，增加预应力筋数量。故一般边跨长度取中跨的 0.5～0.8 倍，对钢筋混凝土连续梁取偏大值，使边跨与中跨控制截面内力基本相同；对预应力连续梁宜取偏小值，以增加边跨刚度，降低活载弯矩的变化幅度，减少预应力筋的数量。边跨长度过短，边跨桥台支座将会产生负反力，支座与桥台必须采用相应抗拔措施或边梁压重措施来解决。应该注意到边跨的长度与连续梁的施工方法有关，如采用悬臂法施工，考虑到一部分边跨采用悬臂施工，剩余的一部分边跨须在脚手架上施工；为减少支架及现浇段长度，边跨长度以不超过中跨长度的 0.65 倍为宜，如图 2.2 所示。

图 2.2 不等跨连续梁实例　　　　二维码 2.1

在某些条件下，例如：当桥梁总长度很大，设计者采用顶推或者先简支后连续的施工方法时，等跨结构受力性能较差所带来的欠缺完全可以从施工经济效益中得到补偿。所以跨湖过海湾的长桥多采用中、小跨径的等跨连续梁的布置，如图 2.3 所示。

图 2.3 等跨连续梁实例

2.1.2.2 截面形式

预应力混凝土连续梁可选用的横截面形式较多,一般应根据桥梁的跨度、宽度、梁高、支承体系、施工方法等确定。

(1) 板(肋)式截面 构造简单,施工方便,适用于中小跨度的连续梁桥。其中,板式截面多采用现浇施工,肋式截面常采用预制架设施工。

在连续梁桥中,采用吊装施工时,一般采用肋梁截面,装配式肋梁截面具有下列优点:

① 将主梁划分成多片标准化预制构件,构件标准化、尺寸模数化简化了模板,可工厂化成批生产,降低了制作费用。

② 主梁采用工厂或现场预制,可提高质量,减小主梁尺寸,从而减轻整个桥梁自重。

③ 桥梁上部预制构件与下部墩台基础可平行作业,缩短了桥梁施工工期,节省了大量支架,降低了桥的造价。

(2) 箱形截面 具有良好的抗弯和抗扭性能,是预应力混凝土梁桥的主要截面形式,适用于节段施工。顶板一般采用等厚度,主要由横向抗弯控制。底板一般设计成变厚度,跨中薄,靠近支点处加厚。腹板承受剪应力,跨中薄,支点处较宽。横隔板在支点截面处设置,目前的趋势是少设或不设中间横隔板,如图 2.4 所示。

图 2.4 箱形截面

当连续梁桥采用悬臂施工时,一般采用箱梁,它具有下列优点:箱形截面是一种闭口薄壁截面,其抗扭刚度大,并具有较 T 形截面高的截面效率指标 ρ,同时它的顶板和底板面积均比较大,能有效地承担正、负弯矩,并满足配筋的需要。此外,当桥梁承受偏心荷载时,箱形截面梁抗扭刚度大,内力分布比较均匀;在桥梁处于悬臂状态时,具有良好的静力和动力稳定性,对悬臂施工的大跨度梁桥尤为有利。由于箱形截面整体性能好,因而在限制车道数的情况下通过车辆时,可以超载通行。

(3) 其他截面 根据工程需要还会设置一些其他特殊的截面,如图 2.5 所示的桁架式截面。

2.1.2.3 梁高

等高度连续梁:采用顶推法、移动模架法、整孔架设法施工的桥梁,其跨径在 40~60m 的预应力混凝土连续梁,一般都采用等高度连续梁。等高度连续梁的缺点是梁在支点上不能利用增加梁高的方式而只能增加预应力筋用量来抵抗较大的负弯矩,材料用量较费;其优点是结构构造简单。国外一些跨径超过 100m 的多跨连续梁,采用悬臂施工方法时,仍采用等高度连续梁,以满足构造简单、线形简洁美观的要求。

图 2.5 桁架式截面

变高度连续梁：从预应力混凝土连续梁桥的受力特点来分析，连续梁的立面以采取变高度的布置为宜。连续梁在恒、活载作用下，支点截面将出现较大的负弯矩，从绝对值来看，支点截面的负弯矩往往大于跨中截面的正弯矩，因此采用变高度梁能较好地符合梁的内力分布规律。同时，采用悬臂法施工的连续梁，变高度梁又与施工的内力状态相吻合。另外，变高度梁使梁体外形协调，节省材料并增大桥下净空。所以分析已建桥梁统计资料可知，跨径大于 100m 的预应力混凝土连续梁桥有 90% 以上是选用变高度连续梁。

变高度连续梁的截面变化规律可采用圆弧线、二次抛物线和折线等，通常以二次抛物线最为常用，因为二次抛物线的变化规律与连续梁的弯矩变化规律基本相近。采用折线形截面变化布置可使桥梁的构造简单，施工方便，常用于中小跨径。

梁高布置：梁高可按表 2.2 采用。

表 2.2 连续梁在支点和跨中梁高估算值

桥型	支点梁高/m	跨中梁高/m
等高度连续梁		$H=\frac{1}{15}L \sim \frac{1}{30}L$，常用 $\frac{1}{18}L \sim \frac{1}{20}L$
变高度(折线形)连续梁	$H=\frac{1}{16}L \sim \frac{1}{20}L$	$H=\frac{1}{22}L \sim \frac{1}{28}L$
变高度(曲线形)连续梁	$H=\frac{1}{16}L \sim \frac{1}{20}L$	$H=\frac{1}{30}L \sim \frac{1}{50}L$

注：表中 H 为梁高，L 为梁长。

2.1.2.4 腹板及顶、底板厚度

(1) 顶板厚度　满足横向抗弯及纵向抗压要求，一般采用等厚度，主要由横向抗弯控制。

(2) 腹板厚度　腹板主要承担剪应力和主拉应力，一般采用变厚度。靠近跨中处受构造要求控制；靠近支点处受主拉应力控制，需加厚。

(3) 底板厚度　满足纵向抗压要求，一般采用变厚度。跨中主要受构造要求控制；支点主要受纵向压应力控制，需加厚。

2.1.3　配筋特点

连续梁桥中预应力筋的分类，大致有以下几种：按预应力筋布置的走向，可分为纵向预应力筋（主筋）、横向预应力筋、竖向预应力筋；按位置可分为顶板筋、底板筋、腹板筋等；

按其形状可分为直筋、弯筋;按其受力特性可分为正弯矩筋、负弯矩筋、抗剪筋;按其使用时间长短,可分为永久性筋、临时筋;按其布置在混凝土体内或体外,分为体内筋、体外筋。

纵向预应力筋的布置:小跨度等截面连续梁桥,采用现浇施工的,纵向预应力筋采用连续配筋,在支点附近由负弯矩转向正弯矩;大跨度变截面连续梁桥常采用分段配筋。悬臂施工阶段,纵向预应力筋以受负弯矩为主。梁段合龙后,各跨跨中底板张拉正弯矩筋,部分上弯。

横向和竖向预应力筋的布置:顶板配置横向钢筋或横向预应力筋(钢绞线)加强横向联系,增加悬臂板抗弯能力;腹板布置竖向预应力筋,提高截面抗剪能力,如图 2.6 所示。

图 2.6　预应力筋布置

任务 2.2　悬臂浇筑法施工

2.2.1　悬臂施工法

悬臂施工法是从桥墩开始对称、不断悬出接长的施工方法。悬臂施工法一般分为悬臂浇筑法和悬臂拼装法。

悬臂浇筑是在桥墩两侧对称逐段就地浇筑混凝土,待混凝土达到一定强度后,张拉预应力筋,移动机具、模板继续施工。

悬臂浇筑(简称悬浇)法适用于大跨径的预应力混凝土悬臂梁桥、连续梁桥、T 形刚构桥、连续刚构桥等结构。其施工特点是无须建立落地支架,无须使用大型起重和运输机具,主要设备是一对能行走的挂篮。挂篮可在已经张拉锚固并与墩身连成整体的梁段上移动,绑扎钢筋、立模、浇筑混凝土、预施应力都在挂篮上进行。完成本段施工后,挂篮对称向前各移动一节段,进行下一对梁段施工,如此循序前进,直至悬臂梁段浇筑完成。

悬臂浇筑法特别适用于宽深河流和山谷,施工期水位变化频繁不宜水上作业的河流,以及通航频繁且施工时需留有较大净空等河流上的桥梁的施工。但悬臂浇筑法在施工中也有不足:梁体部分不能与墩柱平行施工,施工周期较长,而且悬臂浇筑的混凝土加载龄期短,混凝土收缩和徐变影响较大。

2.2.2 悬臂浇筑的分类

悬臂浇筑按照方法的不同分为以下两类。

2.2.2.1 挂篮悬臂浇筑施工

挂篮悬臂浇筑施工又称为迪维达克施工法，这种施工方法一般将梁每2～5m分成一个节段，以挂篮为施工机具进行悬臂对称施工。挂篮的结构形式很多，挂篮的一般构造见图2.7。

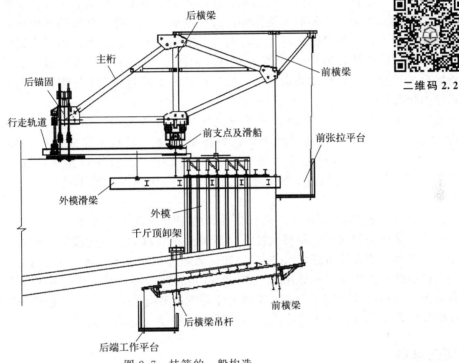

图2.7 挂篮的一般构造

为保证浇筑混凝土时挂篮有足够的倾覆稳定性，往往在挂篮的尾部设置后锚固，一般通过预埋在梁肋内的竖向预应力筋实现，当后锚固能力不够时，也可采用尾部压重等措施。

挂篮的主要功能是支撑模板，承受新浇混凝土的重量，由工作平台提供张拉、灌浆的场地，调整标高。因此挂篮不仅要求有足够的强度，还要有足够的刚度及稳定性，自重轻，便于装、拆，移动灵活，便于调整标高等，如图2.8所示为斜拉式挂篮。

图2.8 斜拉式挂篮

挂篮悬臂浇筑施工的主要优点为：使用少量施工机具，免去设置支架，不须占有很大预制场地；可以很方便地跨越深谷，逐段浇筑易于调整和控制梁段位置，提高施工精度；主要作业在设有顶棚的挂篮内进行，施工可不受外界气温影响，便于施工。主要缺点是：墩与上部结构施工不能平行进行，施工周期较长，而且混凝土加载龄期短，混凝土收缩、徐变对预应力影响较大。

2.2.2.2 桁式吊悬臂浇筑施工

桁式吊悬臂浇筑施工是指用由钢结构组拼的桁架悬吊移动式模板和施工设备进行悬臂浇筑施工的方法。桁式吊有移动式和固定式两种。移动式的桁式吊由桁梁、吊框、支架、中间支架和辅助支架组成。桁梁是主要的承重构件，其长度应大于跨径；吊框吊在桁梁上，用于悬挂模板和浇筑混凝土；支架是桁架的支点，施工时支承在上部结构上；中间支架设在墩顶部，辅助支架设在梁的前端，当桁梁移到下一个桥墩时，辅助支架支承在桥墩上。固定式桁式吊需在桥梁全长布置桁梁，因此固定式桁式吊仅在桥不太长的情况下使用。下面主要介绍移动式桁式吊的情况。

根据桁梁支架的位置，可以将桁式吊悬臂浇筑施工分为两类。第一类是桁梁的前支点放在前方墩上，后支点放在已浇梁段上，这种方法的施工重量由已完成的悬臂梁承担一部分，用这种方法施工时，已浇梁段要承受较大的集中力，应注意验算，这种方法称为P-Z法。第二类是后支点在后方墩顶，前支点放在前方墩顶上，施工过程中已浇梁段不承受施工荷载。

移动式桁式吊悬臂浇筑施工的主要特点是悬臂施工节段重量和施工设备重量由桁梁承受，并通过桁梁的支架和中间支架将荷载传至已浇梁段和墩顶上。因此移动式桁式吊的稳定性较挂篮好，每次所浇梁段长可达10m左右，和挂篮施工相比可大大加快施工速度。

移动式桁式吊悬臂浇筑施工的适用跨径在40～150m范围内，经济跨径为70～90m，和挂篮悬臂浇筑施工一样，可适用于变高度梁桥、变跨度桥和弯桥，但与挂篮悬臂浇筑施工相比，岸跨边段及墩顶上节段的施工均由桁式吊完成，可省掉一些施工支架。

2.2.3 施工准备

悬臂现浇连续梁正式施工前必须做好施工前的一切准备工作，主要包括以下内容：
① 悬臂挂篮的制作和载荷试验；
② 0号块下的墩身施工；
③ 协作队伍的提前确定；
④ 混凝土施工配合比的选定，及拌和运输；
⑤ 施工所需的材料、机械设备的组织进场。

2.2.4 施工设备

悬臂浇筑主要有挂篮悬臂浇筑和桁式吊悬臂浇筑两类方法。下面主要介绍挂篮悬臂浇筑施工法。

挂篮是梁体悬臂浇筑专用设施，因为挂篮是施工梁段的承重结构，又是施工梁段的作业现场。随着施工技术的不断进步，挂篮已由过去的压重平衡式发展成现在通用的自锚平衡式。挂篮的承重结构可用万能杆件或贝雷钢架拼成，或采取专门设计的结构，它除了要能承受梁段自重和施工荷载外，还要求自重轻、刚度大、变形小、稳定性好、行走方便等。图2.9为一种菱形挂篮的结构简图，图2.10为一种三角形挂篮的结构简图。

图 2.9 菱形挂篮

图 2.10 三角形挂篮

挂篮设备的组成系统如下：
① 底模平台；
② 模板系：内外模由型钢、背木和对拉梁组成；
③ 上滑平台：前横梁由 2 根 40a 工字钢组成，其他由轻型型钢组合而成，可在主桁上前后滑移，并可吊挂着底模平台、外侧模前后移动，起着主桁前移时的压重作用，保证主桁空载走行时稳定而不倾覆；
④ 主桁：万能杆件拼装的平弦式结构，由两片主桁组成，两片主桁之间的联结为结构稳定构造要求而设计，不参与受力计算；
⑤ 吊锚系：在浇注混凝土时，对底模平台、内外模的前主吊杆、后吊杆以及主桁后锚固均采用 $\phi 32$ Ⅵ 级精轧螺纹钢筋、20t 螺旋千斤顶、扁担梁配 YGN-32 锚具，锚固于已成梁段和上滑平台的前横梁上；
⑥ 走行系：采用 2 台 80kN 汽车吊支腿油缸顶推推进，走船下以 28a 槽钢为滑道，滑道下铺硬杂木枕或钢筋混凝土枕。

2.2.5 梁体悬浇程序

2.2.5.1 悬浇梁体分段

悬臂浇筑施工时，梁体一般要分四大部分浇筑，如图 2.11 所示。A 为墩顶梁段（0 号段），B 为 0 号段两侧对称分段悬臂浇筑部分，C 为边孔在支架上浇筑部分，D 为主梁在跨中浇筑合龙部分。主梁各部分的长度视主梁形式和跨径、挂篮的形式及施工周期而定。0 号段一般为 5~10m，悬浇分段一般为 3~5m，支架现浇段一般为 2~3 个悬臂浇筑分段长，合

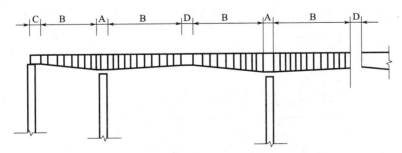

图 2.11 悬浇梁体分段示意图
A—墩顶梁段；B—对称悬浇梁段；C—支架现浇梁段；D—合龙梁段

龙段一般为 2~3m。

2.2.5.2 悬浇过程（墩梁铰接）

① 在墩顶托架上浇筑 0 号段，并实施墩梁临时固接系统的施工。

② 在 0 号段上安装悬臂挂篮，向两侧依次对称地分段浇筑主梁至合龙前段。

③ 在临时支架或梁端与边墩间的临时托架上支模浇筑现浇梁段。当现浇梁段较短时，可利用挂篮浇筑；当与现浇梁段相接的连接桥采用顶推法施工时，可将现浇梁段锚在顶推梁前端施工，并顶推到位。此法无须现浇支撑，省料省工。

二维码 2.3

④ 主梁合龙段可在改装的简支挂篮托架上浇筑。多跨合龙段浇筑的顺序按设计或施工要求确定。

悬浇流程图如图 2.12 所示。

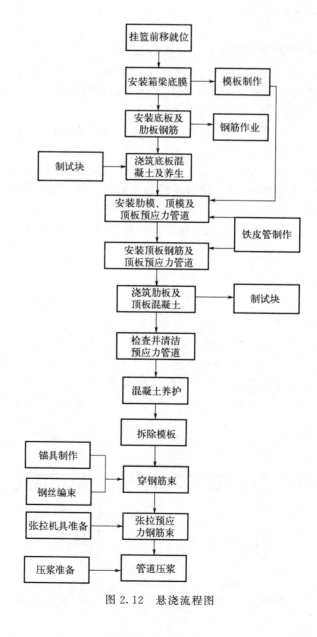

图 2.12 悬浇流程图

2.2.6 梁体悬浇的要点

2.2.6.1 浇筑混凝土

悬臂浇筑一般采用由快凝水泥配制的 C40～C60 混凝土。在自然条件下,浇筑后 30～38h,混凝土强度就可达到 30MPa 左右（接近标准强度的 70%）,这样可以加快挂篮的移位。目前每段施工周期为 7～10 天,视工作量、设备、气温等条件而异。最常采用悬臂浇筑法施工的梁的跨径为 50～120m。

浇筑梁段混凝土时需注意以下几点。

① 挂篮就位后,安装并校正模板吊架,此时应对浇筑预留梁段混凝土进行抛高,以使施工完成的桥梁符合设计标高。抛高值包括施工期结构挠度,因挂篮重力和临时支承释放支座产生的压缩变形等。如一座中跨 65m 的三跨连续梁桥,桥宽 17m,单箱单室,浇 1 号块时抛高 10mm,浇最后一块时抛高 60mm。

二维码 2.4

② 模板安装应核准中心位置及标高,模板与前一段混凝土面应平整密贴。如上一节段施工后出现中线或高程误差需要调整,应在模板安装时予以调整。

③ 安装预应力预留管道时,应与前一段预留管道接头严密对准,并用胶布包贴,防止灰浆渗入管道。管道四周应布置足够的定位钢筋,确保预留管道位置正确、线形平顺。

④ 浇筑混凝土时,可以从前端开始,应尽量对称平衡浇筑。浇筑时应加强振捣,并注意对预应力预留管道的保护。

⑤ 为提高混凝土早期强度,以加快施工速度,在设计混凝土配合比时,一般加入早强剂或减水剂。上海地区一般采用 SN-2 减水剂。混凝土梁段浇筑一般 5～7 天为 1 个周期。为防止混凝土出现过大的收缩、徐变,应在配合比设计时按规范要求控制水泥用量。

⑥ 梁段拆模后,应对梁端的混凝土表面进行凿毛处理,以加强接头混凝土的连接。

⑦ 箱梁梁段混凝土浇筑,一般采用一次浇筑法,在箱梁顶板中部留一窗口,混凝土由窗口浇注到箱内,再分布到底模上。当箱梁断面较大时,考虑梁段混凝土数量较多,每个节段可分两次浇筑,先浇筑底板到肋板倒角以上,待底板混凝土达一定强度后,再支内模,浇筑肋板上段和顶板。其接缝按施工缝要求进行处理。

⑧ 箱梁梁段分次浇筑混凝土时,为了不使后浇混凝土的重力引起挂篮变形,导致先浇混凝土开裂,要有消除后浇混凝土引起挂篮的变形的措施。一般可采取下列方法:

a. 水箱法:浇筑混凝土前先在水箱中注入相当于混凝土重量的水,在混凝土浇筑中逐渐放水,使挂篮负荷和挠度基本不变。

b. 浇筑混凝土时根据混凝土重量变化,随时调整吊带高度。

c. 将底模梁支承在千斤顶上,浇筑混凝土时,随混凝土重量的变化,随时调整底模梁下的千斤顶,抵消挠度变形。

2.2.6.2 合龙

合龙是悬臂灌注施工体系转换的重要环节,合龙施工必须满足受力状态的设计要求并保持梁线形,控制合龙段的施工误差。本连续梁施工在中跨先合龙,形成两单悬臂梁,最后在边跨合龙,形成三跨连续梁。边跨合龙采用支架现浇合龙,中跨利用其中一套挂篮合龙。合龙后张拉钢绞线完成体系转换。合龙前调整中线和高程。

合龙梁段施工工艺流程:安装底模、侧模板,测量底模标高→绑扎底板钢筋,安装底板波纹管→安装底模支撑→绑扎腹板钢筋,安装腹板波纹管、预埋件→安装顶板支撑,安装内模→绑扎顶板钢筋，安装顶板波纹管、预埋件→张拉顶板及底板临时钢绞线束→灌注混凝土。连续梁体系转换过程图见图2.13。灌注混凝土选在日最低气温时进行，一般选定凌晨3时灌注开始，控制到5时完成。

二维码2.5

先合龙中跨，后合龙边跨。中跨合龙利用一个挂篮来进行，移挂篮到中跨合龙段，在挂篮上完成中跨合龙段的施工，双悬臂梁变成单悬臂梁，完成由双悬臂梁向单悬臂梁的第一次体系转换。在边跨直线段膺架上完成边跨合龙段的施工，张拉预应力，然后拆除膺架和临时支座，将临时支座反力转移到永久支座上，实现由两单悬臂梁向三跨连续梁的第二次体系转换。

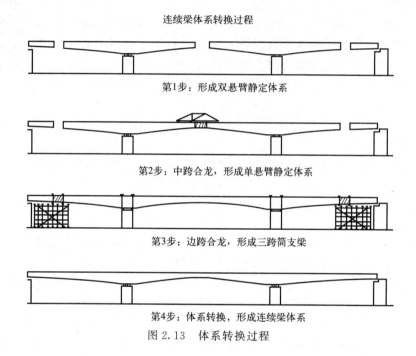

图2.13 体系转换过程

2.2.6.3 线形控制

为保证箱梁结构尺寸，满足设计要求，施工中的线形控制十分重要，箱梁的线形控制包括标高控制，中线控制，跨度、扭曲及断面尺寸控制。

2.2.7 梁体悬浇事故的预防与处理

① 控制线形。

② 派遣技术水平高、操作熟练的技术人员组成精干的测量、试验、检测队伍，制定详细的、切实可行的、具有可操作性的技术管理工作制度，做到工作有标准，检查按标准，同时装备先进的测量、试验、检测仪器，用科学的手段保障工程质量。

③ 严把材料关，钢筋有出厂质量保证书或试验报告单，并做机械性能试验，对进场的钢筋进行抽验，遵守"先试验，后使用"的原则。施工中严格控制钢筋的加工质量，加强对钢筋的存放管理，保证钢筋的绑扎和焊接质量。

④ 混凝土工程施工实行工序标准化作业，混凝土达到拌和、运输、灌注、养护机械化。混凝土采用集中拌和，配备自动计量系统以保证配比计量精确。捣固实行责任区分工制，人员固定，保证混凝土捣固密实，无蜂窝麻面。

⑤ 所有预应力筋必须用绝缘胶布包裹防止被电流击伤，挂篮需要用电时必须保证电线完好，不得漏电。

任务2.3 悬臂拼装法施工

悬臂拼装（简称悬拼）法是将预制节段块件，从桥墩两侧依次对称安装节段，张拉预应力筋，使悬臂不断接长，直至合龙。

2.3.1 悬臂拼装法的特点

悬臂拼装法施工是在工厂或桥位附近将梁体沿轴线划分成适当长度的块件进行预制，然后用船或平车从水上或从已建成部分桥上运至架设地点，并用活动吊机等起吊后向墩柱两侧对称、均衡地拼装就位，张拉预应力筋。重复这些工序直至拼装完悬臂梁全部块件。悬臂拼装法的特点是：

① 梁体的预制可与桥梁下部构造施工同时进行，并行操作缩短了建桥工期；
② 预制梁段的混凝土龄期比悬浇成梁的长，从而减少悬拼成梁后混凝土的收缩和徐变；
③ 预制场或工厂化的梁段预制生产利于整体施工的质量控制，悬拼适用于预制场地及运输和吊装条件较好，特别是工程量大和工期较短的梁桥工程。

悬臂拼装法的不足：需要占地较大的预制场地。

2.3.2 施工准备

预制块件的悬臂拼装可根据现场布置和设备条件采用不同的方法来实现。当靠岸边的桥跨不高且可在陆地或便桥上施工时，可采用自行式吊车、门式吊车来拼装。对于河中桥孔，也采用水上浮吊进行安装。如果桥墩很高，或水流湍急而不便在陆上、水上施工时，就可利用各种吊机进行高空悬臂拼装施工。

预制节段的长度取决于运输、吊装设备的能力，一般采用的块件长度为1.4～6.0m，块件的质量为40～170kN。预制节段要求尺寸准确，拼装接缝密贴，预留孔道对接要顺畅。目前节段预制常采用以下两种方法：长线预制和短线预制。

2.3.2.1 长线预制

长线预制是在工厂或施工现场按梁底曲线形状制作固定台座（底座），在台座上安装底模的施工方法。台座可用土胎或石砌形成梁底形状，地质较差的预制场，可采用短桩基础，之后搭设排架形成梁底曲线（见图2.14）。

为保证预制块件的尺寸、接缝密贴及预留孔道的对接顺畅，长线预制常采用间隔浇筑法预制块件，使得先浇筑节段的端面成为浇筑相邻块件时的端模。

长线预制法底模长度最小为桥梁跨径的一半，因此需要较大的施工场地，并要求操作设备能在预制场移动，所以长线预制宜在具有固定梁底缘形状的多跨桥上采用，以提高设备的使用效率。

2.3.2.2 短线预制

短线预制节段由可调整外部及内部模板的台车与端模架完成。

曲线桥和弯桥采用悬拼施工时常采用短线预制，预制时预制节段可在纵轴位置和节段宽

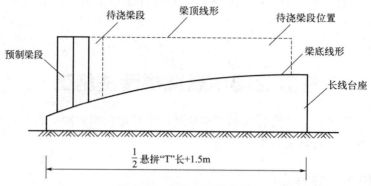

图 2.14 长线预制法台座

度方向上进行调整。曲线桥节段预制示意图见图 2.15。

短线预制节段的拼装面常做成企口缝。腹板企口缝用于调整高程；顶板企口缝可控制节段的水平位置，使拼装迅速就位，并能提高结构的抗剪能力。也有的预制节段，在底板处设预埋件，用以固定拼装时的临时筋（可用临时预应力或花篮螺栓绞紧）。

短线预制适用于工厂节段预制，设备可周转使用，每条生产线平均 5 天可生产 4 块，但节段的尺寸和相对位置的调整要复杂一些。

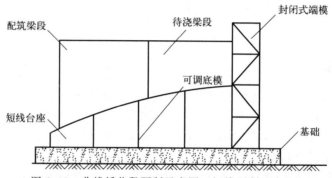

图 2.15 曲线桥节段预制示意图（短线预制法台座）

采用长线预制法制梁，成桥后梁体线形较好。长线台座使梁段存贮较大余地，但占地较大，地基要求坚实，混凝土的灌注和养护移动分散。短线预制场地相对较小，灌注模板及设备基本不需移动，可调的底、侧模便于平、竖曲线梁段的预制；但要求精度高，施工严，周转不便，工期相对较长。

梁段运输有水、陆、栈桥及缆吊等各种形式。

梁体节段自预制台座上出坑后，一般先存放于存梁场，拼装时节段由存梁场移至桥位处的运输方式，一般可分为场内运输、装船和浮运三个阶段。

2.3.3 施工设备

常用的悬拼机具有汽车吊、浮吊、缆索起重机、移动式吊车、桁式吊等。汽车吊适用于墩不高且在陆上或便桥上施工的情况；浮吊适用于墩不高的河中桥孔；墩较高或水流湍急时则应采用后三种施工机具。以悬臂吊机为例说明施工设备的组成。

悬臂吊机由纵向主桁架、横向起重桁架、锚固装置、平衡重、起重系、行走系和工作吊篮等部分组成，见图 2.16。

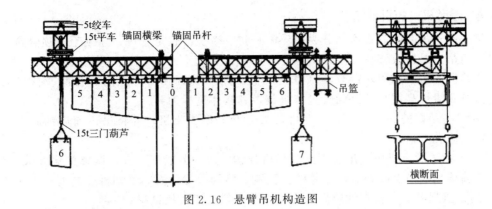

图 2.16 悬臂吊机构造图

纵向主桁架为悬臂吊机的主要承重结构，可由贝雷片、万能杆件、大型型钢等拼制。一般由若干桁片构成两组，用横向联结系联成整体，前后用两根横梁支承。

横向起重桁架是供安装起重卷扬机直接起吊箱梁块件用的构件。纵向主桁架的外荷载就是通过横向起重桁架传递给它的。横向起重桁架支承在轨道平车上，轨道平车搁置于铺设在纵向主杆上弦的轨道上，起重卷扬机安置在横向起重桁架上弦。

设置锚固装置和平衡重的目的是防止主桁架在起吊块件时倾覆、翻转，保持其稳定状态。对于拼装墩柱附近块件的双悬臂吊机，可用锚固横梁及吊杆将吊机锚固于0#块上。对称起吊箱梁块件，不需要设置平衡重。单悬臂吊机起吊块件时，也可不设平衡重，而将吊机锚固在块件吊环上或竖向预应力筋的螺栓端杆上。

起重系一般由50kN电动卷扬机、吊梁扁担及滑车组等组成。起重系的作用是将由驳船浮运到桥位处的块件提升到拼装高度以备拼装。滑车组要根据起吊块件的重量来选用。

吊机的整体纵移可采用钢管滚筒在木走板上滚移，由电动卷扬机牵引。牵引绳通过转向滑车系于纵向主桁架前支点的牵引钩上。横向起重桁架的行走采用轨道平车，用倒链滑车牵引。

2.3.4 施工工艺

2.3.4.1 箱梁节段拼装顺序

箱梁节段拼装顺序是：先每联两端边跨、近边跨T构的拼装，再中跨T构施工。合龙应遵照先边跨合龙、后次边跨合龙、最后中跨合龙的次序。

2.3.4.2 边跨箱梁节段拼装

（1）边跨支架施工　支架基础钢管采用打桩船用振动桩锤施工。钢管桩完成后，按设计自下而上接长钢管柱到设计高程，并用型钢做好桩间连接。

（2）边跨梁段的吊装　边跨预制梁段采用大型平驳（平板驳车）运到边跨支架旁，用浮吊吊装就位，梁段吊装顺序从墩顶梁段开始，往合龙方向逐块吊装。

2.3.4.3 0#块、1#块、2#块的拼装

（1）墩旁支架搭设　墩旁支架用货船将支架材料运到墩旁，首先用浮吊将4根 $\phi 800 \times 8mm$ 的钢管立在承台上，而后用型钢连接，最后在钢管顶安放工字钢，形成拼装平台。

（2）0#块、1#块、2#块的吊装　0#块梁段与墩顶的固接有临时固接和永久固接两种，永久固接的梁段称π形梁。

2.3.4.4 悬臂梁段的拼装施工

悬拼按起重吊装的方式不同分为：浮吊悬拼、牵引滑轮组悬拼、连续千斤顶悬拼、缆索起重机（缆吊）悬拼及移动支架悬拼等。

悬臂梁段的拼装采用两台节段悬拼提梁机，在T构两端对称地同时将两段待拼梁段从驳船上提升到设计高度与已拼梁段对接拼装，其具体过程为：

① 在已拼装好的 0#、1#、2#块上拼装 DQ1P05 型提梁机，并将吊机前后锚固点锚固在梁段预留锚固孔上；

② 用大型平驳运梁段至吊机下方，吊机挂钩下放到驳船正上方，调整横梁及天车位置，使挂钩与箱梁预设吊点准确对位，并挂上挂钩，将两段梁段同时吊到桥面高度；

③ 提梁机提升梁段基本就位后，先分别与已拼梁段对接试拼；

④ 试拼完成后，将待拼梁段移开 40cm 左右，在拼接面上涂抹环氧树脂胶，而后合龙定位；

⑤ 穿接缝处拉杆，穿体内预应力钢束；

⑥ 张拉接缝处拉杆，并锚固，张拉体内预应力钢束，锚固，进行真空压浆；

⑦ 前移提梁机并锚固，进行下一梁段的拼装。

如此循环施工，直至整个梁完成。如图 2.17~图 2.19 所示。

图 2.17 拼装提梁机

图 2.18 吊机吊装梁段

悬臂拼装时，预制块件间接缝可采用湿接缝、胶接缝和半干接缝等几种形式，如图 2.20 所示。

湿接缝宽度为 0.1~0.2m，采用湿接缝可使块件安装的位置易于调整。在悬臂拼装中采用最为广泛的接缝是应用环氧树脂等胶结材料使相邻块件黏结的胶接缝。胶接缝能消除水分对接头的有害作用，因而能提高结构的耐久性，除此以外，胶接缝能提高结构的抗剪能

图 2.19 涂抹环氧树脂胶

力、整体刚度和不透水性。胶接缝可以做成多齿型 [图 2.20(b)]、单阶型 [图 2.20(d)]、单齿型 [图 2.20(e)] 和平面型 [图 2.20(f)] 等形式。半干接缝可用来在拼装过程中调整悬臂的平面和立面位置。悬臂拼装的经验指出,在每一拼装悬臂内设置一个半干接缝来调整悬臂位置是合理的。

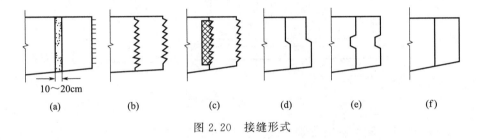

图 2.20 接缝形式

2.3.4.5 合龙段施工

合龙段采用预制吊装法施工,施工时应根据拼装情况适当调整湿接缝宽度,保证合龙段顺利合龙。合龙段施工步骤如下:

① 吊装合龙段就位。
② 在当天温度最低时用定位骨架将合龙段与其两端梁段锁定,测量合龙高程等。
③ 立湿接缝模板,注意预留预应力孔道。
④ 浇筑早强混凝土,并养护。
⑤ 按规定顺序张拉合龙段预应力钢束。
⑥ 解除定位骨架,完成合龙段施工。

2.3.4.6 箱梁体系转换

箱梁体系转换主要指拆除梁段与墩顶临时固接的预应力筋及拆除永久支座两侧的临时支座。

施工中,第一联先合龙第一、六跨,再合龙第二、五跨,然后同时拆除引 1、引 5 号墩梁临时固接,从而完成第一联的体系转换;第二联施工中先合龙第一、七跨,再合龙第二、六跨,最后合龙第三、五跨,合龙完成后同时拆除引 7、引 8、引 11、引 12 号临时固接,完成第二联体系转换。

墩梁临时固接预应力筋拆除须从箱梁中线向两侧对称进行,拆除时先用张拉千斤顶将预应力筋拉到原张拉吨位,卸去锚固螺母,再放松。临时支座的拆除应先中间后两边,前后、左右对称进行。

2.3.5 施工要点

2.3.5.1 0#块的施工

在悬臂法施工中,0#块(墩顶梁段)均在墩顶托架上立模,现场浇筑,并在施工过程中设置临时梁墩锚固,使0#块梁段能承受两侧悬臂施工时产生的不平衡力矩。

临时固接、临时支承措施有:

① 将0#块梁段与桥墩钢筋或预应力筋临时固接,待需要解除固接时切断,如图2.21所示。

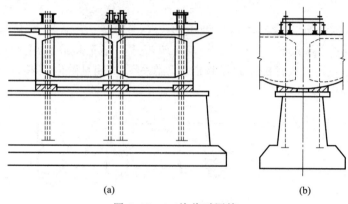

图2.21 0#块临时固接

② 在桥墩一侧或两侧加临时支撑或支墩,如图2.22所示。

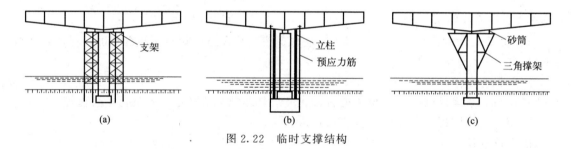

图2.22 临时支撑结构

③ 将0#块梁段临时支撑在扇形或门式托架的两侧。临时梁墩固接要考虑两侧对称施工时有一个梁段超前的不平衡力矩,应验算其稳定性,稳定性系数不小于1.5。

2.3.5.2 次内力

影响节段桥梁设计和施工的关键因素是次内力、节段间的连接、体系转换及高程控制等。节段桥梁的预应力筋可分悬臂预应力筋和连续预应力筋。结构的次内力主要为预应力产生的次内力和徐变次内力。悬臂预应力筋只产生徐变次内力,而不产生弹性次内力;连续预应力筋则产生弹性次内力;当有多次体系转换时,也会产生徐变次内力。次内力(矩)的净效增加了中间支点处的负弯矩和跨中正弯矩,对结构产生不利影响。但次内力并非完全不利,连续结构中,可以把次内力有效地使用,从而增加结构的经济性。事实上,在悬臂拼装阶段,支点处的负弯矩随悬臂长度增加逐渐增大,刚合龙时跨中正弯矩很小。正是徐变次内力引起内力重分配,使支点负弯矩减小,跨中正弯矩增加,随着时间的增长及其他荷载的加入,结构整体受力趋向合理。预应力产生的次内力可用力法或等效荷载法计算。精确计算徐变次内力比较困难,与计算过程中的有关假设和实际出入较大有关,但不管采用什么方法,即使计算结果偏差较大,也不会对结构产生重大影响。

设计中,只要优化跨度及钢束布置,合理安排合龙程序,就可充分利用次内力的有利方面。

2.3.5.3 预应力钢束布置

节段桥梁的配束由悬臂预应力筋和连续预应力筋两部分组成。悬臂预应力筋布置在顶板、腹板及上齿板内。顶板内钢束常布置成直线形,直接锚固在节段拼装面上,腹板内钢束一般为曲线形,使钢束承担部分剪力。但有的大跨度桥梁只在顶板布束而不弯入腹腔板内,这给施工带来极大便利。连续预应力筋布置在底板内,在箱内底板上留锯齿块张拉、锚固钢束。悬臂拼装的节段桥梁,钢束一般布成短束,弯起预应力筋只有2个弯折点,节段从预制到安装,大部分徐变已发生,因此预应力损失大大减少,可有效地增大永久预应力,使钢束的高强性能充分发挥。

悬臂拼装阶段,梁体需布置大量悬臂束,而体系完成后并不需要那么多钢束,为避免浪费,往往需设临时束。体外预应力体系是一种有效尝试。由于钢束布置在箱内(箱形梁)可以将截面做得更薄,通过控制张拉力,有效地控制并调整施工中的挠度和预拱度。但体外预应力结构极限承载能力稍低,如何合理地使用,尚需进一步研究。

2.3.5.4 安装定位及挠度控制

节段的拼装常做成企口缝。腹板企口缝用于调整高程;顶板企口缝可控制节段的水平位置,使拼装迅速就位,并能提高结构的抗剪能力。有的预制节段,在底板处设预埋件,用以固定拼装时的临时筋;也有的在腹板拼装面设连续的凹凸榫,顶板上仅留有2个水平半圆形和2个垂直梯形槽口的接榫供安装定位用。

安装定位时,宜在拼装面涂环氧树脂胶,使拼装面的粘接较好。挠度控制往往是设计和施工的关键,所设的预拱度必须根据施工情况及徐变情况做精确分析和计算,并及时调整,一般可通过张拉预应力筋或控制预应力筋张拉力调整,必要时可用千斤顶调整,接触面的接缝间可嵌入较软金属(如铜)。城市桥梁由于搭移支架方便,也可在局部布置临时支架进行调整。挠度控制不好,不仅影响线形,而且合龙难度较大,必须精心设计和施工。

2.3.5.5 合龙段的设计和施工

悬臂拼装的节段桥梁常在跨中留有1.5~2.0 m的合龙段,在主梁标高调整后将梁连成整体。一般采用现浇或节段拼装合龙,现浇比拼装施工工期长,工序复杂,但便于调整,而拼装对节段预制的精度要求较高。

多跨PC连续梁的合龙次序,对结构内力影响显著,但由于悬臂预应力筋预加力和一期恒载的反向作用,大幅度降低了不对称施工程序导致的对称面中内力的非对称程度,在许多情况下,并不至于影响对称截面的设计,即合龙次序仅在施工阶段对内力有影响,连续体系形成后影响不大,故可以根据施工情况灵活选择合龙次序。合龙时间应该选择在当日温度最低时。

任务 2.4 移动模架法施工

移动模架是以移动式桁架为主要支承结构的整体模板支架,可一次完成一联梁体混凝土的浇筑,适用于跨度小于50 m的多跨简支梁和连续梁的施工。这种模架的结构比较简单,用料少，质量轻，便于模板高度的调整和控制，而且该模架对梁体尺寸不加限制，施工时模架的移动既方便又安全。

2.4.1 施工准备

① 预备枕木或者预制混凝土垫块（主梁拼装时垫高主梁，便于主梁底板螺栓连接操作）。
② 设计及加工箱梁内模、外模及模板支架。
③ 培训移动模架操作人员。
④ 50t 履带吊进场。
⑤ 移动模架器材进场。
⑥ 在吊装主梁的墩顶预埋精轧螺纹钢锚杆。
⑦ 安装墩顶贝雷架，并锚固于墩顶上。
⑧ 主梁组拼。
⑨ 主梁吊装。
⑩ 主梁加载试验。
⑪ 安装横梁、底模分配梁、侧模架、底模、侧模。
⑫ 准备箱梁施工材料。

2.4.2 施工设备

移动模架的基本结构，如图 2.23、图 2.24 所示。

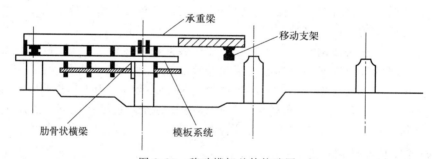

图 2.23 移动模架总体构造图

图 2.24 移动模架结构图

二维码 2.6

二维码 2.7

（1）承重梁 通常采用钢梁，长度大于 2 倍跨径，是承受施工设备自重、模板系统重量和现浇混凝土重量的主要构件。

（2）横梁 从承重梁两侧伸出，两端垂直向下，到主梁的下部再呈水平状态，形成下端开口的框架并将主梁包在内部。

（3）支承系统 由活动支承和后端支承组成。

2.4.3 施工工艺

移动模架法施工工艺流程见图 2.25。

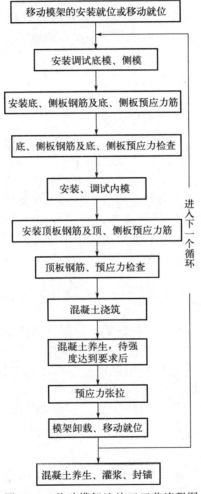

图 2.25 移动模架法施工工艺流程图

二维码 2.8

2.4.3.1 移动模架的组拼

根据桥本身的特点以及施工的总体安排，移动模架的组拼采用在梁孔位处组拼的施工方案。

用汽车起重机拼装模架，并在承台位置使用"八三"军用墩设置临时支撑。将模架杆件运至现浇梁孔位处，使用汽车吊将杆件组拼成单元，然后用两台 25t 的汽车吊将单元块提升至墩上面的支撑及临时支墩上，依次将模架组拼完毕。

2.4.3.2 现浇梁体混凝土施工

模架组拼完成后,首先安装模板,调整底模标高,利用木楔将底模调整至预定位置,然后测量梁体的空间位置,并根据设计要求和测量结果,使用底模支撑架上的木楔进行梁段三维空间的调整,直至满足要求。模板安装好并经检查合格后开始梁体钢筋的绑扎,绑扎完毕即可浇筑梁体混凝土,待混凝土养生至设计张拉强度后,按要求张拉钢绞线并分阶段地调整梁底至"六四"梁表面的高度,直至张拉完毕并脱空箱式支撑,退出钢楔块。卸掉千斤顶,将承重主桁梁落在滑道上,模板脱落。

2.4.3.3 移动模架的移行

拆除底模,使之悬挂于一侧桁梁上,同时拆除两组承重桁梁间的临时连接。在新拼好的"八三"墩支撑上安装好滑移轨道,同时移动卷扬机就位联结。在滑道上移动卷扬机拖拉移动模架前行至下一梁孔位,调整就位后进行下一循环作业。

2.4.4 施工要点

现浇混凝土连续梁的施工是高空作业,所以拼装结构稳固、滑道及拖拉装置牢靠是确保施工安全和顺利的关键,施工中必须给予充分考虑。

① 移动模架用的滑移轨道,必须平顺,以确保施工时模架的顺利移行。

② 移动模架是本施工工艺的关键,所用的组拼件"六四"军用梁、"八三"军用墩的规格及强度必须满足钢结构的标准要求。而作为承重梁的四片为一组的"六四"军用梁之间必须设置牢固的横向联结系,以增加模架的刚度,并确保模架的稳定。

③ 每移动一次模架后且施工下一联梁前,必须对移动模架进行系统的检验,并对滑道及拖拉设备进行检查,确认一切就绪后方可进行下一循环作业。

2.4.5 施工注意事项

2.4.5.1 梁片施工标高的控制

梁片施工标高控制的关键是预拱度的设置。根据系统挠度的影响因素计算出外挂模板挑梁处的变形值,据此通过调整底模横梁来设置预拱度:

① 通过实测系统变形值,修正所设预拱度值,经过几次反复后确定一个较准确的预拱度值,使模板标高得到有效的控制;

② 通过预压测定出弹性变形和非弹性变形后,与设计单位联系给出梁片张拉后的反拱预设值 s,最终确定立模标高。

2.4.5.2 浇筑混凝土施工

预应力混凝土箱梁结构浇筑是项目环节多、最不易控制的一道工序。在施工中必须解决好施工组织、浇筑顺序、强度、坍落度控制、振捣及孔道保护等一系列问题,保证箱梁混凝土的浇筑质量。

2.4.5.3 高性能混凝土配合比设计

客运专线桥梁要求具有 100 年的结构耐久性,而且现浇预应力混凝土箱梁腹板窄,钢筋及孔道密集,这就要求石子粒径要小,混凝土的坍落度、和易性要好。因此必须配制出强度、坍落度、和易性和耐久性优越的高性能混凝土,以达到结构施工和耐久性的要求。

2.4.5.4 预应力施加

预应力施加是预应力箱梁结构质量的最终体现。预应力的施加效果受孔道线形、预应力筋的力学性能、张拉控制程序、锚具质量精度等多方面因素影响，施工中应控制好断丝、滑丝、预应力损失等，以保证梁体预应力的施加效果。

2.4.6 质量标准及质量控制

① 选定梁体混凝土配合比时，除混凝土强度必须达到设计强度外，其弹性模量及最大水泥用量必须满足现行规范要求。

② 钢筋、水泥、地材、钢绞线、锚具等原材料的检验与试验均按现行规范有关规定执行。

③ 千斤顶的标定应委托有资质的单位进行，标定的频率按现行规范及设计图纸有关规定执行。

任务 2.5 顶推法施工

2.5.1 顶推法概述

顶推法施工是沿桥纵轴方向，在桥台后设置预制场浇筑梁段，达到设计强度后，施加预应力，向前顶推，空出台座继续浇筑梁段，随后施加预应力与先一段梁联结，直至将整个桥梁梁段浇筑并顶推完毕，最后进行体系转换完成桥梁施工。

顶推法施工适用于截面等高、跨径 70~80m 以内、平曲线及竖曲线为同曲率的预应力混凝土连续梁。顶推法施工不受通车、通航及水情、气候的影响，梁段在桥头实行工厂化施工，质量、工期易于控制和保证。顶推法施工原理是在沿桥纵轴方向的桥台后设置预制场，分阶段预制梁体，张拉纵向预应力筋后，通过水平千斤顶施力，借助滑道、滑块，将梁逐段向前顶推，就位后落梁，更换支座。顶推的施工方法多种多样，可按照支承系统和顶推的方向来区分顶推的施工方法，如图 2.26 所示为顶推法施工实例。

图 2.26 顶推法施工实例

二维码 2.9

2.5.1.1 单点顶推

顶推的装置集中在主梁预制场附近的桥台或桥墩上，前方墩各支点上设置滑移支承。顶推装置又可分为两种：一种是由水平千斤顶通过沿箱梁两侧的牵动钢杆给预制梁一个顶推力的装置；另一种是由水平千斤顶与竖直千斤顶联合使用，顶推预制梁前进，它的施工程序为顶梁、推移、落下竖直千斤顶和收回水平千斤顶的活塞（图 2.27）。

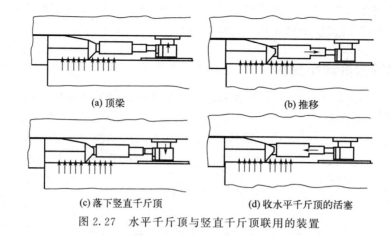

图 2.27 水平千斤顶与竖直千斤顶联用的装置

我国狄家河桥、万江桥均采用单点顶推法施工,将水平千斤顶与竖直千斤顶联用。顶推时,升起竖直千斤顶活塞,使临时支承卸载,开动水平千斤顶去顶推竖直千斤顶。由于竖直千斤顶下面设有滑道,顶的上端装有一块橡胶板,即竖直千斤顶在前进过程中带动梁体向前移动。当水平千斤顶达到最大行程时,落下竖直千斤顶,使梁体落在临时支承上,收回水平千斤顶活塞,带动竖直千斤顶后移,回到原来位置,如此反复不断地将梁顶推到设计位置。

2.5.1.2 多点顶推

在每个墩台上设置一对小吨位(400~800kN)的水平千斤顶,将集中的顶推力分散到各墩上。由于利用水平千斤顶传给墩台的反力来平衡梁体滑移时在桥墩上产生的摩阻力,桥墩在顶推过程中承受较小的水平力,因此可以在柔性墩上采用多点顶推施工。同时,多点顶推所需的顶推设备吨位小,容易获得,所以我国近年来用顶推法施工的预应力混凝土连续梁桥,较多地采用了多点顶推法。

多点顶推在国外称SSY顶推施工法,顶推装置由竖向千斤顶、水平千斤顶和滑移支承组成,施工程序为落梁、顶推、升梁、收回水平千斤顶的活塞、拉回支承块,如此反复作业。

多点顶推施工的关键在于同步。因为顶推水平力分散在各桥墩上,一般均需通过中心控制室控制各千斤顶的出力等级,保证同时启动,同步前进,同时停止和同时换向。为保证在意外情况下能及时改变全桥的运动状态,各机组和观测点上需装置急停按钮。

2.5.2 施工准备

① 根据桥跨数量、设备条件、场地情况及工期要求,确定预制、顶推的方案。

② 在桥台后面的桥轴线位置的引道或引桥上设置预制场。对于纵坡小于1.5%的桥梁,预制场设在上坡桥台后面;如纵坡大于1.5%,则设在下坡的桥台后面。要想加快施工进度并有条件时,也可在桥两端设预制场地,从两岸相对顶推。如桥头引道直线长度受到限制,也可在引桥或靠岸一孔上设置"临空式"的预制台座。

③ 预制场布设时,应考虑梁身分段和每段是全断面整体浇筑还是全断面分次浇筑及长度,梁身前面设导梁时,应考虑拼装导梁的场地。此外,还应考虑每一跨预制时梁体本身的稳定安全度。

④ 在引道上的预制场必须将地基先碾压平整、密实,并采取排水措施,使其不沉陷、

二维码 2.10

不积水,如地基承载力不足,宜选用桩基础。在平整、密实的地基浇筑混凝土台座,混凝土基础台座尺寸要满足强度、刚度、稳定性要求,在引桥上的预制台座、临时墩的基础、装配式大梁、横梁、纵梁均应进行设计计算,使台座的强度、刚度(挠度及基础的沉降)和稳定性均符合设计要求。

⑤ 当用顶推法修建的桥梁设在竖曲线上时,台后预制段各台座支点的标高,应在同一半径的竖曲线圆弧轨迹上。

⑥ 为减小顶推时产生的内力,以节省临时张拉束,采用设置导梁、临时墩、墩旁临时撑架,加固斜缆索或两端对顶跨中合龙梁段等措施。

⑦ 系梁可用贝雷桁架(钢架)或万能杆件拼制,并可在导梁底部用加劲弦杆或型钢分段加劲;导梁设置的长度一般为顶推跨径的 0.6~0.8 倍,刚度为主梁的 1/15~1/9;最好将导梁从根部至前端拼成变刚度或分段变刚度。主梁端部的顶板、底板内预埋厚钢板或型钢且伸出梁端与导梁连接,主梁端应设横隔梁加固,导梁与箱梁接头处应用预应力束连接以防梁端接头处混凝土开裂。

⑧ 如跨径较大,现场条件允许,可在设计跨径中间设置临时墩以减小顶推跨径,临时墩一般采用装配式空心钢筋混凝土柱,并利用斜拉索或水平索拉住临时墩,锚碇在永久桥墩上,以加强临时墩底抗水平力的能力。

2.5.3 梁段预制

如图 2.28 所示为施工现场实际节段的预制图。

图 2.28 节段的预制

① 梁段浇筑可根据条件及技术要求采取一次全断面浇筑或分底板、腹顶板两次浇筑或者分底板、腹板、顶板三次浇筑,可以等全截面完成后再向前顶推。

② 模板多次重复周转,宜采用机械化装卸的钢模板,内模宜采用易于折叠和移动取出的构造形式,要特别注意腹板下方底面的平整度,以免影响顶推速度和损坏顶推工具滑板,如图 2.29 所示。

③ 按图纸要求及技术规范要求进行钢筋安装、预应力筋孔道定位及预埋件固定。

④ 浇筑梁段混凝土:混凝土配制及浇筑要严格按设计要求及技术规范的规定进行,应尽可能采用早强水泥或掺入减水剂,振动时如采用插入式振动器,要防止触及底板及损坏预应力预留孔和变动预埋件位置。

图 2.29 模板工作

⑤混凝土浇筑完成后要适时进行养护，气候寒冷时，要采取保温措施，可能时要尽量采取蒸汽养护，以使混凝土强度及早达到施加预应力的强度，缩短顶推周期。

2.5.4 张拉

①在每段箱梁混凝土强度达到设计强度的80%以上时，进行先期索的张拉，先期永久索必须进行压浆，临时索因顶推就位后须拆除，不需要压浆。

②全梁顶推就位后张拉后期索，拆除临时索，对于较长的预应力索采取连接器进行连接。

③先期永久索、临时索、后期索均应严格按设计规定进行张拉和拆除，不得随意增加或漏拆预应力索。

④预应力索的张拉压装方法和要求与一般后张法预应力混凝土梁相同，其技术要求和质量标准按技术规范及图纸要求严格控制。

2.5.5 施工工艺

跨铁路预应力混凝土箱梁顶推法施工工艺流程为：预制场地准备→制模板，绑钢筋→预制箱梁→张拉预应力筋→管道压浆→顶推箱梁→顶推就位→落梁变换支座→主梁现浇施工→主梁纵向张拉，如图2.30所示。

具体施工过程如下：

①顶推一般采用"多点顶推法"，即在各墩台均设置滑道、水平千斤顶及电动液压站，由主控制室统一控制各液压站同步运行，使箱梁在墩台的滑道上推进，最后就位。

②滑道、滑块：滑道采用不锈钢板构造，设置在每个墩的上、下游和箱梁腹板的下面，滑道要求有相应的平整度，滑道下的混凝土垫石强度要满足要求，滑道安装的精度必须达到设计或规范要求；滑块采用橡胶钢板组合制品，并可考虑采用聚四氟乙烯贴面，滑块要具有足够的抗压强度。

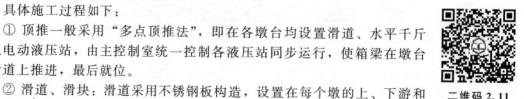

二维码 2.11

③水平千斤顶及电动液压站：根据梁段重量，计算每墩的垂直反力；再根据滑道的摩擦系数计算出每墩所需的水平拉力，由此选择水平千斤顶的规格及数量；千斤顶所使用油泵均配置远程控制电磁阀和换向阀，使多台水平千斤顶出力均匀，同步运行，并能分级调压，集中控制，使各墩的千斤顶同步运行。

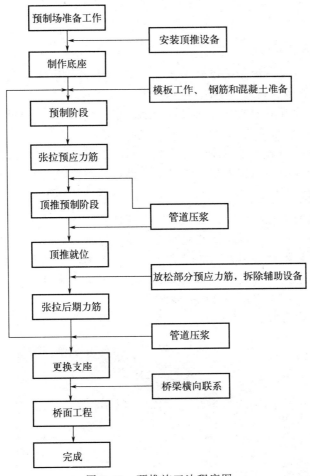

图 2.30　顶推施工法程序图

④ 导向装置：采用横向螺旋千斤顶。在顶推过程中，为防止箱梁左右偏移，始终用经纬仪校准桥轴线，随时检查梁中心是否偏离，如有偏离立即通知进行纠偏。纠偏时用设在永久墩上的横向螺旋千斤顶，通过设在顶部的竖向轮控制。

⑤ 传力系统：水平千斤顶采用穿心式的，由一根高强螺纹钢筋作为水平拉杆（钢筋直径要使抗拉强度达到要求）。一端穿过千斤顶，锚固在千斤顶活塞顶端；另一端穿过拉锚器，用尾套进行锚固，拉锚器通过箱梁外侧的预埋钢板固定在箱梁上。拉杆两端的锚碇由一个锚环和一对设有内螺纹的楔块组成。

⑥ 顶推：启动水平千斤顶，拖动梁体在滑道上移动。顶推前要详细地检查各项准备工作情况，现场要设总指挥统一进行指挥。为防止各组水平千斤顶的出力相差太多，将每个组均分为几级，根据各墩计算支反力，调好压力，逐级进行加压，当所有水平千斤顶中有一台行程走完，触及限位开关时，各千斤顶全部停止，同时打开换向阀，千斤顶自动回油，准备下一个行程，直至就位。

⑦ 落梁：箱梁顶进预定桥跨后，按设计图张拉后期索，拆除先期非永久索；按相邻墩高差不超过设计规定位移值的原则分墩顶起箱梁，破除滑道，推移支座就位；安装下盘锚固螺栓，调整好支座标高，在支座下的螺栓孔内灌高标号的水泥浆；同时用高强度混凝土填灌支座上盘螺栓孔，待水泥浆及混凝土强度达到设计强度后分墩落梁于支座上。

2.5.6 监测与检测

2.5.6.1 监测的内容及要点

① 监测的主要内容是墩台和梁体有关控制位置的应力和应变状态,以达到控制施工安全、验证施工与设计是否相符及积累经验数据的目的。

② 对位移、挠度及沉降的监测可利用精密水准仪、经纬仪及水平标尺、垂直标尺进行。这些方法简单、方便,结果能直观地反映顶推变化情况。

③ 对应力、应变的测试,采用传感元件及电阻应变仪等仪器进行测试。

④ 当实测值与设计值相差较大时,要停止顶推,分析原因。

2.5.6.2 检测的内容

① 台座和滑道组的中心线必须在桥中心线或其延长线上。

② 导梁应在地面试装后,再在台座上安装,导梁与梁身必须牢固连接。

③ 千斤顶及其他顶推设备在施工前应仔细检查、校正,多点顶推必须确保同步。

④ 顶推过程中,要设专人观测墩台沉降、墩台位移及梁的偏位、导梁和梁挠度等,提供观测数据[尤其是临时墩(图2.31)的观测]。

⑤ 顶推及落梁程序正确。若梁体出现裂缝,应查明原因,采取措施后,方可继续顶推。

图 2.31 临时墩

2.5.7 施工注意事项

(1) 制梁精度要求 预制箱梁段底面必须平整,节段间接缝无错台。梁段外形尺寸(mm)要求:

长度:+5,-10;高度:0,-5;顶板宽度:+20,-10;腹板、梁肋厚:+10,0。

(2) 四氟滑板的质量控制 四氟滑板是由橡胶板、薄钢板和聚四氟乙烯板胶合的复合制品。顶推梁使用的四氟滑板数量多,且要求质量高,使用时需精心操作,妥善保存。要求四氟滑板表面清洁,无刻痕,无油污,无翘曲变形等;当主梁底部与四氟滑板接触时,随着梁段的顶推前进,滑道上的四氟滑板从前面滑出后,应立即从后面插入四氟滑板,进行填塞补充,补充的滑块应涂以润滑剂,并端正插入。任何情况下,各墩顶滑道上的四氟滑板不得少于 3 块；四氟滑板磨损过多时，应及时更换。注意：由于顶推时各墩都有因阻力作用而储存的位移，在起落后，梁体会整体回移，因此在最后一段箱梁顶推时，里程控制应向前多顶 10～15cm。

2.5.8 施工中事故的预防与处理

2.5.8.1 防开裂问题

由于种种原因，顶推法施工的连续梁会出现开裂，开裂主要表现为纵向裂缝。裂缝主要分布在箱梁底板与腹板相交的两边滑动的承托部位，箱内腹板与底板转角处，底板底面后期纵向预应力空管道处。总结经验后，采取了如下措施，例如，加强导梁与梁体的连接以保证梁底的平整度，严格控制各滑道高程误差及滑道、滑板的尺寸，设置体外明筋临时束，适当增加箱梁的构造钢筋等（底板底层钢筋直径加大，减少钢筋间距，箱梁底承托部位采取立体三向布筋，梁端预应力束锚固截面纵向 1m 范围内增加弯钩钢筋，加强底板、腹板、顶板两层钢筋的连接，增强整体性来承受预应力的轴向作用）以控制顶推中梁体裂缝的产生。

2.5.8.2 梁体"爬行"问题

梁体"爬行"现象，即被顶推的箱梁每前进 5～10mm 即停顿 0.5～1s，千斤顶油压摆动 1～2MPa，如此反复，工作人员也能明显感觉到桥墩的摆动，并伴有不适和担忧感。

梁体的"爬行"现象是一个比较复杂的问题，它同梁体与滑道间动、静摩擦系数的交替变化及桥墩刚度和拉杆（索）的弹性模量等因素有关。这些因素共同或部分发生作用都有可能引起梁体"爬行"。

"爬行"的危害是不言而喻的。虽然迄今还未发现因"爬行"现象而引起墩台和梁体的破坏，但这种不安全因素的确是存在的。采用自动顶推锚具和连续顶推新工艺可在一定程度上减少"爬行"现象。

2.5.8.3 滑板损坏的问题

在顶推施工中，滑板损坏相当严重，因顶推用的滑板与桥梁滑板支座受力情况大不一样，滑板支座长期受压，温度升降引起纵向滑移速度相当缓慢，滑移量都是小位移的，滑动摩阻力引起的温度升高幅度很小。而顶推用的滑板，由于受墩顶尺寸限制，所以滑道尺寸也受到限制，承压应力大于施工规范的允许应力值。滑道顶标高控制误差、梁底板的预制误差、滑道板表面杂质的侵入，以及滑块在顶推过程中的滑移量大、滑移速度快，摩擦又引起接触面升温，滑板使用周转次数多，造成滑板损坏严重。针对上述原因，采取了如下措施，例如：严格控制滑板的安装误差和滑板表面的光洁度且滑板进口采用圆弧坡度，保证底模的刚度并确保箱梁底板的平整度，控制顶推速度并采取滑板的润滑措施和滑道的降温措施，合理地周转使用滑板，并改进滑板的构造（聚四氟乙烯面厚度确定为 3mm，四氟面通过薄层橡胶再与钢板黏结，钢板表面打毛，黏结剂采用高强材料，滑板内夹钢板确定为 3 层等）等，使滑板受力均匀，以减少滑板的损坏。

任务 2.6 支架拼装法施工

2.6.1 支架拼装法的特点

支架拼装法在施工方面，可以节省大量的支架、型钢和模板，混凝土质量可以得到保证。对城市桥梁而言，不必用挂篮进行张拉钢束等作业，只需简单地移动支架即可。节段的预制可与下部构造同时进行。一方面大大加快了施工进度，另一方面可减少徐变带来的负面影响，充分发挥预应力筋的高强性能。节段的安装可充分利用机械化设备，安排在车流量较小的时段进行对交通影响较小。

但是，节段式桥梁的技术要求较高，影响结构的因素较多，施工控制也很严格。对小跨度桥梁而言，由于梁高较低，无工作面张拉连续预应力筋，不适宜采用节段式桥梁。

2.6.2 支架拼装法的施工过程

对于多跨长桥，在缺乏较大能力的起重设备时，可将每跨梁分成若干段，在预制场生产；架设时采用一套支承梁临时承担组拼节段的自重，在支承梁上张拉预应力筋，并将安装跨的梁与施工完成的桥梁结构按照设计的要求联结，完成安装跨的架梁工作；之后移动临时支承梁，进行下一桥跨的施工。

一些国内建成的或在建的预制悬拼连续梁桥的情况见表2.3。

表 2.3 一些国内建成的或在建的预制悬拼连续梁桥的情况

序号	桥名	建成时间/年	最大跨径/m	梁高	预制方法	拼装方法
1	湘潭易俗河大桥（湘潭二桥）	1993	90	变截面	长线预制	悬臂吊机对称悬拼施工
2	广东江门外海桥	1988	40	变截面	长线预制	悬臂吊机对称悬拼施工
3	上海新浏河大桥	2001	42	梁高2.2m	长线预制	架桥机整跨悬挂施工
4	上海沪闵高架（二期工程）	2003	35	梁高2.1m	短线预制	架桥机整跨悬挂施工
5	深港西部通道引桥	2021	75	梁高4.0m	短线预制	架桥机对称悬拼、边跨悬挂施工
6	苏通大桥北引桥、中引桥	2008	75	梁高4.0m	短线预制	架桥机对称悬拼、边跨悬挂施工
7	崇明越江通道长江大桥引桥	2023	60	梁高3.6m	短线预制	架桥机对称悬拼、边跨悬挂施工

2.6.2.1 节段划分

采用节段组拼逐孔施工的桥梁，为了便于组拼，通常将组拼的梁跨在桥墩处接头，即每次组拼长度为桥梁的跨径。在组拼长度内，可根据起重能力沿桥梁纵向划分节段。对于桥宽在 10~12m、采用单箱截面的桥梁，分节段时在横向不再分隔。节段长一般取 4~6m，每跨内的节段通常可分两种类型。

（1）桥墩顶节段　由于桥墩节段要与前一跨连接，需要张拉钢索或接长钢索，为此对墩顶节段构造有一定要求。此外，在墩顶处桥梁的负弯矩较大，梁的截面还要符合受力要求。

（2）标准节段　除两端桥墩顶节段外，其余节段均可采用标准节段，以简化施工。

节段的腹板设有齿键，顶板和底板设有企口缝，使接缝剪应力传递均匀，并便于拼装就位。前一跨墩顶节段与安装跨第一节段间可以设置就地浇筑混凝土封闭接缝，用以调整安装跨第一节段的准确程度，但也可不设。封闭接缝宽 15~20cm，拼装时有施工误差。施工周期要长些，采用节段拼合可加快拼装速度，但对预制和组拼施工精度要求较高。

2.6.2.2 主梁节段的架设

主梁的架设方法一般可以采用逐跨架设法（图 2.32）和伸臂架设法（图 2.33）。

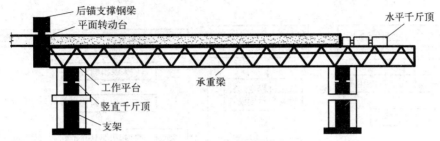

图 2.32 逐跨架设法

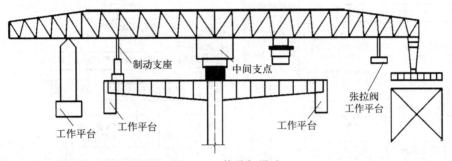

图 2.33 伸臂架设法

逐跨架设法可使用架桥专用桁梁，这种架设方法在中小跨径采用得比较多，一般用于 30~60m，我国铁路桥梁跨径已达到 64m。近年来，欧美国家或地区由于加快架设速度和削减施工费用等，在中小跨径的桥梁中越来越多地采用逐跨架设法。

伸臂架设法可采用桁梁式造桥机械、移动式吊机等架梁机械。这种方法一般用于跨径 60~120m 的桥梁。

2.6.2.3 节段间的连接

节段间的连接，一般可分为以下三种：① 湿接缝在节段之间位置调整好后，焊连接钢筋，立模板，浇筑混凝土（见图 2.34）；②干接缝节段与节段相互有剪力键且互相啮合，以传递剪力，剪力键有单键和多键，有的在箱梁节段的腹板、顶板、底板均设有剪力键（见图 2.35）；③胶接缝在连接部分涂刷环氧树脂黏结剂将节段连接成整体。

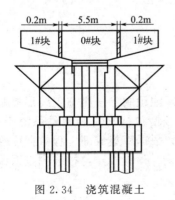

图 2.34 浇筑混凝土　　图 2.35 块件接缝处的连接

2.6.3 箱梁节段预制、拼装施工工艺

施工工艺流程见图 2.36。

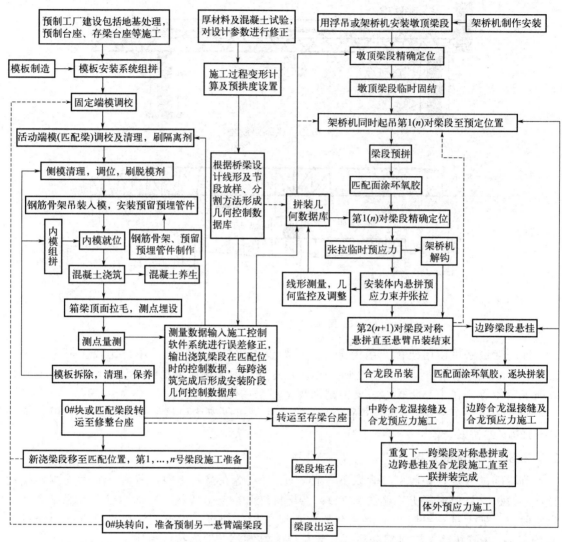

图 2.36 节段预制、拼装施工工艺流程

2.6.4 节段预制、拼装关键技术

2.6.4.1 短线法预制

拼装施工控制系统以大型数据库为核心的节段短线法匹配预制、悬拼施工线形控制计算机软件，集模型计算与预测系统、误差分析与修正系统、预制放样与拼装测量系统于一体。软件系统主要包括数据库集成和工具集成两大部分。其中，数据库集成即工程数据库管理系统；工具集成即模型计算与预测系统、误差分析与修正系统、预制放样与拼装测量系统。

2.6.4.2 短线法生产设施

根据短线法的施工特点，需要建立一种流水线式的生产模式，每条生产线设置钢筋堆存

区、钢筋半成品制作区、钢筋绑扎区、预制台座区、梁段修整区、混凝土拌和站等功能区。设计中充分考虑了梁段流水作业的特性，各功能区严格按生产工序依次排列，使梁段预制各工序衔接紧凑，相互干扰小，生产效率高。

2.6.4.3 高性能混凝土配制

箱梁节段其耐久性设计的重点以限缩阻裂、减少徐变和碳化、防止钢筋锈蚀为主。使用优良的原材料，经过反复试配优化，能保证混凝土强度稳定增长。优选混凝土外掺剂、脱模剂，同时对不同配合比下的混凝土性能进行对比试验，确定最佳配合比。箱梁预制好后要经过3个月的堆放，其变形性能已基本稳定，有利于桥梁线形的控制。混凝土较高的强度和弹性模量可以减少混凝土的收缩和徐变影响，可以减少营运期预应力损失。

2.6.4.4 剪力键施工技术

箱梁节段密齿形剪力键成形采用实体钢制剪力键固定在固定端模（或活动端模）上，浇注时形成凹面键槽。当此面作为匹配面时，待浇梁段将形成凸形键。实体钢制剪力键为收分结构，以适应梁段腹板厚度的变化。现浇梁段与匹配梁脱离时，用底模台车稍微顶起匹配梁，再用手动螺旋千斤顶将匹配梁顶离现浇梁，动作要缓慢进行，避免损伤剪力键。

2.6.4.5 匹配梁定位技术

新浇梁段在达到一定的强度后，脱开侧模，通过卷扬机牵引和底模台车的顶升动作相互配合脱离固定端模，移至匹配位置进行定位。匹配梁的定位精度直接决定待浇梁段的线形控制精度。匹配梁定位采用底模台车进行匹配梁三维精确定位。考虑到混凝土浇筑过程匹配梁会因混凝土侧压力发生位移，将匹配面到固定端模的距离减小5mm作为匹配梁定位时控制的距离。

匹配梁定位后将钢筋骨架吊装入模，再用槽钢将匹配梁与固定端模支架焊接（或栓接）固定，防止匹配梁位置在混凝土浇筑过程中发生变化。然后放松底模台车竖向千斤顶，完成匹配梁受力支点转换。放松竖向千斤顶时，沿匹配梁横向中轴线对称放松（同时放松2个千斤顶），一般先放松靠近待浇梁段的2个竖向千斤顶，再放松其他2个竖向千斤顶。为方便匹配梁段与分离新浇梁段，在匹配梁段涂刷隔离剂。苏通大桥75m跨连续梁桥节段预制工程采用双飞粉与洗涤剂的混合物作为隔离剂。

2.6.5 节段拼装设计、施工中要注意的问题

2.6.5.1 节段的预制

预制梁段的质量是预制拼装成败的关键，必须确保梁段质量的优良。从以下几个方面控制预制梁段的质量。

① 预制节段外形尺寸精确度高，其误差控制值要高于规范值。物理力学指标也十分严格，如节段自重（天津永和斜拉桥每个节重都用传感器称重）、混凝土容重、混凝土强度和弹性模量等。

② 预应力孔道设计的施工详图中，普通钢筋与预应力孔道尽量互不干扰。各节段预应力孔道坐标值应互相贯通、圆顺，最小半径 $R \geqslant 4m$；施工放样严格按照设计坐标值进行，准确地装配钢筋骨架和后张预应力索孔道。预埋锚垫板应与孔道垂直并保证在灌注和振捣混凝土过程中不发生位移，应特别注意混凝土浇筑、振捣密实，还要饰面以确保节段质量优良。

③ 蜂窝、狗洞通常出现在腹板处及普通钢筋密集区域，一般易于修整和修补，极少数

情况下，需要进行结构分析或梁段报废。

④ 剪力键损坏的节段一般重量在 40~140t 之间变化。由于重量大，在脱模和搬运过程中，常常会出现整个剪力键损坏的现象，特别是早期更要引起施工人员的注意。

⑤ 模板。预制拼装 PC 连续梁的节段的尺寸要求是非常严格的，薄弱的模板不能承受浇注混凝土时的作用力，导致脱开、胀模，节段尺寸精度无法得到保证，故模板要有足够的强度和刚度。

⑥ 堆放方法。成品梁堆放时，可以叠放，存梁台位发生不均匀沉降且沉降范围确认在容许应力范围内，可以用三点支撑方法叠放梁段，即在一侧腹板两端设两支点，而在另一侧腹板中心位置设一支点。对下层梁段要进行受力分析。

以上 6 个要注意的问题是经过国内外实践经验总结来的，表明了拼装桥梁的成败几乎取决于预制梁段的浇筑工作。

2.6.5.2 梁段的拼装

① 线形和预拱度在逐跨拼装时易于控制，在悬拼时要根据预制节段实测各项指标和存放时间等，反算结构体系的各项变形数据，以确定拼装时的调整线形。在施工中关键是控制好 1#块的变形值，并在安装过程中绘制安装挠度变化曲线，尽量减少悬拼过程中的安装误差。若误差大了，要及时纠偏。纠偏的方法一般是在接缝处设置垫片，如铜片、不锈钢片、石棉布等。若偏离太大，那就要采用加临时荷载压重或张拉连续预应力束等办法加以调整。悬拼时还要考虑预应力束张拉顺序，在完成体系转换时，要防止预应力降低。

② 接缝的施工控制。湿接缝一般较长（等于节段箱梁的顶板宽度）且窄（20cm 左右），顶部应力孔道密集，其间又填以高等级的细石混凝土，施工复杂，工艺很高。可借用现浇合龙段的做法，施加部分临时预应力，使湿接缝有预压力，在一天中最低温度时灌注微膨胀混凝土。干接缝若剪力键损坏了，我国的修补方法一般是将损坏部分的剪力键混凝土凿除至坚实面。洗净凿除表面，烘干涂刷丙乳，再填灌微膨胀混凝土，养生多日达到高强度。胶接缝的关键是黏结剂耐候性比较好，在涂抹过程中气温高时不流淌，气温低能涂抹均匀，确保厚度 10mm。当胶拼检验合格后，应设计张拉部分预应力束使胶接缝面形成均匀的大于 0.2MPa 的挤压应力，挤压应力一定要在全断面上分布均匀，否则会造成接缝面上缘或下缘张口以及接缝面滑移错动。

任务 2.7　支架现浇法施工

采用支架法现浇一般高度的连续箱梁是很常规的施工，也很少出现安全、质量等方面的问题。不同的支架形式带来的工费、机械费及工期差别不大，人们往往根据自有的支架材料设计现浇支架，而城市高桥由于受交通和场地的制约，以及高度对支架稳定性和搭设工作量的影响，需要慎重考虑现浇支架，达到安全、快速、少动用起重设备来施工的目的，以减少对交通的影响，适应市政工程工作场地狭窄的特点。如图 2.37 所示。

2.7.1　施工准备

2.7.1.1　地基处理

地基处理主要包括清除支架地段原地面杂物、淤泥等。采用含水量合适的素土、石灰土或碎石土分层回填压实至设计标高，或对原地面整平，用压路机压实，必要时对 20cm 范围

图 2.37 预制支架

的地表土做掺灰处理。在处理苏州官渎里立交桥地基时,由于当时雨天多,工期紧,原地面土的含水量太大,采用掺入 5% 的生石灰翻拌处理再压实,局部泥塘地段采用挖掘机清淤后分层回填碎石土,用 CA25 型压路机压实;地基压实后箱梁底板范围浇筑 15cm 厚 C20 混凝土,两侧翼板范围浇筑 10cm 厚 C20 混凝土;对原有的水泥混凝土路面地段,不做处理。要求地基压实度≥85%,用压路机压实后无"弹簧"土,平整度±30mm。

2.7.1.2 支架立杆位置放样

用全站仪放出箱梁中心线,然后用钢尺放出底座十字线,并标示清楚。

2.7.1.3 安放底座

按标示的底座位置先安放底座,然后将旋转螺栓顶面调整在同一水平面上。

2.7.1.4 安装立杆、横杆和上托座

从一端开始,安装底层立杆和横杆,调整立杆垂直度和位置后并将碗扣稍许扣紧,一层立杆、横杆安装完后再进行第二层立杆和横杆的安装,直至最顶层,最后安放上托座,并依设计标高将 U 形上托座调至设计标高位置。立杆顺桥向间距 90cm,横桥向间距在底板范围采用 90cm 间距,翼缘板下采用 120cm 间距,横杆上下步距 120cm。

2.7.1.5 安放方木、铺底模

在上托座调整好后铺设纵向 15cm×15cm 方木,铺设时注意使其两纵向方木接头处于 U 形上托座上,接着按 30cm 间距铺设横向 10cm×10cm 方木,根据放样出的中线,铺钉钢板作为箱梁底模。

2.7.2 施工材料

以 30m 现浇连续箱梁满堂支架为例介绍施工材料(表 2.4)。

表 2.4　30m 现浇连续箱梁满堂支架施工材料表

序号	材料名称	规格(型号)/mm	单位	数量	备注
1	立杆垫座	150×150(LDZ)	个	1740	
2	立杆可调顶托	KTC.50	个	1740	
3	钢管	$\phi 48 \times 3.5$	t	230	支架和横背销
4	竹胶板	$\Delta \geq 12$	m²	520	

续表

序号	材料名称	规格(型号)/mm	单位	数量	备注
5	纵方木	150×120	m³	26	
6	定位木条	50×40	m³	3	
7	内外钢模板		套	1	由工厂加工

注:1. 表中材料数量为一个工作面所需数量,整个项目计划使用三套,按支架平均高度13m计算。
2. 表中材料不含支垫柱脚的枕木。
3. 表中 Δ 为厚度。

2.7.3 施工工艺

下面以 30m 现浇连续箱梁满堂支架施工技术方案为例介绍支架现浇的施工工艺。

2.7.3.1 支架布置

(1) 支架布置说明 满堂支架搭设前先进行地基处理,地基处理按石方地段、土方地段和跨河地段采取不同的处理方式,采用 $\phi 48mm \times 3.5mm$ 钢管脚手架作为支架,立柱钢管上面设置 $L=500mm$ 长的立杆可调顶托,顶托上放 150mm×120mm 的纵方木,纵方木上放 $\phi 48mm \times 3.5mm$ 钢管作为背销,背销上面开始安装竹胶板作为底模,底模安装好后,进行预压、验收,验收合格后进行钢筋和混凝土的工作。

(2) 地基处理 测量放样。按平曲线线形及箱梁平面投影在地面测量放样出支架位置,根据施工设计方案在地面划分出支架的大致结构,对支架外位置,多放样出1m。

① 石方地段地基处理。先用机械(挖掘机或装载机)清除表面覆盖层,至岩石后,人工大致整平(或凿成一定宽度的台阶),然后铺 15cm 厚级配碎石找平,并掺加一定量的石屑嵌缝,机械或人工碾压(夯填)密实,再在其上铺设 20cm×15cm 枕木作为支架基础。

② 跨河地段地基处理。跨河地段箱梁满堂支架施工应计划在枯水期间进行。根据施工期间的水流量先埋设过水涵管(方便的话也可改移河道,按土方路基处理方法进行);然后回填片石至涵管顶面,利用级配碎石嵌缝并夯填密实;然后铺一层 40cm 厚的砂砾石垫层,人工摊铺平整,并用压路机碾压密实,砂砾石垫层应保证平整度,最大高差不超过3cm;施工宽度应超出箱梁翼缘板1m;在碾压密实的砂砾石垫层顶面满浇 10cm 厚C20 混凝土,浇筑宽度超过翼缘板 80cm,浇筑时注意平整度的控制。跨河地段地基处理如图2.38所示。

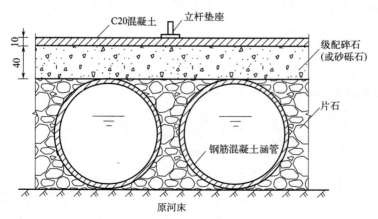

图 2.38 跨河地段地基处理示意图(单位:cm)

二维码 2.12

③ 土方地段地基处理。在支架基础位置，采用装载机和人工清除表面的杂草和浮土，然后用压路机碾压密实，压实度不小于96%。在碾压密实的地基上，铺一层20cm厚的级配碎石（或砂砾石）作为垫石基础，采用人工摊铺平整，并用压路机碾压密实，级配碎石（或砂砾石）层应保证平整度，最大高差不超过3cm。对距立柱较近和原来立柱开挖基坑的位置，采用人工进行夯实，级配碎石（或砂砾石）层摊铺宽度超出箱梁翼缘板100cm，在级配碎石（或砂砾石）层外缘，开挖排水沟，并用3cm厚的砂浆进行抹面。在碾压密实的级配碎石（或砂砾石）层顶面满浇10cm厚C20混凝土，浇筑宽度超过翼缘板80cm，浇注时，应注意平整度的控制，土方地段地基处理如图2.39所示。

在原地基压实后应进行压实度检测；基础处理完成后，应进行一次总的验收，对基础位置、混凝土垫石的密封情况及基础四周排水情况进行检查，检查合格后才能进行支架拼装。

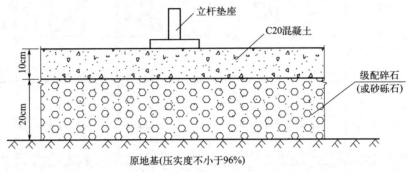

图2.39 土方地段地基处理示意图

(3) 支架拼装

① 支架材料。支架采用 $\phi 48\text{mm}\times 3.5\text{mm}$ 钢管进行拼装，钢管脚设立杆垫座，顶面采用调节范围不小于50cm的可调节顶托作为支撑。

② 支架搭设。根据设计文件要求，满堂支架每个工作面按三跨搭设，顺桥向总搭设长度为 $3\times 30\text{m}+6\text{m}=96\text{m}$。在搭设第四跨时，才能拆除第一跨的支架。

对钢管脚手架，按照受力的不同，立杆采取不同的钢管间距，见图2.40，在箱梁肋板位置，立杆横桥向间距60cm；底板位置立杆横桥向间距90cm；翼缘板位置，立杆横桥向间距为120cm；钢管的横杆步距为120cm，最底脚横杆距垫石50cm，顺桥向立杆间距90cm；在独柱墩横隔梁位置，立杆间距做适当加密，钢管纵横向间距为60cm。对立杆应事先测定混凝土垫石标高，计算出需要的立杆高度，再按需要的高度安装立杆。对顶托的调节高度，按最大40cm计，超过此高度的，应加横杆。支架每隔4m加十字交叉斜撑，对于十字交叉斜撑，在纵、横向都设置。

③ 立杆高度调整。搭设支架时，对立杆应按原地面的高程进行选择，按顶托能调节40cm高度进行立杆加工和安装，并通过顶托进行立杆高度微调。

④ 支架预压。支架预压的目的：

a. 检查支架的强度、稳定性和支架基础承载力，确保施工安全。

b. 消除地基非弹性变形和支架非弹性变形的影响，有利于桥面线形控制。

在底模板安装完成后，按设计图要求，以施工恒载重的1.3倍重量布荷预压，采用编织袋装砂土堆码，用压重材料容重换算为体积高度控制。预压逐级进行，每级荷载控制在20t左右，维持时间30min左右，最后一级维持时间1h，每跨支架至少设置 3×3 个沉降观测点。预压过程中，对支架沉降进行连续观测以收集数据，计算出支架和地基弹性变形结果，

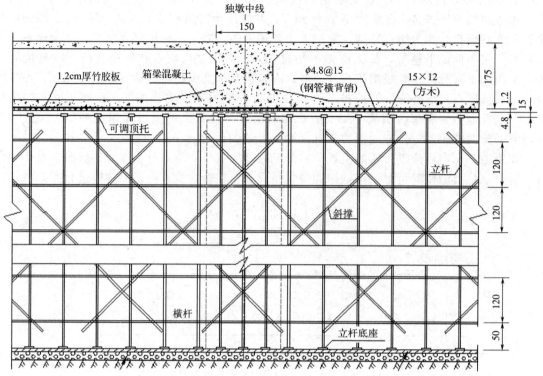

图 2.40 满堂支架沿桥纵向布置图(单位:cm)

对支架进行必要的加固和标高的微调。

2.7.3.2 箱梁模板的布置及验收

(1)箱梁底模板的布置

① 底模布置。在支架立杆可调节顶托上布设纵方木,然后在方木上定位 $\phi 48mm \times 3.5mm$ 钢管横背销,在横背销上铺设1.2cm厚竹胶板作底模。底模板面标高包含施工预拱值且符合设计横坡,在支座位置应按设计图设置梁底调平垫块使梁底与支座水平接触。箱梁底板处设置 $\phi 5cm$ 的通气孔,沿桥纵向间距3m。

② 顶托和纵木安装。顶托安装按每根立柱一个顶托进行,安装时,按照箱梁底模板标高进行控制,顶托安装好后,安装纵木,纵木为150mm×120mm的方木,长度按立柱间距的倍数进行控制,纵木接头必须放在顶托中间,两根紧密接触,并用木楔固定,如图2.41所示。

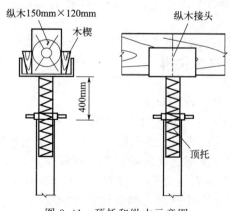

图 2.41 顶托和纵木示意图

③ 底模板安装。在纵木安装好后,进行平整度验收,使纵木顶面基本保持平整,平整度误差小于5mm。验收合格后,进行横背销铺设,横背销采用 $\phi 48mm \times 3.5mm$ 钢管,钢管间距为15cm。钢管与钢管之间采用4cm×4cm的方木条在纵木上进行固定,每隔1m和在竹胶板接头位置,平行钢管放置一根4cm×5cm的定位长方木条,作固定竹胶板用。钢管背销安装好后,钢管顶面应平整,所使用的钢管应顺直,没有什么变形。钢管

检查合格后，安装竹胶板，竹胶板厚度1.2cm，面积大于2m²，用铁钉固定在定位木条上。在安装底模板时，必须进行精确的放样，定出底模板的外缘位置。对底模板设置施工预拱度，预拱度按跨中以等腰三角形进行设置，跨中最大设置3cm。

(2) 底模板的验收　浇筑段底模板安装好后，进行验收，对模板的标高、平面位置进行复测，平整度和模板接缝都达到施工规范要求，才能进行下道工序。

① 外侧模。箱梁外侧模板，委托专业厂家，按图纸加工定型钢模，运至现场进行安装。

先安装外侧钢模。外侧模与翼缘底模，已加工成附有杆系的整体框架，安装时，外侧模底脚外包并紧贴底模板外侧，只控制翼缘外顶面标高。模板外框架支撑杆系底脚与纵木间支垫密实。外侧模在加劲桁位置的底板下缘和顶板上缘设置M22对拉螺杆。

② 内模（包括顶底板）。已加工成带肋、撑杆自成整体的栓焊结构的内模，易装易拆。两侧壁之内，设置PVC管穿心拉压杆，确保肋墙厚度且不得胀模。

在底模和肋墙钢筋绑扎成形后，先安装底板内模（即底板混凝土上层模板）。在下层模板面上，以桥中线按1m间距布设10cm×10cm×20cm的C50预留螺杆孔的混凝土柱块。将底板上层模板置于其上，将双螺纹口的螺栓穿通上下模板（钢模板加工已留孔眼）和混凝土柱块，拧紧模板外的螺栓，成为两层模板的拉压杆，确保底板混凝土厚度且阻止内模上浮。

底板内模安到下倒角上口处，接侧壁内模，安到上倒角下口处，再安装顶板底模，调整内模至准确位置后，将内腔里撑杆楔紧，模板螺栓拧紧，即可进行混凝土施工。顶板底模，配合混凝土浇筑方法和程序，可后一步安装（见混凝土浇筑条目）。

③ 内外钢模。根据起重能力和运输安装需要，一跨加工成几段（详见钢模板图），模板间设置楔口缝，宽度为10mm。模板在工厂制作完成后，运至施工现场，通过吊车安装就位并支垫固定。模板拼装完后接缝不大于1mm，错台不大于3mm，大面积不平整度不大于5mm。模板的一跨全长，为本跨加邻跨6m。

2.7.3.3　钢筋

(1) 钢筋制作安装　在钢筋棚制作，按规格、型号分别堆放，运至桥位。确定模板平面位置和标高正确无误后，方能进行钢筋安装。在底模和外侧模安设调整后，于底板和侧板上用粉笔画上相应筋号的间距，对号布设钢筋，侧墙箍筋配合底板横筋（穿入其内）的进度向前布设，底板的上层纵筋在侧墙箍筋里面的，待全部箍筋就位后，才能穿插进去。应增设底板上层钢筋的定位撑筋，直径不小于20mm的钢筋做成"四脚板凳"形，托住上层钢筋，不致因操作人员走动而变形。底板和侧墙的钢筋，在适当的节点进行点焊，确保网格稳固不变形。

普通钢筋纵向筋的接长采用双面搭接焊，焊缝长度不小于5d（d为钢筋直径），同一截面接头数量不超过钢筋数的50%，接头间距应符合规范要求（即30d，且不小于50cm）。横隔梁钢筋应与梁段绑扎或焊接。当钢筋位置发生冲突时，本着适当调整次要受力钢筋的原则处理，并经监理认可做好记录。钢筋与模板间采用高强度的砂浆垫块支垫，以确保其保护层厚度。

(2) 波纹管的安设　当底板下层钢筋和侧墙钢筋成形后，安设波纹管。按照图纸预应力钢束曲线要素表的坐标点，焊接定位架钢筋，其下一挡的横筋标高，等同钢束换算到管下壁的标高。待波纹管安放好后，用定位架上横凸弧形筋卡住波纹管且点焊固定。在控制点间过长的区段，按1m间距加密增设坐标控制点，同样增设定位架将波纹管固定牢。若有各向非预应力筋与波纹管发生干扰，将钢筋移位排开，不得已时割断，绕开后再焊接起来。在曲线管道最高位置，设置压浆出气孔。孔道锚固端的预埋钢板应垂直于孔道中心线。锚孔中心对准管中心。所有接头用胶布包贴，防止灰浆渗入堵塞管道。波纹管就位后，应防止敲击、碰撞、电烧等，若出现变形或破裂，应立即修整、补漏或更换。

(3) 穿预应力钢束　单端张拉的钢绞线应事先穿束，可一根一根穿入，也可一束做成弹头穿入。如还有困难，在弹头前焊钩环，用细钢绳作引线，卷扬机在前端牵引。如有成熟经验，也可在混凝土浇筑后穿束，根据施工人员的习惯和经验选择不同方法。除分段施工的接缝处外，预应力筋一般不允许接长，应按设计一次下料。为保证高强钢绞线下料准确，应在控制应力下切断，控制应力一般在300MPa。预应力筋的切断采用切割机或砂轮锯，不得使用电弧焊。

2.7.3.4　现浇混凝土施工

(1) 混凝土的配制　预应力箱梁混凝土设计强度等级为C50。高标号泵送混凝土配合比设计按以下基本原则进行：

① 混凝土养生3天的强度不小于设计强度的80%。

② 施工坍落度18～22cm，1h坍落度损失不大于4cm。

③ 初凝时间不小于6h，终凝时间不大于16h。

④ 优先选用普通硅酸盐水泥、矿渣硅酸盐水泥、粉煤灰硅酸盐水泥，水泥用量不大于550kg/m^3。

⑤ 粗骨料：采用石灰岩机制碎石，粒径为5～31.5cm，连续级配，且针片状含量不宜大于10%。机制碎石饱和湿压强度应不小于80MPa。

⑥ 细骨料：采用经过筛分、冲洗的优质中粗砂。

⑦ 外加剂：FDN类高效减水剂（掺量0.8%～1.4%），具体掺量根据试验结果确定，并可适量掺用粉煤灰或微硅粉。

(2) 混凝土的拌制与运输　混凝土在拌和站集中拌制，混凝土罐车运输到浇筑现场，通过混凝土输送泵将其泵送至浇筑部位。

(3) 浇筑程序　箱梁现浇施工的模板、钢筋和混凝土三道工序，只是在原则上分开，但在局部部位，是相互交错地进行。浇筑混凝土前，应对支架、模板、钢筋、波纹管和锚固端钢板和预埋件进行检查，确保其无破损且位置和尺寸正确。控制混凝土的配合比、均匀性和坍落度，振捣等设备符合规定。

现浇箱梁，全断面以分两次施工为宜，在顶板底模下倒角口以下10cm处留施工缝。底板、侧墙混凝土浇筑，以开口槽的形式，在底板上层模板和内侧模板上制作钢模时设置预留孔，以栓接快速拆安，浇筑底板、侧墙混凝土时，随时检查混凝土填充情况，还可从预留孔中伸入插入式振动器确保混凝土密实（预留孔随开随关，不可冒浆）。因底板较宽且薄，底板上层模板密封，混凝土只凭插式振捣从两侧墙处向底板中部流淌汇拢，无法直观检查其内混凝土是否充盈密实。后安装顶板，还可保证顶模板上免留混凝土渣物和钢筋免遭践踏，重要的是确保顶、底板混凝土质量。

断面下部施工完后，即安装顶板底模，因内模已形成框架，顶模可快速铺设安装，做好施工缝处理，安置、绑扎顶板和翼缘钢筋，顶板、翼缘混凝土分两次浇筑，两次浇筑需有施工缝（认真处理，保证质量），对钢筋和混凝土质量要有可靠的保证。比较得、失、利、弊后，以两次浇筑为宜。

(4) 分层浇筑　将全梁高分五层浇筑，每层厚50cm左右，从模板后端向邻跨方向以45°斜面向前移动至邻跨6m端部。在第一层起点段混凝土尚未初凝时，第二层混凝土必须衔接上，一般控制在3～4h以内。据试验资料，C50混凝土初凝时间在10h左右，加缓凝剂还可延长，施工进度足以满足技术要求。

(5) 顶板混凝土浇筑 当顶板底模铺就后，立即绑扎钢筋，进行顶板混凝土浇筑。顶板混凝土体积约 156.8m³，从模板后端向邻跨方向做一层浇筑，8h 以内可浇筑完。浇筑顶板混凝土时，应按设计要求注意翼板预留 10cm 不浇筑，留待与外包式护栏同时浇筑成型。

(6) 混凝土振捣 这是箱梁施工的关键工作，必须由专人负责。主要是采用插入式振动棒，从肋墙内逐步抽插移动，混凝土主要靠振动流淌汇拢到底板中部。内模检查孔，只做辅助少量补填。一般在 3~4m 段长的混凝土面振动达到较平时，才打开附着式振动器，一般不宜连续开振 1min 以上。在浇筑过程中，对已穿入的钢绞线，每小时抽动一次，以防管道漏浆凝结而固死（有因此事故而报废梁的教训）。

顶板混凝土，除用插入式振动器外，最后用平板式振动器按测量标线一次振平。

(7) 顶面拉毛 混凝土收浆初凝前，用宽塑料扫把做横桥向拉毛痕，以确保与铺装层良好结合。混凝土终凝后加盖草垫洒水养生，养护时间一般不少于 7 天。

2.7.3.5 预应力张拉

(1) 梁体混凝土强度 混凝土强度达到设计强度的 90% 时，拆除侧模，进行纵、横向钢束张拉。

(2) 张拉顺序 预应力张拉顺序严格按设计图纸要求进行。腹板钢束张拉顺序先两侧腹板后中间腹板，腹板从高处开始向低处顺序张拉，左右腹板对称张拉；横梁钢束张拉顺序亦可从上向下、左右对称进行。

(3) 张拉程序 张拉采用单端张拉；自锚性能锚具、低松弛钢绞线张拉程序：0→初应力（即 $10\%\sigma_{con}$）→σ_{con}（持荷 2min）→锚固。

(4) 张拉预应力控制 张拉机具和锚具配套使用，使用前进行校验、标定，确定预应力筋（束）中应力值和油压表读数间的直接关系。张拉采用双控法，以伸长值做校核，实际伸长值与理论伸长值之差应控制在 6% 以内。每束预应力筋断丝、滑丝不能超过一根，每个断面预应力筋断丝、滑丝不能超过 1%。

实际伸长量=测量伸长量（初张力至控制张拉力之间）+初张力理论计算伸长量（取 10% 控制张拉力之伸长量）。

(5) 锚具、连接器 箱梁预应力束和锚具，其规格编号较多且烦杂，认真阅读相关图纸，了解锚具固定端、张拉端和连接器所在断面有关状况，按图纸和规范要求精心施工。

(6) 其他 预应力筋在张拉控制应力达到稳定后方可锚固；张拉锚固完成后，应在锚圈（锚头）外边的钢束上刻划标记，以便观察有无滑丝现象。张拉预应力束时，应对每束编号记录其张拉施工状态。张拉过程中张拉机具要确保精确、可靠，千斤顶应与钢束锚圈处于同一条轴线上。外露预应力筋长度不宜小于 20mm；多余的预应力筋，用砂轮机切除。

2.7.3.6 孔道压浆

(1) 水泥浆的要求 所用材料和水泥浆技术条件严格按规范执行，做试验试配，选取状态最佳的一组。

(2) 孔道的准备 张拉预应力筋后，孔道应尽早压浆（一般不宜超过 24h），压浆前须将孔道用清水冲洗干净、润湿，如有积水应用吹风机排除。压浆前应对排气孔、压浆孔和压浆设备进行全面的检查。

(3) 压浆 压浆顺序宜先压下层孔道，从一端压入，另一端出浆。压浆应缓慢、均匀地进行，不得中断，并应将所有最高点的排气孔依次开放和关闭，使管道内排气畅通，每根管道一次压浆。使用活塞式压浆泵，不得使用压缩后的空气，压浆的压力宜为 0.5~0.7MPa，管道较长的达 1.0MPa。压浆应达到孔道另一端饱满和出浆，且排出与规定稠度相同的水泥浆为止。关闭出浆口后，应保持不小于0.5MPa的一个稳压期（不宜少于2min）。比较集中和邻近的孔道宜尽量先连续压浆完成，以免窜到邻孔的水泥浆凝固后阻塞孔道。若发现有窜孔现象，两孔应同时压浆。

气温高于35℃时，压浆宜在夜间进行。孔道压浆时，操作压浆的工人应戴防护眼镜，以防水泥浆喷出伤到眼睛。

(4) 梁端封锚　压浆后将锚具周围冲洗干净，对端部混凝土凿毛，然后设置钢筋网，控制梁长尺寸，安封锚段模板，进行封锚混凝土浇筑。封锚混凝土应与箱梁混凝土同标号。压浆和封锚过程中注意不要撞击锚具。

2.7.3.7　材料、器具、机具设备和施工质量控制

(1) 支架体系的材料　脚手架钢管不得采用锈蚀斑斑和变形的材料，竹胶板多次使用后若有变形或表面破损，应进行更换。

支架体系的安装必须按方案图纸间距精确放样，严格控制质量，确保施工安全。

内部制定（非监理验收）标准，用"尺度"验收，不可随意。

① 箱梁钢模板。选择正规专业厂家制作；按合同技术条款验收进场。

② 砂、石、水泥材料。对于C50混凝土，需会同监理选场（厂）、送检，按合同技术条款，需比下部工程材料更严格控制。

③ 钢筋及钢绞线。对于普通钢筋和钢绞线，必须按不同钢种、等级、牌号、规格及生产厂家分批验收，特别是钢绞线送检批量和取样方法，极为严格，必须"按章办事"。

(2) 锚具系　对于锚具、夹具和连接器，首先按出厂合格证和质量证明核查其锚固性能类别、型号、规格及数量，还应做外观检查、硬度检验和必要的静载锚固性能试验。检验批量有技术条款详细规定，严格执行。

(3) 预应力机具设备　预应力所有的机具设备及油表应由专人使用和管理（持证上岗），应定期维护和校验。千斤顶和压力表应配套检验，以确定张拉力和压力表之间的关系曲线。检验应在有资质的检验机构进行。张拉设备应与锚具配套使用，进场时进行检查和校验。当千斤顶使用超过6个月或200次或者在使用中出现不正常现象需进行重新检验，弹簧测力计检验间隔不超过2个月。

各道工序间的检查验收，如张拉、压浆等工序，按合同技术条款、监理细则严格执行，上道工序未做合格验收，不准进行下道工序。验收签证存档。

做好钢筋、混凝土的试件试模，按规定频率取样进行试验，收集完整的签证资料存档。

2.7.3.8　支架、模板拆除

(1) 拆除条件　在第三跨箱梁预应力张拉完成后，可以进行第一跨支架和箱梁底模板拆除，如此循环至全桥箱梁施工完成。

(2) 支架模板拆除　箱梁支架在拆除前，组织一个20人的拆除队伍，由专人进行负责，统一指挥，每个工人带1把铁锤，开始前，先进行施工技术交底，让操作人员知道施工程序。

拆除分以下几步进行：首先，进行顶托松动，纵向由跨中对称向两端逐渐松动，在横向由箱梁轴线向两边逐个进行松动，松动前，在顶托上用粉笔打上记号，第一次使顶托往下降2cm，在全桥顶托第一次松动完成后，进行第二次松动，第二次松动顺序和第一次一样，往下降4cm；顶托经过两次下降，底模板已全部和混凝土脱落，然后可拆除竹胶板、钢管横背销和顶托；最后拆除钢管支架。进行顶托松动时，在桥面上跨中位置，必须有测量人员进行沉降观测。如果发现异常现象，应立即终止顶托松动，找到原因后再继续拆除。

钢模板和底模采用吊车或在梁面上立轻便扒杆将其吊放到梁面上,当下一跨支架安装完成后,再用吊车或人工转运模板。

(3) 拆除检查 在支架和模板全部拆除完成后,对箱梁的混凝土进行一次全面检查,检查混凝土结构的轴线和标高及混凝土外观质量,并将检查结果交工程师。

(4) 支架、纵方木、模板安装 与已施工的桥跨方法相同,不作赘述。

2.7.4 施工要点

① 认真进行地基处理,特别是承台基坑要分层回填夯实,对水塘、泥塘等要用石灰土或山皮土换填,并用压路机碾压到压实度≥85%,外观平整,压路机压后无"弹簧"现象。

② 搭设前对碗扣件进行检查,检查碗扣件有无弯曲、接头开焊、断裂现象,若有这些现象,要进行处理,无误后可实施支架搭设。

③ 事前要控制支架基础的高程,使得底座、上托悬出高度≤40cm。

④ 底座按设计的间距安放后必须用水准仪将底座螺栓调至同一水平面,安装第一层所有立杆和横杆,检查立杆的垂直度,符合要求后方可进行上一层搭设。

项目小结

连续梁桥是一种常见桥型,随处可见。连续梁桥的施工工艺非常丰富,应根据每座桥的特点判断出最适合的施工方法,故连续梁桥施工是本书的重点内容,需重点掌握。连续梁桥施工的转体法请参见拱桥部分。

支架现浇是土木工程非常重要的一个临时施工措施,应用极其广泛。务必要掌握支架的计算原理,举一反三,并掌握其他桥梁施工临时设施的计算,对日后的学习与工作都大有裨益。

需要特别说明的是连续梁桥的施工方法虽然有很多可供选择,但对于施工单位来说并不能随意更改施工方法,因为桥梁从施工状态到成桥状态的修建过程中会经历一些临时的受力状态,产生一系列体系转换。受力体系改变,桥梁自身内力就会发生改变。所以,同一座桥,采用不同的施工方法就会有不同的配筋形式,故施工单位应严格按照设计图纸的要求进行施工。

巩固与提高

1. 连续梁桥除了本项目介绍的支架现浇法、顶推法、移动模架法、悬臂施工法之外,还有哪些施工方法?

2. 桥梁施工最常用哪两种支架类型?分别适用于哪些地方?它们的受力模型是什么?

3. 为什么立交桥、弯桥适合采用支架现浇法?

4. 满堂支架中立杆和斜撑的作用是什么?

5. 脚手架和支架的区别是什么?为什么它们不能相连?

6. 支架的计算实质是验算杆件的强度、刚度、稳定性,为什么模板、纵横梁等只验算了强度和刚度,没有验算稳定性?

7. 顶推法施工过程中导致主梁任意截面都会交替出现正负弯矩,进而截面开裂,怎来避免截面开裂?

8. 变截面连续梁为何不能用顶推法施工?
9. 除了顶推,还有哪几种方式能让主梁向前移动?
10. 移动支架逐孔现浇与移动模架现浇有何区别?
11. 简述悬臂施工工艺流程。
12. 0#块施工时临时固接的方式是什么?
13. 简述长线预制与短线预制的优缺点。
14. 悬臂施工挠度常用的控制措施有哪些?
15. 合龙段施工常用措施有哪些?

项目 3
钢管混凝土拱桥施工

📄 知识目标

掌握钢管混凝土拱桥施工的工艺流程及施工要点;熟悉钢管混凝土拱桥悬臂施工的工艺流程及施工要点;熟悉缆索吊装施工设备,掌握缆索吊装施工程序及施工要点;熟悉转体施工的分类、转盘的设置,掌握转体施工的工艺流程及施工要点;熟悉劲性骨架的工艺流程及施工要点。

🎯 技能目标

能选择合适的拱架类型,编制支架现浇施工拱桥的施工方案;能正确对拱圈(肋)进行分段,编制拱桥悬臂施工方案;能编制缆索吊装施工拱桥的施工方案,并明确吊装过程中的事故预防方案;针对有平衡重平转施工,无平衡重平转施工、竖转施工,选择合适的转盘,编制转体施工方案;编制拱桥劲性骨架施工方案。

🖉 素质目标

拱桥是所有桥型里施工难度最大的,不管是古代石拱桥还是现代拱桥,中国都处于世界领先地位。认真学习拱桥施工技术,通过专业认同感进而激发民族自豪感。

任务 3.1 拱架现浇法施工

3.1.1 钢管混凝土拱桥拱架

拱桥的有支架施工又称拱架施工,适用于砖石、混凝土块及混凝土拱桥。其程序是先采用木材、钢材(构件)等形成拱架(或拱胎);然后在拱架(或拱胎)上浇筑主拱圈(按设计方案砌筑或浇筑拱上结构的一部分);最后卸架并完成其余部分的施工。如图 3.1、图 3.2。

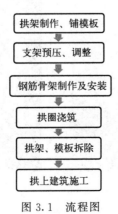

图 3.1 流程图

图 3.2　拱架施工现场

3.1.1.1　拱架的类型

拱架是用有支架施工法建造拱桥必不可少的辅助结构,用以在整个施工期间支承全部或部分拱圈和拱上建筑的重量,并保证拱圈的形状符合设计要求。拱架需要具有足够的强度、刚度和稳定性,需进行施工图设计。拱架的荷载包括拱圈自重、拱架和模板自重、施工人员机具的重量,以及振捣混凝土产生的荷载等。

拱圈因材料、形式不同,有多种类型。按材料分为木拱架、钢拱架、竹拱架、竹木混合拱架、钢木组合拱架以及土牛拱胎架等。按拱架形式分为满布式拱架、墩架式拱架、常备式钢拱架等,如图 3.3～图 3.8 所示。

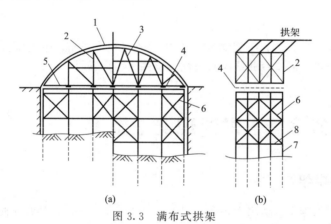

图 3.3　满布式拱架

1—弓形木；2—立柱；3—斜撑；4—落拱设备；5—水平拉杆；6—斜夹木；7—桩木；8—水平夹木

图 3.4　满堂拱架施工图

图 3.5　工字梁拱架施工图

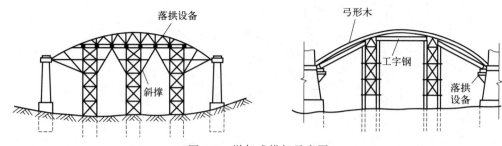

图 3.6 墩架式拱架示意图

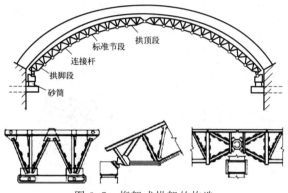

图 3.7 桁架式拱架的构造

图 3.8 桁架式拱架实物

3.1.1.2 拱架的制作

拱架应具有准确的外形和尺寸，拱架顶面需适应拱圈内弧线形状，拱架顶的高程在拱底以下 30～50cm，该间隙用以安装弓形木、模板。拱架由杆件拼装而成，杆件的形状、尺寸根据拱架大样确定，杆件加工完需先试拼，根据试拼情况局部调整后才可在桥孔中安装。在风力较大地区，需设置缆风索，以确保稳定。

满布式拱架与墩架式拱架一般在桥孔就地拼装，质量较轻的工字梁拱架可采用半孔吊装安装，钢桁架拱架可用悬臂逐节拼装或缆索吊装，如图 3.9～图 3.11 所示。

拱架安装完毕后，应对其平面位置、顶部高程、纵横向稳定性等进行检查，符合要求后，对拱架宜进行预压（预压荷载为实际荷载的 1.2 倍），以检验顶拱的安全性，并消除拱架的非弹性变形。

3.1.1.3 拱架预拱度设置

为保证结构竣工后尺寸准确，拱架应预留施工拱度。预拱度与下列因素有关：
① 拱圈自重引起的拱顶弹性下沉；
② 混凝土由于温度降低与收缩产生的拱顶弹性下沉；
③ 墩台位移产生的拱顶下沉；
④ 拱架基础受载后的弹性压缩。

拱顶处的总预拱度在 $L/800$～$L/400$ 之间取值，拱脚为 0，拱顶以外其他各点的预拱度可按拱轴线坐标高度比例或二次抛物线分配，如图 3.12 所示。

3.1.1.4 拱架的拆除

拱圈混凝土强度达到设计强度的 85% 后，方可拆除拱架。

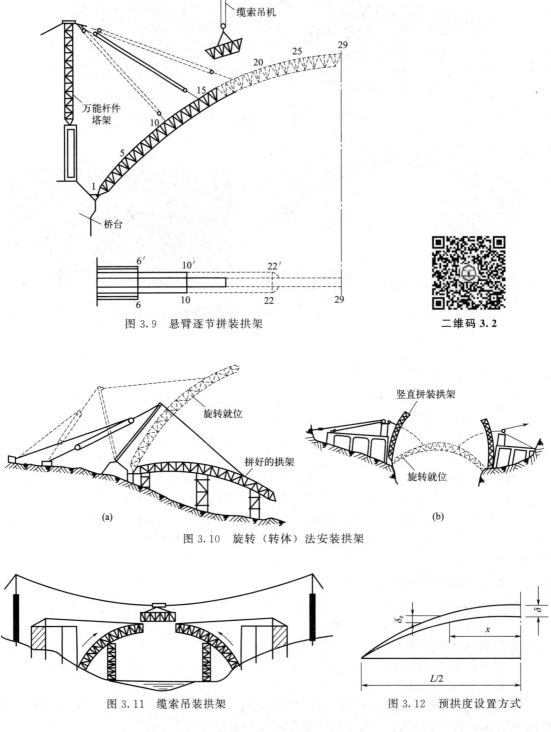

图 3.9 悬臂逐节拼装拱架

图 3.10 旋转（转体）法安装拱架

图 3.11 缆索吊装拱架

图 3.12 预拱度设置方式

为了能使拱架所支承的拱圈重力能逐渐转给拱圈自身来承受，拱架不能突然卸除，而应按设计所规定的要求进行。如无设计规定，应详细拟定卸落程序，分几个循环卸完，卸落量开始宜小，以后逐渐增大。在纵向应对称、均衡卸落，在横向应一起卸落。满布式拱架卸落时，一般从拱顶向拱脚依次循环卸落；拱式拱架可在两支座处同时卸落。多孔拱桥卸架时，若桥墩处承受单孔施工荷载，可单孔卸落，否则应多孔同时卸落，或连续分阶段卸落。在卸落前应在卸架设备上做好每次卸落量的标记，并详细记录墩台变化情况等。

安装拱架时就应考虑到拆卸拱架方便，应根据结构形式、承受荷载大小及需要的卸落量，在拱架和支架适当部位设置相应的木楔、木马、砂筒和千斤顶等落模设备，如图 3.13、图 3.14 所示。

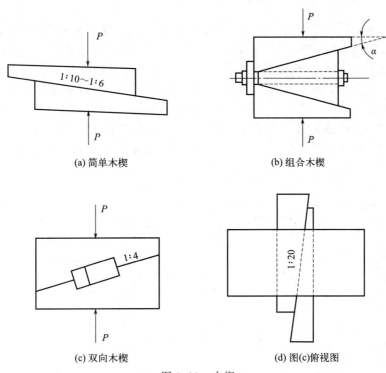

图 3.13 木楔

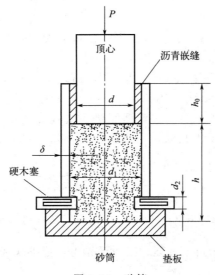

图 3.14 砂筒

3.1.2 主拱圈浇筑施工

主拱圈可根据拱桥的构造形式、跨度大小选择不同的浇筑方法，以使拱架在施工过程中受力均匀，变形量小，不使已浇筑的混凝土产生裂缝。拱圈浇筑的方法主要有三种。

(1) 连续浇筑　跨径在 16m 以下的混凝土拱圈或拱肋可以从两拱脚开始对称向拱顶方向浇筑混凝土。如果因混凝土数量多而不能在限定时间内完成，则需在两拱脚处预留隔缝，并在最后封拱。

(2) 分段浇筑　如图 3.15 所示，跨径在 16m 以上的混凝土拱圈或拱肋应沿拱跨方向分段浇筑，各段之间留有间隔槽。分段长度一般取 6～15m，且应使拱顶两侧保持对称、均匀。间隔槽宽 0.5～1.0m，一般宜设在拱架受力的反弯点、拱架节点、拱顶或拱脚处。如间隔槽内需要钢筋接头，其宽度尚应满足钢筋接头的需要。拱段的浇筑程序应符合设计规定，在拱顶两侧对称进行，以使拱架变形保持均匀和最小。间隔槽应在拱圈各段混凝土浇筑完成，且强度达到设计强度的 70% 以上后进行，浇筑的顺序可从拱脚向拱顶对称进行，在拱顶浇筑间隔槽使拱合龙。拱的合龙温度应符合设计要求，一般应接近当地的年平均温度或在 5～15℃。

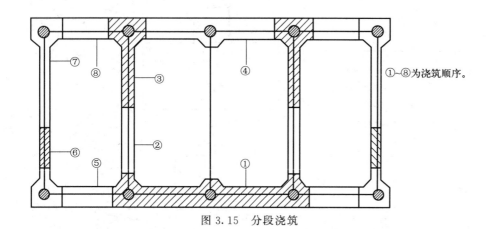

图 3.15　分段浇筑

二维码 3.3

(3) 分环分段浇筑　如图 3.16 所示，大跨径钢筋混凝土拱圈一般采用分环分段浇筑，即将拱圈高度分成两环或三环，先分段浇筑下环混凝土，分环合龙，再浇筑上环混凝土。分环浇筑的施工时间较长，但下环混凝土在达到设计强度后，与拱架共同承担上环混凝土的质量，可节省拱架。分环分段浇筑也可采取先分环分段浇筑，最后一次合龙。上下环间隔槽互相对应、贯通，宽度一般取 2m 左右，有钢筋接头的槽宽可取 4m 左右。按这样的浇筑程序，仅能减少每次浇筑的混凝土数量，而拱架仍必须按全部主拱圈自重设计。分环浇筑程序、龄期等必须按计算确定。

3.1.3 拱上建筑施工

3.1.3.1 钢筋与模板拼装

拱上建筑结构的钢筋预先拼成骨架，模板预先组拼成整块或整体，采用缆索系统运至拱上安装。

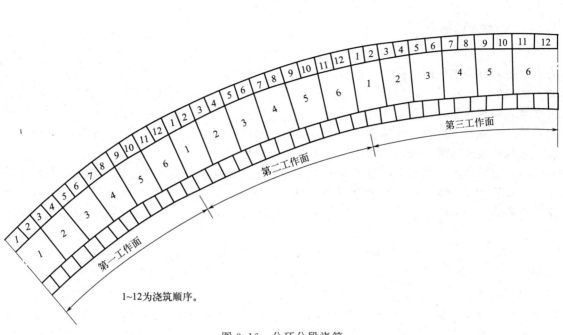

图 3.16　分环分段浇筑

3.1.3.2　混凝土浇筑

拱上建筑混凝土浇筑应自拱顶向拱脚或自拱脚向拱顶对称进行。大跨径拱桥拱上建筑的浇筑程序，按拱圈最有利的受力情况进行。

3.1.4　施工要点

3.1.4.1　拱架的横向刚度

大跨度拱桥的拱架一般采用万能杆件拼装而成的钢拱架。拱架一般由几片主桁加横向联系组成。众所周知，只有斜撑，如 X 形、K 形，才对拱架的横向刚度起作用，所以在设计拱架时，为保证拱架有充足的安全系数，应适当增加斜撑，以应对特殊情况，如度汛、抗风等。某桥的拱架由角钢万能杆件拼装而成，横向联系多为直杆，斜撑较少。由于工期的延误，拱架未能按计划在汛期到来之前拆除，必须面临度汛的难题。经建模计算，在十年一遇的洪水及风压作用下，拱脚局部横撑压力很大，可能出现屈服；拱顶的横向位移达 8cm 以上，所以不得不在拱脚增加横向联系，在全桥增加缆风索，并在拱脚部位加强。这样一来，耽误了工期，造成了人力、物力的浪费。

3.1.4.2　浇筑顺序的选择

对于大跨径的拱桥，很难一次浇筑成型，一般采用分环分段浇筑的办法。浇筑前应进行拱架的预压，以消除计算中无法准确计算的非弹性变形，主要包括模板与方木、方木与拱架、万能杆件连接销的空位移及地基基础的非弹性变形等；同时检验拱架的性能。要达到这样的效果，预压荷载至少应达到拱箱第一环重量的一半。如果预压在施工中有困难，应选择合适的浇筑顺序来逐渐消除拱架的非弹性变形，保证拱架受力和变形的均匀，保证安全并保持拱箱的良好线形。对于浇筑顺序，一旦确定就不要轻易改变，但是可以根据施工过程中监测的应力和变形，进行有针对性的微调，实行动态监控。另外，分段要小，避免拱架的反复变形。

3.1.4.3 施工监测

(1) 应力监测 施工中对拱架及拱圈应力的监测是必不可少的。根据拱架控制截面的应力,合理调整加载程序;同时,也可以及时了解拱架的工作状况。对拱圈应力的监测可以辅助了解拱架工作状况,卸架后,又是拱圈工作状况监测的重要依据。对于拱架上的传感器,由于是表面传感器,受温度的影响很大,安装时尽量安在避光的地方,还可以进行遮挡。而拱圈里的传感器,由于元件量程,在应力较小时测试数据的稳定性稍差,但到达一定的幅值后,其规律性即显现出来,整体测试结果就比较理想了。

(2) 变形监测 混凝土浇筑过程中,对拱架及拱架拆除后已经形成的拱箱的变形进行的监测非常重要,它既是拱架工作状况评定的重要依据,又是桥梁良好线形的重要保障。因此,对施工过程中的变形必须要加强监控,而观测所采用的仪器和观测时间的选择是非常关键的。

① 仪器的选择。可以采用全站仪和精密水准仪相结合的方式。进行第二环浇筑时,由于第一环混凝土已参与工作,拱架变形较小,浇筑一段混凝土后,拱架的变形一般在厘米以内,甚至 1~2mm,受全站仪观测本身的特点影响,用全站仪观测是无法准确测得的。因此在桥上关键部位(如 $L/4$、$3L/8$、$L/2$、$5L/8$、$3L/4$ 等)布置标尺,用精密水准仪进行观测是非常必要的,最好配测微器使用,以提高精度。但是,毕竟受拱桥桥型及场地的影响,不可能在桥上布置很多的标尺,而且用水准仪无法观测到纵向和横向变形,所以全站仪也是必不可少的。因此,应全站仪和精密水准仪配合使用,同时也可以起到相互校核的作用。

② 观测时间的选择。由于钢拱架受温度的影响比较大,结构体系的温度和大气温度存在着一定的差别。例如,在阳光照射下,大气温度为 30℃ 的话,混凝土的温度可能有 40℃,而拱架的温度可以达到 50℃ 以上,朝阳面和阴面的温度也有所差别,这样一来拱架的变形肯定是不尽相同的。因此,必须选择温度相对较稳定的时间段进行观测,以保证测量结果对结构分析有利。

③ 楔口钢筋的断开。楔口钢筋必须根据设计要求保持断开,否则会对钢筋的施工造成一定麻烦,这是一个原则性问题,必须保证。楔口钢筋的断开,能保证在合龙前钢筋能自由伸缩变形。如果合龙前楔口钢筋全部焊接或绑扎,钢筋的变形就会被限制,从而造成底板钢筋上拱,腹板(包括腹板钢筋)发生呈"S"形的规则的弯曲变形,局部偏位会很大,这对于拱箱是绝对不允许的。一旦发生这样的情况,处理起来比较麻烦,同样会造成人力、物力、财力的浪费。

④ 预制横隔板的尺寸。为了缩短工期,减少支模的复杂性,横隔板可以采取预制安装的方法,这在施工中也是经常采用的。安装时,横隔板四周的钢筋分别与拱圈钢筋进行焊接。应注意的是,如果事前没有考虑充分,而把横隔板的尺寸按照拱箱箱室的宽度预制的话,安装时横隔板两侧钢筋就会和拱箱钢筋相冲突,把钢筋折弯安装后再扳直又很难满足规范要求;而且,混凝土浇筑后,在横隔板和腹板相连接的部位还会出现冷缝,无法保证横隔板发挥正常作用。为避免出现类似情况,在预制之前,可以根据腹板内侧距离和倒角尺寸,适当减小横隔板的宽度(10~15cm),这样既解决了安装困难的问题,又发挥了横隔板增加整体刚度的作用。

3.1.4.4 施工组织

施工组织在施工中的作用也是非常重要的。好的施工组织既是施工顺利进行的前提,又是施工质量的保障。如果组织不得力,不但影响工程形象及进度,还会引起质量问题。

3.1.5 工程案例解析

3.1.5.1 工程概况

某拱桥为一主跨 220m 的等截面悬链线箱形无铰拱,桥跨面布置自东向西为:9×20m+220m+4×20m,全长 493.14m。拱箱为三箱室薄壁结构,见图 3.17,壁厚由拱脚段的 75cm 变至 25cm。拱箱钢筋混凝土标号为 C50,全桥混凝土用量共 4480m³,用高压混凝土输送泵运输。根据现场布置,混凝土水平运输距离最大为 240m,垂直运输距离为 50m,采用有支架现浇大跨度箱形拱圈混凝土的方法进行施工。

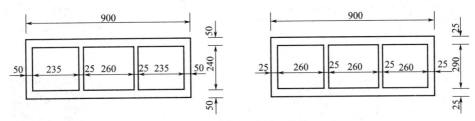

图 3.17 拱箱结构尺寸图(单位:cm)

3.1.5.2 施工方案

(1) 方案的确定 根据支架的试验结果和有关理论进行分析和计算,确定拱圈混凝土采用分环分段浇筑,支架的结构体系分为 13 个浇筑段;每个浇筑段分为上、下两环,分两次形成闭合拱箱(下环高 1.5m,上环高 1.9m);为了避免支架局部异常变形,采取拱顶两侧对称、跳块的方法施工;浇筑段之间预留 1.5m 后浇缝,采用微膨胀混凝土浇缝克服收缩、徐变;浇筑段在拱弧上最大倾角为 42°,采取支顶措施防止下滑,最后在拱脚段合龙拱圈。

(2) 施工顺序的确定 拱圈混凝土施工过程是一个对支架不断加载的过程,考虑拱圈浇筑与支架变形之间的相互影响关系,为防止支架异常变形,破坏主拱轴线,甚至产生混凝土裂缝,遵循"分段浇筑顺序应使支架在混凝土灌注过程中发生的变形幅度最小"的施工原则,经多方研讨,确定了拱圈浇筑顺序(见图 3.18,图中所标数字即混凝土浇筑顺序)。

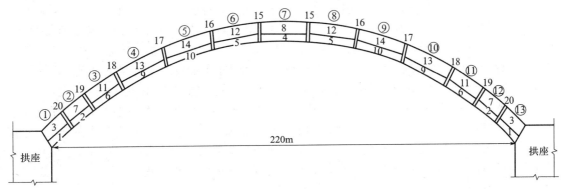

图 3.18 拱圈混凝土施工顺序图

(3) 施工工艺 拱圈施工工艺流程见图 3.19。

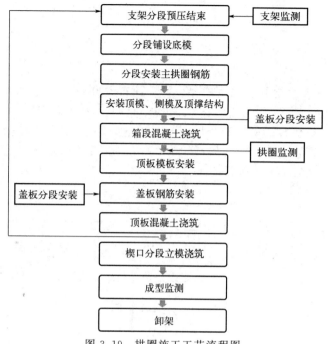

图 3.19 拱圈施工工艺流程图

二维码 3.4

3.1.5.3 C50 泵送混凝土的配制

高标号泵送混凝土除要满足设计要求的强度、耐久性外，还要具有可泵性，即对混凝土的原材料、坍落度、水灰比、配合比等都有严格要求。

(1) 原材料的选用　根据设计、工程质量要求，结合当地资源供应情况，经过多次对比试验，决定采用以下几种原材料进行 C50 泵送混凝土的配制。

水泥：选用质量稳定、活性较高的普通硅酸盐 525R 水泥。

砂：选用级配良好、细度模数为 2.7 的优质河砂。

碎石：选用质地坚硬、级配良好的粒径 5～20mm 玄武岩机制碎石。配成连续级配的比例为：粒径 5～10mm 占 30%，粒径 10～20mm 占 70%。

(2) 坍落度的选择　坍落度是混凝土可泵送性的重要指标。坍落度过小，泵送时吸入泵缸内较困难，影响泵送效率，且摩阻力大，压力高，在管道中难以形成润滑膜，管内混凝土达不到悬浮流动状态，易造成管道堵塞，形成墙管，影响泵机的使用寿命，增加维修成本；坍落度过大，混凝土在管道中滞留时间过长，则泌水多，易产生离析而阻塞管道，且混凝土的质量难以保证。考虑到本桥混凝土输送水平，垂直运输距离较大，混凝土泵送过程中存在坍落度损失的问题，为了确保混凝土可泵性，坍落度一般控制在 19cm 左右。

(3) 水泥用量的确定　泵送混凝土是用水泥或灰浆润滑管壁的，水泥或灰浆用量既关系到混凝土的强度，又关系到管道内的摩擦力和抽吸时混凝土缸内的充满程度。若在泵压下难以排出足够的浆液，就会造成摩阻力太大，混凝土难以向前流动，形成真空。但随着水泥用量的增加，混凝土的黏度增大，泵送阻力会增大。泵送混凝土水泥用量一般为 300～500kg/m³。本大桥配合比选定水泥用量为 490kg/m³。

(4) 砂率的确定　砂率对泵送混凝土的可泵性很重要。最佳的砂率，即在保证混凝土强度和可泵性的情况下，水泥最小的砂率。砂率低的混凝土可泵性差，变形困难，易阻塞，不易通过管道。

因此，泵送混凝土的砂率比非泵送混凝土的砂率要高 5%～15%。经过多次的现场试验，确定本桥 C50 混凝土的最佳砂率为 37% 左右，既解决了其可泵性，又使水泥用量最小。

(5) 外加剂的选择　泵送混凝土除满足混凝土的强度、耐久性等之外，还要保证其可泵性，这样就会损失一些质量指标并使泵送混凝土成本提高。因此，采用外加剂就是一个比较经济的解决办法。其作用是减水、增稠、缓凝、早强、泵送，以改善混凝土的性能。通过对多种外加剂进行对比试验，选用 JM6 高效泵送剂作为外加剂。试验证明掺加 JM6 高效泵送剂，在用水量、水灰比不变时，坍落度可以增加 6～9cm；强度、坍落度不变时，可节省水泥用量 8%～13%；保持坍落度、水泥用量不变时，强度提高 10%，减少用水量 7%～13%。

(6) 水灰比的确定　水灰比是指水与水泥的比值，其值的大小直接影响坍落度的变化，高强度泵送混凝土水灰比宜控制在 0.3～0.35 之间。拱圈 C50 混凝土施工时水灰比为 0.327。

(7) 施工配合比的选定　针对混凝土的历时、历距、坍落度损失、收缩徐变性能在施工现场进行了多次对比试验，选定出最佳施工配合比为 1∶1.52∶2.28∶0.327∶0.012（水泥∶砂∶碎石∶水∶外加剂）。经实践证明，按该配合比施工时，不离析，不泌水，和易性良好。施工后的混凝土不仅质量好，而且内实外美，无蜂窝麻面产生。

3.1.5.4　主拱圈施工

(1) 设备配置　本桥拱圈两端各设混凝土拌和楼一座，每座配 QZ-750 搅拌机 2 台、HBT60 混凝土输送泵 2 台，采用低压大排量工作方式，泵送压力为 7MPa；在拱座两侧 $L/4$ 处设固定输送管道，随浇筑位置不同而增减管道长度，混凝土的捣固以插入式振动器为主、平板振动器为辅。

(2) 模板安装　拱圈底模和顶模采用 3015 钢模板，便于调整拱弧曲线，侧模采用 6015 钢模板以减少模板接缝。模板因曲线造成的缝隙，用加工后的木条填塞，再用"即时贴"贴缝，以防漏浆。

模板的铺设顺序为：

第一环混凝土浇筑时为：拱圈底模→内侧模（包括横隔板下部侧模）→外侧模（包括横隔板上部侧模，在钢筋安装后进行）→安装拉杆及分段侧隔板→设置横竖带木→安设下部（底板）盖板；第二环混凝土浇筑时为：顶模→侧模→安装拉杆及横竖带木→上缘盖板。

(3) 钢筋安装

① 拱圈底模铺好后，则设中线、边线标高，标出各分段点及横隔板的位置，作为安装其他模板及绑扎钢筋的依据。

② 拱圈钢筋安装在桥下加工弯制，运至拱架上就地绑扎施工。钢筋绑扎顺序按拱脚至拱跨 $\frac{1}{4}$ 段，先安箍筋后穿主筋的办法。拱跨 $\frac{1}{4}$ 处至拱顶段先穿主筋后套箍筋，以利施工主钢筋接头，箍筋及横隔板钢筋连接采用焊接；间隔槽钢筋除顺桥向绑扎分段钢筋是一次成形外，其余的横桥向钢筋和箍筋可在浇筑前绑扎。

③ 钢筋在绑扎中和骨架成形后，要做好支撑架避免变形。上层钢筋网采用钢管临时定位，保护层混凝土垫块按 80cm 间距以梅花形布置，与主钢筋绑扎牢固。钢筋在浇筑前要保证其无锈蚀现象，如有则除锈后才能浇筑混凝土。

(4) 混凝土浇筑

① 混凝土拌和前对拌和楼及相关计量器进行校核，严格控制上料误差。提前将每盘混

凝土需要的外加剂定量分袋。原材料含水量因天气等因素发生改变时，及时抽样测试，调整施工配合比。

② 混凝土拌和时分次投料，投料顺序为：砂→水泥→碎石→外加剂→水。每盘混凝土拌和时间不少于 3min，不定时从出料口、浇注点取样测量坍落度，并根据坍落度反向控制加水量。

③ 混凝土浇筑时采取水平移动，向拱顶方向推进，上下分层的方法浇筑，即首先浇筑 1~1.5m 长的底板，再浇筑腹板，循环作业。浇筑第二环混凝土时则是先浇筑 1~1.5m 长的腹板，再浇筑顶板，斜向分层。

④ 浇筑拱脚混凝土前，要将其与拱座的新旧混凝土接合处凿毛，冲刷干净，先用水湿润，再布薄薄的一层 1:1 水泥砂浆；拱圈间隔槽中混凝土，应待所有各分段混凝土均浇筑完毕，且其相邻段混凝土强度达到 70% 后方可浇筑，浇筑前要将分段混凝土表面凿毛冲净，残留混凝土清理干净后绑扎钢筋，立好模板。

（5）混凝土振捣　混凝土入模后开始振捣，标准为混凝土不下沉，表面气泡消散。用插入式振动器振捣，振动棒移动间距宜为 40cm 左右，振捣时间宜为 15~30s，不得过振或漏浆，避免混凝土产生离析。振动棒要快插慢拔，垂直插入混凝土内，并要插入前一层混凝土中 5~10cm，以保证新浇筑和先浇筑的混凝土良好结合，同时避免出现气泡。

（6）混凝土泵送

① 混凝土施工前，有关的泵送设备应全面检修和保养，以确保连续泵送。

② 泵送混凝土前要用 1m 左右 1:1 的水泥砂浆润滑管道。

③ 开始泵送时，混凝土泵应处于慢速、匀速并随时可反泵的状态，待各方面情况正常后再转入正常泵送。

④ 正常泵送时，泵送要连续进行，尽量不停顿，遇有运转不正常的情况，可放慢泵送速度。

⑤ 混凝土供应不及时时，降低泵送速度，保持连续泵送，但慢速泵送时间不能超过从搅拌到浇筑的允许连续时间，否则作废料处理。

⑥ 混凝土停泵时，料斗内应保留足够的混凝土，作为间隔推动管路内混凝土用。短时间停泵，再运转时要注意观察压力表，逐渐过渡到正常泵送；长时间停泵，应每隔 2~3min 开泵一次，使泵正常运转和反转各两个冲程，以防止混凝土假凝堵管，同时开动料斗中的搅拌器，使之搅拌 3~4 转，以防止混凝土离析，但不宜连续搅拌。

⑦ 在泵送过程中，应注意料斗内的混凝土量，应保持混凝土面不低于上口 20cm，否则不但吸入效率低，而且易吸入空气造成堵塞。若吸入空气，逆流增多，宜进行反泵将混凝土反吸到料斗内，排出空气后再进行正常泵送。

（7）混凝土养护　由于拱圈为高标号泵送混凝土，水泥用量多，坍落度大，极易遇风导致表面干裂，因此混凝土浇筑完后应及时覆盖，洒水养护。

任务 3.2　缆索吊装法施工

3.2.1　缆索吊装法概述

3.2.1.1　缆索吊装法的概念

缆索吊装法是在架设好的缆索吊装设备上设置两个跑车，下面连接起吊滑车组，跑车上安装前后牵引钢丝绳，牵吊预制构件到架设安装孔上空，下落、横移、就位、安装，如图3.20、图3.21所示。

图3.20 缆索吊装施工现场

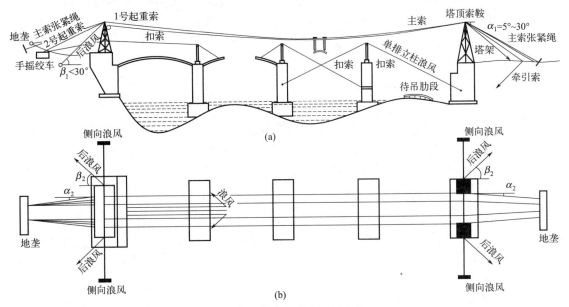

图3.21 缆索吊装布置示意图

缆索吊装法施工不受桥孔下的地基、河流水文状态等条件限制，也不需要导梁、龙门吊机等重型设备，具有适用性广、施工稳妥、方便等优点。在峡谷、水深流急的河段上或在有通航要求的河流上进行大跨度拱桥施工时它被广泛采用。

3.2.1.2 缆索吊装法施工顺序

其施工流程见图3.22，具体步骤如下：
① 缆索吊装系统设备的设计制作及安装；
② 缆索系统的试吊；
③ 预制拱圈（拱肋）节段（钢筋混凝土箱肋拱节段、钢管拱节段）和拱上结构；
④ 将预制节段移运至缆索吊装位置；
⑤ 将节段吊运至安装位置，利用扣索对节段进行临时固定；
⑥ 对各节段进行轴线调整，合龙主拱圈；
⑦ 拱上结构施工。

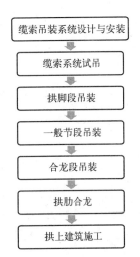

图3.22 缆索吊装施工流程

3.2.2 缆索吊装设备、系统的安装

3.2.2.1 缆索吊装设备的安装

缆索吊装设备包括主索（承重索）、起重索、牵引索、结索、扣索、浪风索、塔架（包括索鞍）、地锚（地垄）、滑轮、电动卷扬机或手摇卷扬机等部分，其布置形式如图 3.23 所示。

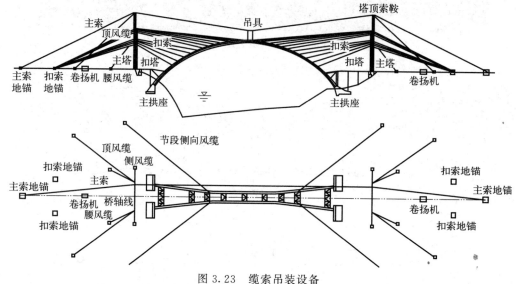

图 3.23 缆索吊装设备

（1）主索 亦称为承重索或运输天线。它支承在两侧塔架的索鞍上，两端锚固于地锚，吊运构件的行车支承于主索上。主索的组数一般可选 1～2 组。每组主索可由 2～4 根平行钢丝绳组成。

（2）起重索 一端与卷扬机滚筒相连，另一端固定于对岸的地锚上。通过卷扬机和滑轮组来起吊、下放构件，如图 3.24 所示。

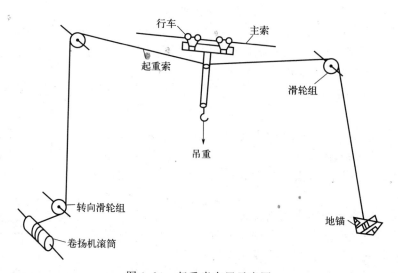

图 3.24 起重索布置示意图

（3）牵引索　可在行车两端各设置一根，另一端连接在卷扬机上，用来牵引行车在主索上沿桥跨方向移动。

（4）结索　用于悬挂分索器，使主索、起重索、牵引索不致相互干扰。它仅承受分索器的重量及自重。

（5）扣索　当拱肋分段吊装时，需用扣索悬挂端肋及调整端肋接头处标高。扣索的一端系在拱肋接头附近的扣环上，另一端通过扣索排架或塔架固定于地锚上。为了便于调整扣索的长度，可设置手摇卷扬机及张紧索，如图 3.25 所示。

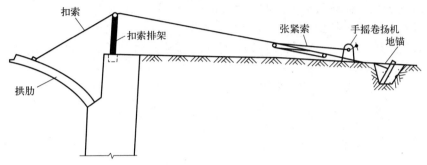

图 3.25　扣索布置示意图

（6）浪风索　亦称缆风索，用来保证塔架、扣索排架等的纵、横向稳定及拱肋安装就位后的横向稳定。

（7）塔架及索鞍　塔架是用来提高主索的临空高度及支承各种受力钢索的重要结构。塔架顶上设置了用于放置主索、起重索、扣索等的索鞍，如图 3.26 所示，它可以减少钢丝绳与塔架的摩阻力，使塔架承受较小的水平力，并减少钢丝绳的磨损。

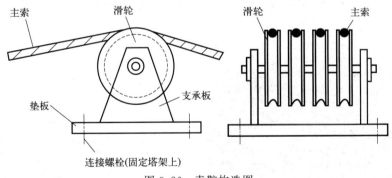

图 3.26　索鞍构造图

（8）地锚　亦称地垄或锚碇，用于锚固主索、扣索、起重索及手摇卷扬机等。

（9）电动卷扬机及手摇卷扬机　用作牵引、起吊等的动力装置。电动卷扬机速度快，但不易控制。对于要求精细调整钢索长度的部位，多采用手摇卷扬机，以便于操纵。

（10）其他附属设备　如各种链滑车、花篮螺栓、千斤绳等。

3.2.2.2　缆索吊装系统的安装

安装缆索吊装系统前首先在选定的位置进行锚碇、塔架基础的圬工结构施工，然后进行塔架安装，最后进行工作索及主索安装，同时也进行跑车、起重及牵引系统安装，以及缆风索安装。

塔脚每拼装一节段都需校正倾斜度。主塔安装好后开始架设引线，引线由人工或渡船直接拖拉过河,通过塔顶并在塔架脚滑轮转向后进入卷扬机。引线安装好后,与工作主索临时连接,用卷扬机牵引引线,将引线和工作索先后牵过塔顶,然后安装好工作索跑车和吊具,再将其牵引过河对岸主塔顶,并进入主地锚收紧固定。架设主索时一般用事先架设好的工作索和引线来安装。

3.2.2.3 缆索吊装试吊

缆索吊机在吊装前必须按设计荷载进行试吊,以检验缆索吊装系统的安全性和设计计算的准确性。

(1) 空载试运转 提升吊具离跑车约 3m 时,牵引跑车往返运行一次。

(2) 静载起吊和动载起吊

① 起吊 60% 设计吊重,离地面 50cm,停留 10min,如无异常,将重物继续上升到最大高度,跑车在索道上运行一次;

② 起吊 100% 设计吊重,运行方式同上;

③ 起吊 120% 设计吊重,运行方式同上。

3.2.3 拱肋节段制作

3.2.3.1 节段的划分

节段划分按设计规定进行。一般跨径在 30m 以内的拱肋可不分段或分为两段,跨径为 30～80m 的拱肋可分为三段,跨径大于 80m 的拱肋一般分为五段。

3.2.3.2 节段的预制方法

节段预制分为立式预制和卧式预制,如图 3.27、图 3.28 所示。立式预制起吊方便,节省木料,占用场地较少,是预制拱肋最常用的方法,尤其适用于大跨径拱桥。卧式预制的拱肋形状及尺寸较易控制,浇筑混凝土时操作也方便,但拱肋起吊时容易损坏。

图 3.27 拱肋节段立式预制

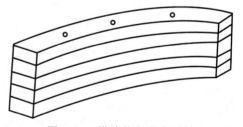

图 3.28 拱肋节段卧式预制

3.2.4 拱箱吊装

拱箱吊装顺序为:拱脚段→次拱段→拱脚段→次拱段→拱顶合龙段。在边段、次边段拱肋吊运就位后,需施加扣索进行临时固定。

完成一侧的内拱肋和外拱肋的吊装合龙后横移主索,进行另一侧的内拱肋和外拱肋的吊装。

3.2.4.1 拱脚段吊装

拱脚段吊运至大约安装位置后,用侧向缆风索横移、调整,同时准确对位,控制轴线和高程变化(轴线偏差控制在±10mm以内,上端接头高程预抬高150~200mm),然后由扣索固定,收紧侧向缆风索并固定。

3.2.4.2 次拱段吊装

次拱段吊运至大约安装位置后,用侧向缆风索横移到位,调整上下端高程,安上接头螺栓,同时控制上下端高程,此时接头螺栓不可拧得太紧。先收紧次拱段扣索,然后松一次起重索,如此反复多次进行,直至起重索不再受力为止。在每次收紧扣索、放松起重索时,应用水准仪配合观测,控制上端接头升降幅度。次拱段上端头的高程应预抬高200~300mm,轴线偏差控制在±10mm以内。在起拱段和次拱段接头处嵌塞临时钢板楔,取走吊钩。

3.2.4.3 拱顶段吊装

拱顶段吊运就位时,用测量仪器观测4个接头高程并控制拱肋轴线。

① 拱顶段应预抬高300~400mm,用侧向缆风索调整轴线,偏差控制在±10mm以内,收紧侧向缆风索。

② 松索前,取走临时钢板楔。

③ 按照先拱脚段扣索、后次拱段扣索的顺序,两侧对称、均匀放松扣索,反复循环。高程变化控制在次拱段上端头 $\Delta y_上$ 为次拱段下端头 $\Delta y_下$ 的2倍左右,即 $\Delta y_上 = 2\Delta y_下$,高程变化以不超过10mm为限,直至次拱段上、下端头的高程等于设计高程。

④ 拱顶段徐徐下落,直至两端头的高程与次拱段接头高程相符。再次检查各接头高程和轴线,直至满足设计要求,安装接头螺栓,并旋紧。

⑤ 及时锚固各扣索、侧向缆风索,依次对称地从拱脚段向拱顶接头嵌塞底板钢板楔、顶板钢板楔,旋紧各接头螺栓,循环2~3次,同时将钢板楔敲打嵌牢。

⑥ 焊接底板接头、顶板接头,检查高程,调整轴线。

⑦ 将拱顶段交由天扣索,按照提升吊钩、卸载的顺序反复进行,每次受力过程中提升或卸载的力量不宜过大,直至合龙,取走吊钩。

⑧ 焊接拱肋接头部件时,宜采取分层、间隔、交错施焊的方法,每层不可一次焊得过厚,以防将周围混凝土灼伤。电焊后,必须将各接头螺栓旋紧、焊死。

其他各肋的拱箱吊装方法相同,拱箱吊装完成,即可拆除扣架。扣索平面布置见图3.29。

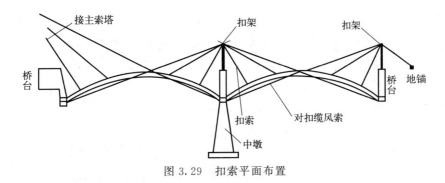

图3.29 扣索平面布置

3.2.4.4 肋间系梁吊装

在拱箱吊装完成以后,将布置在桥轴线上的 $4\phi47.5mm$ 的主索分开,沿2肋轴线布置

成 $2\times2\phi47.5mm$ 的形式，以方便肋间系梁及其他拱上建筑的吊装。肋间系梁与2肋的拱轴线垂直，与立面有一定夹角。在吊装时，用2个链条葫芦分别钩住预埋的吊环，另一端固定在拱箱的预埋筋上，通过链条葫芦来调节肋间系梁的立面位置，使之与设计一致。吊装就位后，立即焊接接头钢筋，因肋间系梁重量为4.7t，通过计算知接头钢筋焊接完成以后可以承受此荷载，所以待接头焊接冷却后，移走吊钩，即可进行下一片肋间系梁的吊装。肋间系梁每孔为11片，其吊装顺序见图3.30。

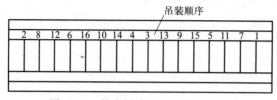

图3.30 某大桥肋间系梁吊装顺序　　二维码3.5

3.2.5 拱肋合龙

吊装合龙方式有单基肋合龙、悬挂多段边段或次边段拱肋后单肋合龙、双基肋合龙、留索单肋合龙等。图3.31为拱肋合龙方式示意图。

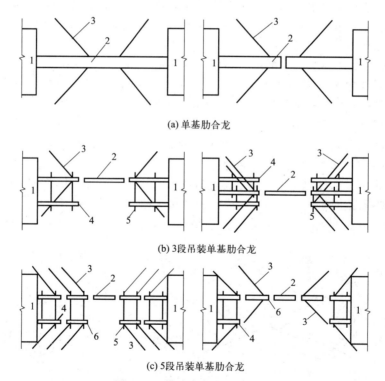

(a) 单基肋合龙

(b) 3段吊装单基肋合龙

(c) 5段吊装单基肋合龙

图3.31 拱肋合龙方式示意图
1—墩台；2—基肋；3—风缆；4—拱脚段；5—横尖木；6—次拱脚段

当拱肋跨度大于80m或横向稳定安全系数小于4时，应采用双基肋合龙松索成拱的方式，即当第一根拱肋合龙并校正拱轴线，楔紧拱肋接头缝后，稍松扣索和起重索，压紧接头缝，但不卸掉扣索，待第二根拱肋合龙并将两根拱肋横向连接、固定和拉好风缆后，再同时松卸两根拱肋的扣索和起重索。

3.2.6 稳定措施

在缆索吊装施工中,构件会受到各种荷载,为保证位置正确、线形合理,需要采取一些稳定措施。

① 设置锚固在两岸的横向风缆,如图3.32所示。

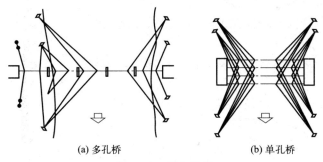

(a) 多孔桥　　　　(b) 单孔桥

图3.32　横向风缆

② 当设计选择的拱肋宽度小于单肋合龙所需要的最小宽度时,采用双基肋合龙或多肋合龙的形式。

③ 对较大跨径的拱桥,尤宜采用双基肋或多基肋合龙,基肋与基肋之间必须紧随拱肋的拼装及时联接(或临时连接)。拱肋横向联接方式通常有木夹板、木剪刀撑、钢筋拉杆、钢横梁等,如图3.33所示。

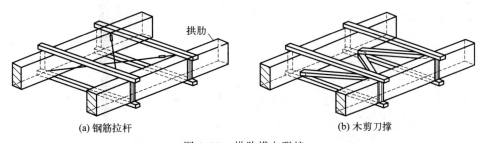

(a) 钢筋拉杆　　　　(b) 木剪刀撑

图3.33　拱肋横向联接

④ 在拱轴系数过大、拱肋截面尺寸较小、刚度不足等个别情况下,有时需采用加强拱肋纵向稳定的施工措施。当拱肋接头处可能发生向上弯曲变形时,可在拱肋下方设置拉索以控制变形(图3.34);当拱肋截面尺寸较小、刚度不足时,可在拱肋底弧等分点上用钢丝绳进行多点张拉。

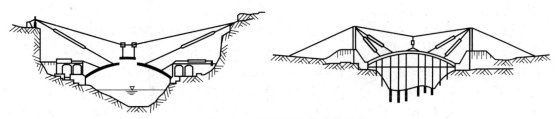

图3.34　拱肋下方设置拉索

3.2.7 吊装过程中的事故预防与处理

加强稳定性和防止开裂的措施如下。

(1) 设计措施

① 适当选择无支架吊装拱桥的拱轴系数 (m)，公路拱桥的 m 值一般不宜超过 3.5。

② 基肋截面采用刚度大而重量轻的形式，如倒 T 形、槽形或箱形等。

③ 基肋之间设置足够的横隔板或横系梁以加强横向刚度。

④ 无铰拱的拱脚嵌入拱座的深度不小于主筋的锚固长度。

(2) 施工措施

① 采用双基肋或多基肋合龙，基肋与基肋间的横系梁或横隔板必须紧随拱段的拼装即时焊接。

② 在每一接头处都设一对横撑或一对横向风缆以加强基肋的稳定。

③ 采用预压法降低截面弯矩。

④ 预拱度的设置不能按二次抛物线或三角形分配。

3.2.8 工程案例解析

(1) 工程概况 某大桥由左线桥和右线桥构成，两桥相距 40m，都为 2 孔净跨 95m 的钢筋混凝土箱形肋拱桥，矢跨比 1/6，拱轴系数为 2.24，左线桥全长 214.6m，右线桥全长 203.6m。由两箱组成一肋，断面为 2.8m×1.8m，双肋式，肋间净宽 5m，全拱宽 10.6m，拱上为钢筋混凝土排架和盖梁，每孔纵向放置 17 孔跨径为 5.9m 的钢筋混凝土实心板，全宽满铺。

1998 年 12 月初开始左线桥吊装，吊装内容包括 40 段拱圈、40 段立柱、33 片盖梁和 408 块桥面板，吊装的最大重量为 40.8t。1999 年 7 月初完成左线桥全部吊装。1999 年 10 月开始右线桥吊装，吊装内容同左线桥。于 2000 年 2 月底完成全部吊装施工。

(2) 缆索吊装施工技术的特点

① 吊装吨位大，范围广，可在几吨至几百吨范围内变化；

② 纵向运距可从几米至几百米；

③ 纵向运输及安装快捷、安全、可靠；

④ 跨越能力强，可轻松跨越峡谷、深沟和河流；

⑤ 塔架采用万能杆件组拼而成，安装简便、易行。

(3) 施工设备

① 塔架及塔架基础。采用万能杆件组拼而成，塔架基础采用 C25 钢筋混凝土，并预埋钢板，与塔架底座焊接。塔架顶端设 $4\phi37.5mm$ 的八字缆风索，塔腰设置 $4\phi37.5mm$ 的腰风缆。索塔的高度：左线为 64m，右线为 76m。

② 主索（承重索）。主索道采用 $4\phi47.5mm$ 的钢丝绳，左线桥跨度为 280m，工作垂直距离为 30.6m，右线桥跨度为 300m，工作垂直距离为 32.7m，分别锚于两岸地锚。主索由工作索引导过河，架上塔架后，用卷扬机收紧，安装垂直度以设计值为准。

③ 起重索。起重索套绕于天线滑车组，用于起吊重物。选用柔软耐磨、不易打结的钢丝绳。其套绕方式为一端（死头）固定在塔架上，另一端（活头）穿过天线滑车、卷扬机。

④ 牵引索。它为牵引天线滑车沿主索前后移动的无极式拉绳，不受拉力，选用柔性好的钢丝绳。其套绕方式：只采用一台双向卷扬机，牵引索通过对岸转向滑车和双向卷扬机构

成闭合回路,死头固定在两台天车上。

⑤ 扣索系统。扣索系统由扣索、扣架、机具、滑车组、卷扬机、地锚组成。拱箱每根扣索为 2φ47.5mm 的钢丝绳,经过扣架锚于地锚。扣架分别设置在两岸桥台和中墩上,采用万能杆件组拼而成。中墩扣架设纵向缆风索,锚于相邻拱座上。

⑥ 风缆:

a. 侧向风缆。拱箱梁接头上设置上、下游侧向风缆,锚于上下游基岩地锚上,用于稳定箱梁和调整拱箱轴线。

b. 对扣风缆。选用 2×2φ47.5mm 的钢丝绳,一端固定在地锚上,另一端经过塔架(固定在塔顶)引到对岸,扣紧在地锚上。

⑦ 跑车(天线滑车、骑马滑车)。天线滑车是在主索上运行和起吊重物的装置,可用定型滑车制作,也可根据吊重自行加工。大桥所用的天线滑车为自行设计加工的。跑车的设计承载能力为 20t。

⑧ 索鞍。大桥采用弧形索鞍,索鞍固定在索塔中线上。

缆索吊装主要机具见表 3.1,钢丝绳数量见表 3.2。

表 3.1 缆索吊装主要机具

序号	名称	规格	单位	数量
1	索塔	万能杆件	t	430
2	天线滑车	20t	套	2
3	索鞍	弧形	个	5
4	主索平衡滑轮		个	10
5	电动卷扬机	中速 1t	个	2
6	电动卷扬机	慢速 5t	个	10
7	链滑车	1~10t	个	20
8	单门滑车	10t	台	70
9	电焊机	500A	个	6
10	卡环	10~50t	个	160
11	绳卡	φ50	个	430
12	绳卡	φ32	个	280
13	绳卡	φ22	个	660
14	绳卡	φ13	个	360
15	4门、5门滑车	40~50t	个	10
16	锚具	OVM1315-19	套	1

表 3.2 缆索吊装的设备钢丝绳数量表

序号	名称	直径/mm	数量/m	每根长度/m	重量/t
1	主索	47.5	4000	1000	31.7
2	扣索	47.5	2000	1000	15.9
3	起重索	21.5	8000	1000	13.1
4	牵引索	21.5	10000	1000	16.4
5	工作索	17.5	3000	1000	3.2

续表

序号	名称	直径/mm	数量/m	每根长度/m	重量/t
6	缆风索	21.5	1000	1000	1.6
7	缆风索	32.5	4000	1000	14.7
8	对扣缆风索	39	2000	1000	10.6
9	工作牵引及收紧	13	8000	1000	4.7

(4) 缆索吊装的施工准备

① 预制构件质量检查。检查的内容包括混凝土强度，每段拱箱内外弦长、断面尺寸、轴线偏差，拱箱接头尺寸及预埋件位置等。

② 墩台拱座尺寸检查。检查内容包括拱座的平面尺寸、倾角、预埋件位置，以及相邻拱座的跨径距离、标高等。

③ 测站的布设：

a. 水准测站。大桥净跨为95m，拱箱接头的高差4.94m，因地形狭窄，为了控制测量精度和便于观测，在两岸桥台下方用钢管脚手架沿两肋轴线分别搭设了两个测量平台，用以观测起拱段和次拱段接头标高，拱顶段接头标高则直接在桥墩台顶用水准仪进行观测。

b. 经纬测站。在两岸桥台和中墩上沿桥轴线和两肋轴线，在台顶和墩顶设置轴线控制点，并做出明显标记。

(5) 试吊 试吊一般分为跑车载反复运转，静试吊和吊重三个步骤进行。

缆索、地锚在使用前必须进行试拉，扣索可进行对拉，以检查扣索、扣索收紧索、扣索地锚以及动力设施等是否达到要求。

在各试吊阶段，应仔细观测塔架位移，主索垂直度，主索受力均匀程度，动力设施工作状况，牵引索、起重索在各转向轮上运转情况，以及主索地锚稳固情况等，并检查通信、指挥系统的畅通性能和各作业组之间工作协调情况。主索、牵引索及起重索的拉力可以用测力计测得。

试吊后应综合各种观测数据和检查情况，对设备的技术状况进行分析和鉴定，然后定出改进措施并确定能否进行正式吊装。

对于两孔及多孔桥跨，还应考虑桥墩的强度和稳定性所允许的单向推力。对于高桥墩，可按墩顶位移应小于 $L/400$ 控制单向推力。

为使单向推力不超过设计值，可在墩身施工时，预埋预应力张拉设备，在吊装合龙前，对墩身进行预拉。

(6) 拱箱吊装 按照上述拱箱的吊装方法施工。

(7) 拱上混凝土的现浇 包括拱箱纵缝、接头，肋间系梁与拱箱的接头，顶板现浇层、柱座及柱间接头混凝土的现浇。混凝土的运输通过索道来完成，其浇筑工艺同其他混凝土浇筑相比，有以下特点。

① 拱肋拱轴系数为2.24，矢跨比为1∶6，净矢高为15.83m，因此，混凝土浇筑的坡度较大，要控制混凝土坍落度，同时在浇筑顶面现浇层时，覆盖模板来控制混凝土的流动。

② 待纵缝混凝土强度达到设计强度的70%后，方能浇筑顶板现浇层混凝土。纵缝混凝土预留30cm高，与顶板现浇层一起浇筑，以使现浇层与拱箱连接整体性更好。

③ 各处接头的空间尺寸较小，要用小石子混凝土（碎石粒径控制在5～20mm）浇筑，以达到混凝土密实，无孔洞、蜂窝的效果。

④ 现浇柱座时，严格控制柱座的顶面标高，不能超过设计标高，以保证吊装完成以后，

安装精度达到设计要求。

(8) 立柱与柱间系梁吊装

① 施工准备：

a. 对立柱的混凝土强度、断面尺寸、长度、预埋件位置进行检查，做好记录。

b. 将立柱四个侧面的上、下端分中划线，做好标记，以利观测。

c. 沿拱轴线方向搭设钢管脚手架。

② 吊装。当立柱就位后，用两台经纬仪沿横、纵两个方向同时进行观测，确保安装垂直度，同时用水准仪测量柱顶标高，当标高垂直度和位置都满足设计要求后，立即旋紧接头螺栓，并在支架上用钢管沿四周固定立柱。随后，立即焊接接头钢筋和接头的钢板，支立模板，浇筑接头混凝土。

1#立柱、2#立柱在两肋之间设置柱间系梁，吊装柱间系梁时，将两端头与两侧立柱接头对准，焊接联接钢板，移走天钩，灌注接头混凝土，再进行其他吊装。

(9) 盖梁的吊装　盖梁用索道天线滑车缓缓运送到离支座上端头约50cm处，然后拴好横向缆风索，同时听口令松短刹车和调节横向缆风索，使盖梁两端同时缓缓就位，用经纬仪和吊垂球的方法，观测安装垂直度，同时用水准仪观测盖梁顶部标高，达到设计要求后，立即焊接接头，焊接后，冷却1~2h，脱钩，解除缆风索，接头用高标号水泥砂浆抹面封闭，再进行其他盖梁的吊装。吊装顺序同肋间系梁吊装顺序。

(10) 桥面板的吊装

① 施工准备：

a. 检查各桥面板的几何尺寸，记录。

b. 在盖梁和桥台上放出桥面板的边缘线，并用经纬仪正倒镜复查，准确无误后，做好标记。

c. 测量各支座的标高，若有误差，做好记录，并准备好薄钢板垫板。

② 吊装：在支座位置放好支座，先安装桥轴线左右两道桥面板，从长寿台安装至重庆台，然后对称安装其余桥面板。

(11) 索道的拆除

① 拆除各扣架。

② 拆除主索和天线滑车。

③ 拆除索鞍、横梁。

④ 拆除塔架。

(12) 劳动力组织　劳动力组织见表3.3。

表 3.3　劳动力组织

总指挥	1人	现场指挥	1人
吊装作业班	30人	焊工班	5人
木工班	6人	测量班	4人
钢筋班	4人	混凝土班	4人
技术人员	3人	共计	58人

(13) 质量体系保证措施

① 建立健全质量保证体系及质量检验体系，制定并严格执行技术责任制，明确职责，以工作质量保工程质量。

② 测量工作必须准确无误，施放的点位、高程、轴线等通报监理复测无误后方可进行施工测量。

③ 对预埋钢筋、接头的混凝土的钢筋处理、模板尺寸、螺栓位置等由技术人员进行全面的检查，做好记录，严格按规范要求进行操作。焊接工人必须持证上岗。

④ 吊装人员听从指挥，明确各道工序的操作过程，统一指挥，不得自作主张。

⑤ 严格按施工方案和施工工艺施工，不得擅自更改设计方案。

⑥ 严格遵守工艺纪律，必须按操作规程施工。

⑦ 保证严格控制每一道工序质量。

⑧ 加强测量观测，及时汇总资料，以利审核。

（14）安全保证措施

① 建立安全保证体系，坚持"安全第一，预防为主"的方针，重点抓好吊装高空作业等的安全防护工作。

② 对施工索道、吊装机具、钢丝绳、地锚等重要部位，经常派专人负责检查，发现不安全因素及时排除。

③ 机电设备由专人管理、维护，严格执行操作规程，非操作人员不得擅自操作机械，注意防护、开关管理和设备防潮、绝缘和接地。

④ 为保证指挥信号系统的清晰、畅通，用五台高功率对讲机进行吊装作业的指挥工作，如发生坏机现象，用口笛或信号旗进行指挥。在进行施工操作前，与有关人员交代清楚，全体人员必须熟悉规定信号并严格遵守，不得任意变更，以免误会，发生事故。

⑤ 不准酒后和带病进行高空作业。

⑥ 设立地面安全防护，保证吊装作业区下面的行人和船只的安全。

⑦ 避免雨天和夜间进行吊装作业。

任务 3.3　转体法施工

3.3.1　转体法施工概述

转体法施工一般适用于各类单孔拱桥的施工，其基本原理是：将拱圈或整个上部结构分为两个半跨，分别在河流两岸利用地形或简单支架现浇或者预制装配半拱，然后利用动力装置将其两半拱体转动至桥轴线位置合龙成拱。如图 3.35 所示为转体施工现场示意图。除适用于钢筋混凝土拱桥外，还适用于刚构梁式桥、斜拉桥、钢筋混凝土拱桥及钢管拱桥。转体法施工按有无平衡重分为有平衡重转体、无平衡重转体；按转动方向分为平面转体、竖向转体和平竖结合转体三种。

（1）平面转体　按照拱桥设计标高先在两边预制半拱，当结构混凝土强度达到设计强度后，

图 3.35　转体施工现场

借助设置于桥台底部的转动设备和动力装置在水平面内将其转动至桥位中线处合龙成拱。

（2）竖向转体 根据河道情况可以在桥台处先竖直向上或者在桥台前俯卧预制半拱，然后在桥位垂直平面内绕拱脚将其合龙成拱。竖直向上预制半拱，然后向下转动成拱，其特点是施工占地少，预制可采用滑模施工，工期短，造价低；在桥面以下俯卧预制半拱，然后向上转动成拱，适于河内无水条件下使用，如图 3.10 所示。

二维码 3.6

（3）平竖结合转体 由于受河岸地形条件限制，采用转体施工时，前述两种方法均难以实施，只能在适当位置预制后，平转与竖转相结合，实现两个半拱桥位合龙。

3.3.2 有平衡重平转施工

（1）概述 有平衡重平转施工（有平衡重转体施工）时一般以桥台背墙和配重作为平衡重，将桥体上部转体结构前端用扣索锚固在反力墙上，用以稳定转动体系和调整重心位置。如图 3.36 所示为有平衡重拱桥转体施工示意图。出于对拱桥转动体系质量的限制以及对经济成本方面的考虑，有平衡重转体施工一般仅适用于跨径 100m 以内的拱桥。

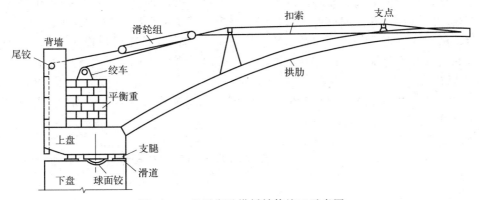

图 3.36 有平衡重拱桥转体施工示意图

（2）施工流程 制作底盘→制作上转盘→布置牵引系统的锚碇及滑轮，试转上转盘→浇筑背墙→浇筑或拼装主拱圈→张拉脱架→转体合龙→封上下转盘（上下盘），封拱顶，松拉杆。

有平衡重转体施工技术的关键在于两个方面，如图 3.37 所示。

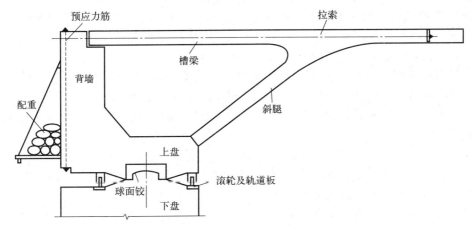

图 3.37 有平衡重转体施工转动体系的一般构造

① 转体体系的设计、制造与安装；
② 保持转体在施工全过程中的平衡。

(3) 施工要点

① 制作底盘。底盘由轴心（磨心）和环形轨道板组成。轨道板允许高差为±1mm，应注意板底与混凝土接触密实，不能有空隙。

② 制作上转盘。

a. 跨径较大、转动体系重心较高的转体施工，采用环道与中心支承相结合的转盘结构，以确保整个转动体系的稳定。中、小跨径的桥梁转体施工，可采用中心支承的转盘结构。

b. 在轨道板上按设计位置放好承重滚轮，滚轮下面垫有2~3mm厚的小薄铁片。当上转盘一旦转动后此铁片即可取出，这样便可在滚轮与轨道板间形成一个2~3mm的间隙。该间隙可保证转动体系的质量压在磨心上而不压在滚轮上。同时，可用来判断滚轮与轨道板接触的松紧程度，调整重心。

c. 应选用摩擦系数较小的材料制作滑板和转盘轴心。

③ 布置牵引系统的锚碇及滑轮，试转上转盘。

要求主牵引索基本在一个平面内。上转盘混凝土强度达到设计要求后，在上转盘前方或后方配临时平衡重，把上转盘重心调到轴心处，最后牵引上转盘到预制拼装上部构造的轴线位置。这是一次试转，一方面可以检查、试验整个转动牵引系统，另一方面也是正式开始上部结构施工前的一道工序。为了使牵引系统能够供正式转体时使用，布置转向轮1、2时应使其连线通过轴心且与轴心距离相等，使正式转体时的牵引力也是一对平行力偶。

④ 浇筑背墙。

上转盘试转到上部构造预制轴线位置后即可准备浇筑背墙，需设坚固的背墙模板支架，避免设工作缝。

⑤ 浇筑或拼装主拱圈。

可以利用两岸地形作支架土模，也可采用扣件式钢管作为满堂支架进行拱圈浇筑或拼装（对钢拱圈）。

⑥ 张拉脱架。

a. 当拱圈混凝土强度达到设计强度后，即可进行安装拉杆、张拉脱架的工序。为了确保拉杆的安全可靠，要求每根拉杆钢筋都进行超荷载50%试拉。正式张拉前应先张拉背墙的竖向预应力筋，再张拉拉杆。在实际操作中，应反复张拉2~3次，使各根钢筋受力均匀。为了防止横向失稳，要求两台千斤顶的张拉合力应在拱桥轴线位置，不得有偏心。

b. 通过张拉，要求把支承在支架、滚轮、支墩上的上部结构与上转盘、背墙全部连接成一个转动体系，最后脱离其支承，形成一个悬空的平衡体系支承在轴心铰上。这是一道十分重要的工序，它将检验转体阶段的设计和施工质量。

c. 当拱圈全部脱离支架悬空后，上转盘背墙下的支承钢木楔也陆续松脱，根据楔子与滚轮的松紧程度加片石调整重心，或以千斤顶辅助拆除全部支承楔子，让转动体系悬空静置一天，观测各部分变形有无异常，并检查牵引体系等，均确认无误后，即可开始转体。

⑦ 转体合龙。

a. 合龙接口高程允许偏差为±10mm，轴线允许偏差为±5mm。

b. 合龙时应选择当日最低温度时进行。当合龙温度与设计计算温度相差较大时，应考虑温度差带来的影响，修正合龙高程。

c. 采用先打入钢楔的快速合龙措施，然后施焊接头钢筋，浇筑接头混凝土，封固转盘。在混凝土达到设计强度后，再分批、分级松扣，拆除扣、锚索。

⑧ 封上下转盘，封拱顶，松拉杆。

封盘混凝土的坍落度宜选用 17~20cm，且各边应宽出 20cm，要求灌注的混凝土应从四周溢流，上下盘间密实。封盘后接着浇筑桥台后座，当后座达到设计要求强度后，即可选择夜间气温较低时浇封拱顶接头混凝土，待其达到设计要求后，拆除拉杆，实现桥梁体系的转化，完成主拱圈的施工。主拱圈完成后，即是常规的拱上建筑施工和桥面铺装。

3.3.3 无平衡重平转施工

（1）概述　采用锚固体系代替有平衡重平转施工，是利用锚固体系、转动体系和位控体系构成平衡的转体系统，如图 3.38 所示。

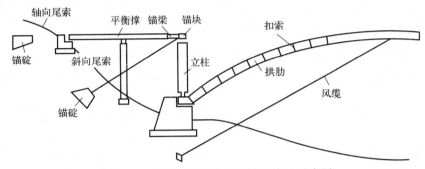

图 3.38　无平衡重转体施工体系布置示意图

（2）转动体系组成及施工　转动体系由拱体、上转轴、下转轴、下转盘、下环道和扣索组成。转动体系施工可按下列程序进行：安装下转轴→浇筑下环道→安装转盘→浇筑转盘混凝土→安装拱脚铰→浇筑铰脚混凝土→拼装拱体→穿扣索→安装上转轴等。施工时应符合下列要求。

① 下转轴一般设置在桩基上，桩柱混凝土浇筑至环道设计高程下时，应安装用钢板卷制加工的轴圈。

② 轴圈安装前应先进行试装，防止钢轴的支撑角钢与桩柱主钢筋发生干扰，轴圈与转轴的平面位置与竖直度应符合设计要求；然后点焊固定在桩柱主盘上，浇筑填心混凝土。

③ 转盘可用钢带焊制而成，其内径、走板平面平整度、焊缝均应符合设计要求。转轴与转盘套合部分应涂润滑油脂。环道上的滑道宜采用固定式，其平整度应控制在 ±1.0mm 内，环道上应按照设计尺寸铺设四氟滑板。当转盘填心混凝土强度达到设计强度的 75% 后，可拨动转盘转至拱体预制位置。转轴与轴套应转动灵活，其配合误差应控制在 0.6~1.0mm。

④ 拱铰铰头可用钢板加工，其配合误差应小于 2mm。浇筑铰脚角锥体混凝土时可采用预制钢筋混凝土模板，承托拱体可利用第一段拱体的横隔板，并将其封闭，增设受弯钢筋来承担。

⑤ 拱体一般设计为现浇钢筋混凝土，其技术要求可按前述要求执行。

⑥ 扣索宜采用精轧螺纹钢筋，靠近锚块处宜接以柔性工作索，使其通过转向滑轮接至卷扬机，将钢筋张拉安装在立柱上的环套锚块上。

⑦ 上转轴的轴心平面位置应按照设计要求与下转轴的轴心平面位置设置偏心距。

（3）锚固体系的组成　由锚碇、尾索、支撑、锚梁（或锚块）及立柱组成。锚碇可设于引道或其他适当位置的边坡岩层中。锚梁（或锚块）支承于立柱上。支撑和尾索一般设计成不同方向，形成三角形稳定体系。稳定锚梁和立柱顶部的上转轴使其为一固定点。当拱体设计为双肋，并采取对称同步平转施工时，非桥轴向（斜向）支撑可省去。锚固体系施工时，应符合下列规定。

① 锚旋可按照设计要求参照悬索桥有关规定施工。锚固尾索时应考虑其着力点和受力方向，防止混凝土开裂。

② 锚梁锚固处应设置张拉尾索的设备。锚梁施工时，应注意防止钢筋尾索、扣索和预应力钢材穿孔的干扰。浇筑的锚梁混凝土强度达到设计强度的50%后，方可将轴套穿入上下轴套和环套中。

③ 桥轴向的支撑可根据实际情况，利用引桥的梁作为支撑，或采用预制、现浇的钢筋混凝土构件。非桥轴向（斜向）的支撑须采用预制或现浇的钢筋混凝土构件。各类支撑按设计要求和规范有关规定执行。

④ 立柱宜为钢筋混凝土结构，可按规定施工。

⑤ 位控体系包括扣点缆风索和转盘牵引系统，安装时的技术要求应按照规定执行。

⑥ 尾索张拉、扣索张拉、拱体平转、合龙卸扣等工序必须进行有关的施工观测。

⑦ 尾索张拉时应符合下列规定。

a. 尾索张拉一般在立柱顶部的锚梁（锚块）内进行，操作程序与一般预应力梁后张法类似。

b. 两组尾索应按照上下左右对称、均衡张拉的原则，对桥轴向和斜向尾索分次、分组交叉张拉。

c. 张拉一级荷载时，应按照上一级荷载张拉后的伸长值与拉索中的应力数值进行分析，调整本级张拉荷载，力求各尾索内力均衡。

d. 尾索张拉荷载达到设计要求后，应对尾索进行观测并对钢索内力测量1~3天，如发现内力损失导致尾索间内力相差过大，应再进行一次尾索张拉，以求均衡，达到设计内力。

⑧ 扣索张拉的技术要求，还应符合下列规定：

a. 张拉前应设立桥轴向和斜轴向支撑以及拱体轴线上拱顶，$\frac{3}{8}$、$\frac{1}{4}$和$\frac{1}{8}$跨径处的平面位置和高程观测点，在张拉前和张拉过程中随时观测。

b. 全面检查支撑、锚梁、轴套、拱铰、拱体和锚旋，并列表记录，分析确认不影响安全时，才可开始张拉。

c. 各索应分级张拉至设计张拉力，张拉各级荷载时，应对称于拱体，按由下向上的次序进行，各索内力相对偏差应控制在5kN以内。

⑨ 无平衡重拱体进行平转时，还应符合下列规定：

a. 应对全桥各部位包括转盘、转轴、风缆、电力线路和拱体下的障碍等进行测量、检查，符合要求后，方可正式平转。

b. 若起动摩阻力较大，不能自行启动，宜用千斤顶在拱顶处施加顶力，使其起动，然后应以风缆控制拱体转速；风缆走速在起动和就位阶段一般控制在0.5~0.6mm/min，中间阶段控制在0.8~1.0mm/min。

c. 上转盘采用四氟滑板作滑板支垫时，应随转随垫并密切注意四氟滑板接头和滑动支垫情况。

d. 拱体旋转到距设计位置约5°时，应放慢转速，距设计位置相差1°时，可停止外力牵引转动，借助惯性就位。

e. 当拱体采用双拱肋在一岸上下游预制并进行平转达一定角度后，上下游拱体宜同步对称向桥轴线旋转。

⑩ 当两岸拱体旋转至桥轴线位置就位后，两岸拱顶高程超过误差时，宜采用千斤顶张拉、松卸扣索的方法调整拱顶高差。操作时应符合下列要求：

a. 测出两岸各扣索内力，建立拱顶水平和轴线观测站。

b. 对低于设计高程的拱顶端，其扣索可按对称均衡原则张拉，应先张拉内力较低的一排扣索，并分次张拉，使其尽可能到设计高程。

c. 对高于设计高程的拱顶端，按与上相反的程序进行。

d. 若两岸拱顶端高差仍较大，可利用千斤顶再一次调整拱顶高程。

e. 两岸拱体合龙处轴线与高程偏差符合要求后，尽量按设计要求规定的合龙温度进行合龙施工，其内容包括用钢楔顶紧合龙口，将两端伸出的预埋件用型钢连接焊牢，连接两端主钢筋，浇筑台座混凝土，浇筑拱顶合龙口混凝土。

⑪ 当台座和拱顶合龙口混凝土强度达到设计强度的75%后，可按下述要求卸除扣索：

a. 按对称均衡原则，分级卸除扣索，同时应复测扣索内力和高程等。

b. 卸除全部扣索后，再测量轴线位置和高程。

3.3.4 竖转施工

对混凝土肋拱、刚架拱和钢管混凝土拱，当地形和施工条件适合时，可选择竖转法施工。其转动系统由转动铰、提升体系（动、定滑车组，牵引绳等）和锚固体系（锚旋等）等组成。

待转桥体在桥轴线的河床上架设或拼装。根据提升能力确定转动单元为单肋或双肋，宜采用横向连接为整体的双肋为一个转动单元。

支承提升和锚固体系的台后临时塔架可由引桥墩或立柱替代。

桥体下端转动铰可根据推力大小选用轴销铰、弧形柱面铰和球面铰等，前者为钢制，后两者为混凝土制并用钢板包裹铰面。

转动时应符合下列规定：

① 转动前应进行试转，以检验转动系统的可靠性。竖转速度可控制在 $0.005 \sim 0.01 \text{rad/min}$，提升重量大者宜采用较低的转速，力求平稳。

② 两岸桥体竖转就位，调整高程和轴线，楔紧合龙缺口，焊接钢筋，浇筑合龙混凝土，封填转动铰混凝土强度达到设计强度后，拆除提升体系，完成竖转工作。

3.3.5 工程案例解析

（1）工程概况　该桥总长1084m，主桥采用76m+360m+76m三跨连续自锚中承式钢管混凝土拱桥桥型。其主跨以360m一跨飞越珠江主航道，气势恢宏、造型优美，其跨度在世界同类桥梁中名列前茅。

大桥按一级汽车专用公路汽-超20、挂-120级荷载标准设计，地震烈度按8度设防。大桥建成后，桥面双向六道；桥下净高34m。大桥采用岸上立架拼装拱肋，然后竖转加平转，合龙成拱的先进工艺方法施工。每侧转体总质量约为13685t，在国内建桥史上尚无先例，在世界桥梁建造中堪称罕见。

（2）主要设计参数

① 主桥桥跨：76m+360m+76m；

② 桥面净宽：2×14.25m；
③ 通航净空：34m×137m；
④ 设计通航水位：7.00m；
⑤ 设计荷载：汽-超20，挂-120；
⑥ 主孔跨径：344m；
⑦ 主拱矢跨比：1/4.5；
⑧ 主拱顶面标高：92.131m；
⑨ 9#墩承台尺寸：52.95m×36.5m×5m 桩基（ϕ3.0m、ϕ2.5m、ϕ2.0m、ϕ1.5m），50根，深度29~58.4m；
⑩ 10#墩承台尺寸：54.95m×26m×5m 桩基（ϕ3.0m、ϕ2.0m），34根，深度25.8~51.5m；
⑪ 主拱肋截面：8.79m×3.45m~4.75m×3.45m；
⑫ 拱座尺寸（每侧）：长20m，宽10.5m，高9.888m。

(3) 主要工程量
① 主桥桩基础（ϕ1.5~3.0m）：1727m^3/92根；
② 主墩承台混凝土：14388m^3；
③ 拱座混凝土：4632m^3；
④ 上部钢结构：7498t；
⑤ 其他结构钢材：3135t；
⑥ 上部构造、桥面系及其他结构混凝土圬工量：16969m^3；
⑦ 转体施工设施：钢材6784t，混凝土7228m^3。

(4) 转体施工主要参数
① 转体结构几何尺寸：长258.71m，宽39.4m，高86.285m；
② 平转角度：广氮岸（9#墩）117.1117°，沙贝岸（10#墩）92.2333°；
③ 主拱竖转结构总质量：2058t；
④ 平转结构总质量：13685t；
⑤ 索塔高：63.428m。

(5) 转体施工工序
第一步：
① 进行两岸主墩及边孔桩基承台施工；
② 进行下转盘滑道施工；
③ 进行两岸分别搭设主拱拱肋及边拱劲性骨架拼装支架施工。
第二步：
① 安装边拱劲性骨架、主拱拱肋及横撑；
② 安装拱座索塔；
③ 灌注边拱及索塔钢管混凝土，浇筑边拱横隔板、端横梁及拱肋压重混凝土。
第三步：安装竖转扣索及其张拉设备。
第四步：同步张拉各扣索，将主拱肋提升至设计标高。
第五步：
① 安装平转牵引索及张拉设备；
② 拆除边拱支架；
③ 将两岸转体结构分别平转到位；

④ 进行主拱跨中瞬时合龙。

第六步：

① 焊接主拱合龙段；

② 封固拱座上、下转盘；

③ 恢复边拱支架；

④ 浇筑边拱肋及端横梁混凝土。

第七步：放松并拆除扣索。

第八步：

① 固接主拱脚；

② 拆除索塔。

(6) 转体施工过程

① 转体准备阶段：安装劲性骨架、拱座索塔、扣索和张拉设备。

② 竖转阶段：同步张拉各扣索，将主拱肋竖转至设计标高。

③ 平转阶段：拆除边拱支架，将两岸主拱结构平转就位，如图3.39所示。

④ 合龙阶段：平转就位后，焊接主拱合龙段，封固转盘，见图3.40。

图3.39　主拱结构平转

图3.40　主拱合龙

上转盘（钢管桁架结构加混凝土结构）及其索引装置（局部）平转重量为163685t，如图3.41所示。转角：广氮岸为117.1117°；沙贝岸为92.2333°。

中心转轴（直径200m），如图3.42所示。

图3.41　上转盘及其索引装置

图3.42　中心转轴

下转盘不锈钢板滑道（高差±0.5mm），环道直径33m，如图3.43所示。

上转盘支撑滑板（脚），白色小点是聚四氟乙烯滑动支点（蘑菇头），如图3.44所示。

图 3.43 下转盘不锈钢板滑道

图 3.44 支撑滑板与滑动支点

上转盘绞线束锚碇块及起动助推千斤顶（左侧），如图 3.45 所示。

索引绞线束、转向滑轮组，如图 3.46 所示。

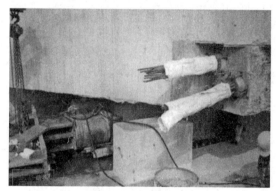
图 3.45 上转盘绞线束锚碇块及起动助推千斤顶

图 3.46 索引绞线束与转向滑轮组

平转索引系统，$4 \times 200t$ 引索千斤顶（一墩两组），如图 3.47 所示。

图 3.47 引索千斤顶

竖转时的拱脚转轴，如图 3.48 所示。

索塔顶上的滚轴组鞍座（共两组），如图 3.49 所示。

图 3.48 拱脚转轴

图 3.49 滚轴组鞍座

已转毕，临时固接转轴，如图 3.50 所示。

图 3.50 临时固接转轴

任务 3.4 劲性骨架法施工

3.4.1 劲性骨架法施工概述

劲性骨架法施工拱桥是指在事先形成的桁式拱骨架上分环分段浇筑混凝土，最终形成钢筋混凝土箱板拱或箱肋拱。桁式拱骨架在施工过程中起支架作用，在拱圈形成后被埋于混凝土中并成为截面的一部分，所以，劲性骨架法又称埋置式拱架法，国外也称米兰法。

该法采用强度高、承载力大、延伸量小、变形稳定的钢绞线作斜拉索，减少了架设过程中骨架的不稳定非弹性变形。采用千斤顶张拉系统对斜拉索加卸拉力、收放索长，具有张拉能力大、行程控制精度高、索力调整和控制灵活、锚固可靠等优点。劲性骨架法是目前特大跨径混凝土拱桥施工的主要方法，我国万州长江大桥便是用此法施工，如图 3.51 所示。

图 3.51　万州长江大桥

（1）施工阶段　根据目前已经较为成熟的施工经验，大跨度劲性骨架拱圈的施工可以分为四个阶段，如图 3.52、图 3.53 所示。

图 3.52　劲性骨架施工（拱圈吊装）

二维码 3.7

图 3.53　劲性骨架施工（拱圈浇筑）

① 在现场按设计图纸进行骨架1∶1放样、下料、加工以及分段拼装；
② 采用缆索系统进行骨架的吊装；
③ 在骨架上悬挂模板浇筑混凝土拱圈（分段、分环、多工作面进行）；
④ 拱上立柱桥面系施工。

(2) 加载方法　劲性骨架浇筑施工过程是在骨架拱圈上不断加载荷载的过程。为避免拱圈施工中早期成型的混凝土产生裂缝，保证先期形成的混凝土和劲性骨架共同承担荷载。拱圈空中浇筑需要严格按照多点平衡浇筑法及设计和施工控制要求进行，必要时可以采用锚索加载法（图3.54）、水箱加载法和斜拉扣挂法等外力平衡法控制劲性骨架的变形，以保证拱圈混凝土施工的顺利进行。多点平衡浇筑法是将拱圈横向分块、径向分环、纵向分段，施工时按加载设计所确定的方案多点、均衡浇筑，使拱受力、变形等在允许范围内。

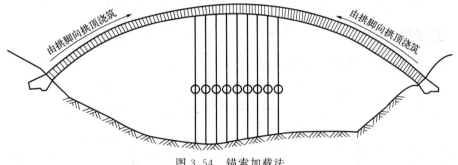

图3.54　锚索加载法

分环、多工作面均衡浇筑混凝土拱圈（拱肋）时，多工作面的工作段长度可根据模板长度划分。按工作面均衡对称浇筑混凝土，其浇筑进度差不宜超过一个工作段。

水箱加载分环浇筑混凝土拱圈（拱肋）时，如图3.55所示，可在浇筑该处第一层（环）混凝土时设置约200mm的变形缝，待浇完第一层（环）后再用混凝土填实，以免$\frac{L}{4}$截面附近混凝土开裂。

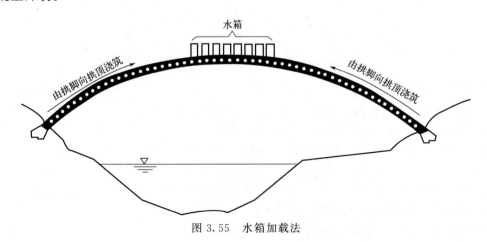

图3.55　水箱加载法

斜拉扣挂分环连续浇筑混凝土拱圈（拱肋）时，如图3.56所示，需采用操作方便、可靠的扣索系统，确定扣索的索力、位移和张拉程序，能有效地控制连续浇筑混凝土过程中拱圈（拱肋）的变形。

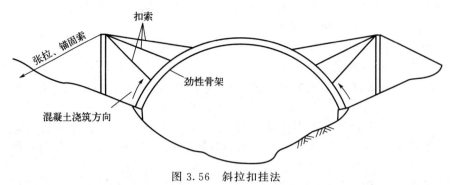

图 3.56 斜拉扣挂法

分段浇筑拱圈（拱肋）时，应严格控制每一施工阶段劲性骨架及劲性骨架与混凝土形成组合结构的变形形态、位置、拱圈高程和轴线横向偏位等，使其符合有关要求。

3.4.2 工程案例解析

劲性骨架安装总体布置图见图 3.57。

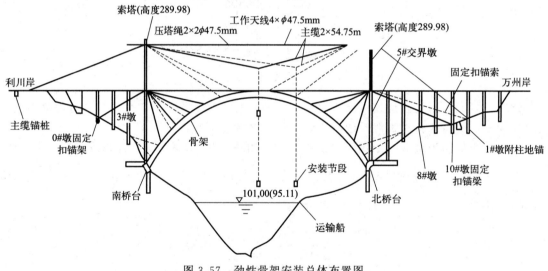

图 3.57 劲性骨架安装总体布置图

(1) 桥梁基本概况

① 桥型介绍：大桥为钢管混凝土劲性骨架钢筋混凝土拱桥。

跨径组合：(5×30.668＋420＋8×30.668)m；

荷载等级：汽-超 20 级，挂-120 级，人群 $3.5kN/m^2$；

桥宽：净 2×7.5＋2×3，单位 m，桥面总宽为 24m；

主拱圈矢跨比 1/5，单箱三室的箱形截面，拱圈高 7m，宽 16m，顶、底板厚 40cm，顶、底、腹板在拱脚附近区域变厚，钢管劲性骨架成拱；

拱上结构为 14 孔 30m 的预应力简支 T 形梁；

主拱台由拱座、水平撑和立柱构成组合结构。

② 拱段组成：36 个节段，由 5 个桁片组成，每节段长 13.0m，宽 15.6m，高 6.45m，重 61t。每悬拼 3 段为 1 单元，安装 1 组扣索。

③ 主要施工设备：

a. 两个台座——制作两端劲性骨架；

b. 缆索吊机——万能杆件拼装的双柱式门型索塔；

c. 扣索、锚索采用 36ϕ5mm 碳索钢丝辅以镦头锚。

④ 桁段加工顺序：精确放样→绘制加工大样图→组焊桁片→检查验收。

以5个桁段为1组，布置2个65m长的半长线台座，由拱脚至拱顶分别啮合制作两端劲性骨架；在台座上按顺序将各桁片法兰盘用螺栓连接，加横向联系杆件定位，依次组焊桁段；缆索吊机采用万能杆件拼装的单向铰支座双柱式门型索塔；劲性骨架的扣索、锚索统一采用 36ϕ5mm 碳素钢丝辅以镦头锚（36个桁段）。

(2) 安装顺序　各组成结构安装顺序如下。

劲性骨架的安装顺序：拱脚定位段→中间段→拱顶段。

扣索的安装：以每悬拼3段为1单元，安装1组扣索，共计12组扣索。

安装顺序为：起始段定位钢管座→吊装第1段～第3段骨架，安第1组扣索→吊装第4段～第6段骨架，安第2组扣索→吊装第7段～第9段骨架，安第3组扣索→吊装第10段～第12段骨架，安第4组扣索→吊装第13段～第15段骨架，安第5组扣索→吊装第16段～第18段骨架，安第6组扣索。（左右拱圈对称）

起始段定位钢管座：按工厂加工好的第一段劲性骨架的各弦管几何尺寸进行精确测量放样，在主拱座预留孔内埋设起始段定位钢管座。

第1段骨架：起吊第1段骨架，将各弦管嵌入拱座定位钢管座，安装临时扣索；

第2段骨架：起吊第2段骨架，与第1段骨架精确对中，钢销定位，法兰盘螺栓连接，安装临时扣索，初调高程；

第3段骨架：第3段骨架吊装就位，安装第1组扣索、锚索，拆除临时扣索，调整高程；

第4段～第5段骨架就位后安装临时扣索；

吊装第6段骨架，安装第2组扣索，拆除临时扣索，调整高程和轴线，观测索力和骨架应力；

同法安装每岸第7段～第18段骨架及第3组～第6组扣索；

精确丈量拱顶段合龙间隙，以加工合龙段嵌填钢板，安装拱顶合龙"抱箍"，实现劲性骨架合龙；

拆除扣索、锚索，劲性骨架安装完成。

(3) 主拱圈混凝土浇筑

① 浇筑原则：分段、分环、均衡对称。

② 浇筑顺序：中箱（底板→腹板→顶板）→边箱（底板→腹板→顶板）。

a. 浇筑钢管混凝土；

b. 浇筑中箱底板混凝土；

c. 浇筑中箱下 $\frac{1}{2}$ 腹板混凝土；

d. 浇筑中箱上 $\frac{1}{2}$ 腹板混凝土；

e. 浇筑中箱顶板混凝土；

f. 浇筑两侧边箱底板混凝土；

g. 浇筑边箱下 $\frac{3}{4}$ 腹板混凝土；

h. 浇筑边箱上 $\frac{1}{4}$ 腹板及顶板混凝土见图 3.58。

混凝土的每次浇筑，沿全桥形成了一定钢筋混凝土环，在一定龄期将参与骨架受力，承受下一环混凝土的重量和施工荷载。

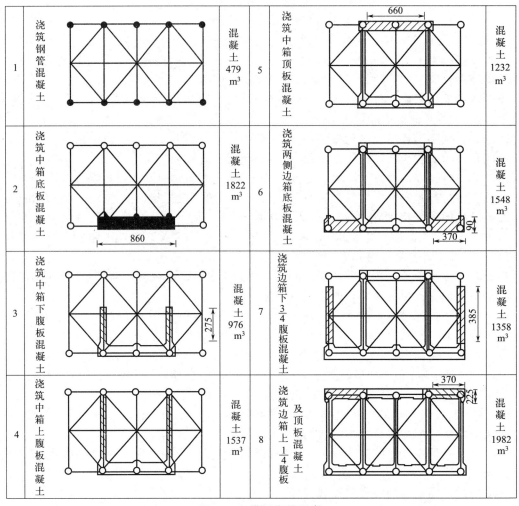

图 3.58 拱圈浇筑程序

（4）施工过程展示　如图 3.59～图 3.73 所示。

图 3.59 主拱座顶板施工

图 3.60 拱圈劲性骨架加工

图 3.61　骨架桁段起吊

图 3.62　第一段桁段管端头插入拱座支座管内

图 3.63　第一段桁架就位，第二段正在吊装

图 3.64　骨架桁段间法兰盘贴合面调整

图 3.65　安扣索

图 3.66　即将合龙

图 3.67　骨架合龙，安装抱夹

图 3.68　骨架成拱

图 3.69 中箱底板混凝土浇筑

图 3.70 中箱腹板混凝土浇筑

图 3.71 边箱下腹板完成

图 3.72 边箱上腹板施工

图 3.73 浇筑边箱顶板混凝土

项目小结

本项目介绍了 4 种拱桥施工的方法,分别是拱(支)架现浇法施工、缆索吊装法施工、转体法施工、劲性骨架法施工。

拱架主要采用满布式拱架、墩架式拱架、常备式钢拱架,在拱架上浇筑拱圈可以采用连续浇筑、分段浇筑、分环分段浇筑的方法。混凝土浇筑应自拱顶向拱脚或自拱脚向拱顶对称进行。

缆索吊装系由缆索吊装设备，在完成试吊、观测的准备后，按拱脚→次拱脚→次拱段→拱顶→肋间系梁→拱上混凝土→立柱与柱间系梁→盖梁→桥面板的流程完成吊装。

转体施工按有无平衡重分为有平衡重转体、无平衡重转体；按转动方向分为平面转体、竖向转体、平竖结合转体。

劲性骨架法施工包括放样下料、骨架吊装、悬挂模板、浇筑混凝土拱圈、拱上立柱和桥面系施工。为避免先浇混凝土开裂，浇筑可采用多点平衡浇筑或利用外力加载，加载的方法包括锚索加载法、水箱加载法和斜拉扣挂法。

巩固与提高

1. 拱桥的常用施工方法有哪些？试举例说明。
2. 拱桥的施工支架有哪几种？主拱圈混凝土的浇筑方法有哪几种？
3. 简述缆索吊装法施工的工艺流程。缆索吊装设备由哪几部分组成？施工中可采取的稳定措施有哪几种？
4. 为什么主拱圈及拱上建筑施工要进行加载设计？加载的方法有哪些？
5. 什么是转体施工？转体施工分哪几种类型？简述其特点和区别。
6. 简要回答有平衡重平转施工的流程和各流程的施工要点。
7. 无平衡重平转施工锚固体系由哪几部分组成？

项目4
斜拉桥及其施工

知识目标

通过本项目的学习，能与之前学习的梁桥施工方法等建立联系，将已学知识点转换并应用到新桥型中，在整理中获得新知识。

技能目标

具备相当程度的安全意识、斜拉桥施工全过程控制意识，培养施工现场风险源分析能力、一定程度的自学能力、通过线上线下查阅资料并解决问题的能力。

素质目标

深入学习我国千米级斜拉桥，深刻体会到"四个自信"（即中国特色社会主义道路自信、理论自信、制度自信、文化自信）的力量。

任务 4.1 斜拉桥的认识

斜拉桥是一个由索、梁、塔三种基本构件组成的结构，又称斜张桥，属组合体系桥。其主要组成部分为主梁、斜拉索和索塔（图 4.1）。由图 4.1 可以看出，斜拉桥从索塔上用若干斜拉索将主梁吊起，使主梁在跨内增加了若干弹性支点，从而大大减小了梁内弯矩，使梁高降低并减轻质量，提高了梁的跨越能力。

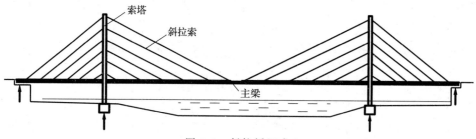

图 4.1 斜拉桥组成

斜拉桥的构想比较古老，在 17~19 世纪之间曾经出现过一些人行斜拉桥，但由于材料和复杂超静定结构的计算手段等，建成不久便遭破坏，未能得到发展。但随着高强材料的使用、结构分析方法以及施工手段的进步，斜拉桥的建设取得了飞速的发展。

现代斜拉桥可以追溯到 1956 年瑞典建成的斯特伦松德桥，主跨 182.6m。历经近半个世纪，斜拉桥技术得到空前发展，世界上已建成的主跨在 200m 以上的斜拉桥有 200 余座，其中跨径大于 400m 的有 40 余座。20 世纪 90 年代后，世界上建成的著名斜拉桥有：法国诺曼底斜拉桥（主跨 856m，图 4.2），中国南京长江二桥南汊桥钢箱梁斜拉桥（主跨 628m），1999 年日本建成的多多罗大桥（主跨 890m），以及世界最大跨度的中国的苏通大桥（主跨 1088m，图 4.3）。

图 4.2　诺曼底斜拉桥

图 4.3　苏通大桥

4.1.1　预应力混凝土斜拉桥迅速发展的主要原因

① 电子计算技术及有限元结构分析软件的发展，为计算高次超静定结构内力奠定了基础。

② 试验技术的提高加深了对大跨径结构受力性能的理解。

③ 高强度钢丝的出现，为提高斜拉索的抗疲劳能力、增强结构的刚度等提供了有利条件。

④ 预应力技术的进步保证了斜拉索的良好锚固性能。

⑤ 高吨位新型橡胶支座的研制成功，解决了大吨位支座制造困难的问题。

4.1.2　斜拉桥的发展趋势

（1）桥面系　以混凝土桥面为主要形式，兼有叠合梁桥面及钢桥桥面形式，采用悬浮式或半悬浮式主梁。

（2）主塔　混凝土主塔采用 Y 形或钻石形，且墩身为空心断面，从而使其造型简洁。

（3）斜拉索　发展钢绞线索及大吨位张拉体系，提高斜拉索的阻尼以降低其振动程度。

(4) 结构分析 由线性的、静力的、不计初始内力的平面分析发展到非线性的、动力的、考虑初始内力的空间结构分析。

4.1.3 斜拉桥的分类

4.1.3.1 按主梁所用材料分类

(1) 混凝土斜拉桥 此类斜拉桥的主梁为钢筋混凝土和预应力混凝土结构。

混凝土斜拉桥的主要优点是：造价低；刚度大、挠度小，在汽车荷载的作用下，产生的主要挠度约为类似钢结构的60%；抗风稳定性好；抗潮湿性能好，后期养护工作比钢桥简单和便宜。其主要缺点是跨越能力不如钢结构大，施工安装速度不如钢结构快。由于我国钢材少，砂石材料资源丰富，所以是世界上混凝土斜拉桥修建最多的国家。

(2) 钢斜拉桥 此类斜拉桥的主梁及桥面系均为钢结构。钢斜拉桥的主要优点是跨越能力大，构件可在工厂预制，质量可靠，施下速度快；主要缺点是价格昂贵，后期养护工作量大及抗风稳定性较差。世界上钢主梁使用得最多的国家是德国和日本。

(3) 钢-混凝土结合梁（叠合梁）斜拉桥 此类斜拉桥的主梁为钢结构，桥面系为混凝土结构，主梁与桥面系结合在一起共同受力。钢-混凝土结合梁（叠合梁）斜拉桥除具有与钢主梁相同的优缺点之外，还能节省钢材用量且其刚度及抗风稳定性均优于钢主梁斜拉桥。

(4) 钢-混凝土混合梁斜拉桥 此类斜拉桥的主跨采用钢主梁，两侧边跨采用混凝土梁。钢-混凝土混合梁斜拉桥的主要优点是：由于加大了边跨主梁的刚度和质量，大大减小了主跨内力和变形；能减小或避免边跨端支点出现的负反力；混凝土梁容易架设，主跨钢梁也可较容易地从主塔开始用悬伸法连续架设；减小全桥钢梁长度，节约造价。它特别适用于边跨与主跨比值较小的情况，但采用这种结构形式，必须处理好钢与混凝土连接处的构造细节。

4.1.3.2 按索塔数量分类

(1) 独塔（或单塔）斜拉桥 当跨越宽度不大或基础、桥墩工程数量不是很大时，可采用图4.4(a)所示的单塔斜拉桥，因为单塔斜拉桥主孔较短，两侧可用引桥跨越，总造价可降低。

(2) 双塔斜拉桥 桥下净空要求较大时，多采用图4.4(b)所示的双塔斜拉桥。

(3) 多塔斜拉桥 在跨越宽阔水面时，由于桥梁长度大，可采用图4.4(c)所示的多塔斜拉桥。

4.1.4 斜拉桥的特点

4.1.4.1 斜拉桥的受力特点

斜拉桥是组合体系桥，结构轻巧，适用性强，可将梁、索、塔的组合变化做成不同体系，适用于不同地质和地形情况。

(1) 与梁式桥相比

① 斜拉索可以作为主梁的弹性支承，以代替中间桥墩，从而大大降低主梁的弯矩，改善主梁的受力状态；降低梁高，提高跨越能力，而梁式桥用于大跨度结构时，为保证主梁刚度，必须加大截面，进而降低了跨越能力。

② 斜拉索的水平分力对主梁产生强大的轴向压力，起到预应力作用，增加主梁强度和抗裂性，并节约钢材用量。

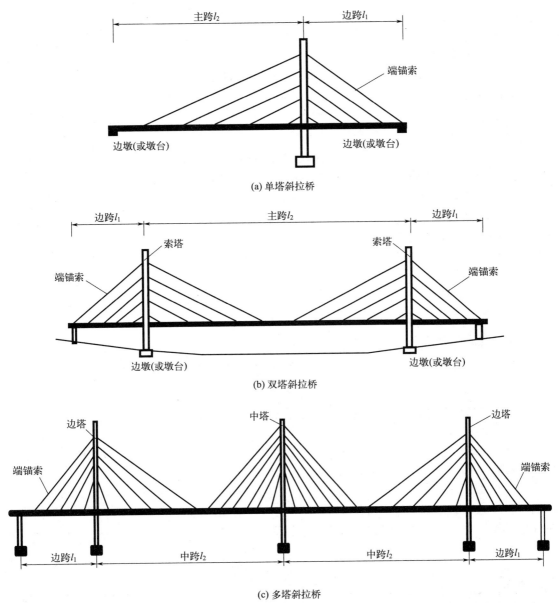

图 4.4 斜拉桥跨径布置

(2) 与悬索桥相比

① 悬索桥主缆不使主梁受轴力,无纵向预应力作用。

② 悬索桥受竖向荷载时,主缆要发生大的位移才能平衡;而斜拉桥的斜拉索被张拉成直线形状,不发生大的位移,故斜拉桥整体刚度大。

③ 悬索桥主梁通过吊杆与主缆柔性连接,对风振敏感;而斜拉桥通过拉紧的斜拉索直接与主塔相连,使主梁具有较大的抗弯和抗扭刚度,可有效减小主梁竖向和扭转振动。斜拉索的长度不同,自振频率也各不相同,使结构的阻尼增大,能有效地防止主梁产生大振幅共振。许多风洞试验和动力试验表明,在空气动力稳定性及其他动力特性上,斜拉桥远比悬索桥优越,而预应力混凝土斜拉桥又显著地比钢斜拉桥优越。

④ 斜拉桥是自锚体系,不需要昂贵的锚碇构造。

4.1.4.2 经济性

依靠斜拉索的索力调整,可使主梁受力均匀,节省材料,获得较好的经济效果。

4.1.4.3 适应性

预应力混凝土斜拉桥的灵活性很大,可以适应各种地质、地形条件,一般适用于100~600m之间的大跨径桥梁。从建成的预应力混凝土斜拉桥来看,其跨径小到27m,大到550m,并且跨径100m左右的斜拉桥居多。这说明其灵活性很大,适用范围很广,主要原因可以归结为以下几个方面。

① 利用梁、索、塔三者的组合变化做成不同体系,可适应不同地形与地质条件。单塔方案,可以使全桥总长度缩短,易于适应正桥总长不大的桥梁,这就使其下限得以充分利用。密索体系可以使梁高小到1.5m左右,使桥下净空增大,增加美学效果,更加适用于城市桥梁。

② 建筑高度小,主梁高度一般为跨度的1/100~1/40,能充分满足桥下净空与美观要求,并能降低填土高度。扁薄的梁体使其适用于大风地区。斜拉桥主梁的高跨比很容易达到1/100以下,甚至1/180以下,接近薄板,加之合理的风嘴构造,更使其具有良好的空气动力稳定性。

③ 悬浮体系作为抗震设防的有效措施,可使斜拉桥适用于地震地区,所以斜拉桥在地震地区有更大的应用可能性。

4.1.4.4 施工特点

利用斜拉索发挥无支架施工的优越性。斜拉桥可以利用永久斜拉索作为临时拉索,使悬臂施工更加容易,施工安全可靠,提高了建桥速度。

4.1.4.5 构造特点

(1) 斜拉索与锚具

① 斜拉索(拉索或索):斜拉桥的一个必要组成部分,同时也显示了斜拉桥的特点。斜拉桥桥跨结构的重力和桥上可变作用,绝大部分或全部通过拉索传递到索塔上。

a. 拉索的索面布置。拉索按其组成通常分为单索面和双索面,而双索面又可分为双平行索面和双斜索面。双平行索面如图4.5(a)所示,有两种布置方式:一种是将索平面布置在桥面宽度外侧,另一种是将索平面布置在桥面宽度之内。

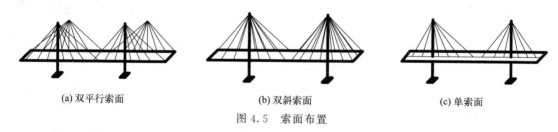

(a) 双平行索面　　(b) 双斜索面　　(c) 单索面

图4.5 索面布置

当索塔在横向为A形、钻石形时,就可能需要双斜索面[图4.5(b)]与之配合。双斜索面的拉索可以提高梁的抗扭能力,抗风动力性能较好。

单索面[图4.5(c)]设置在桥梁纵轴线上,这对于设置分隔带的桥梁特别合适,基本上不需要增加桥面宽度,具有最小的桥墩尺寸和最佳的视觉效果。但是,单索面只能支承竖向荷载,由于横向不对称可变作用或风力产生的作用使主梁受扭,主梁横截面以采用闭合箱梁为宜。

b. 拉索的索面形式。根据拉索在索面内的布置,拉索索面可以分为如图4.6所示的四种形式。

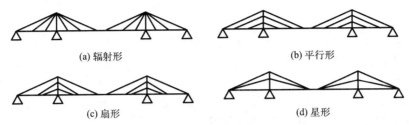

图 4.6 索面形式

(a) 辐射形。这种布置方法将全部拉索汇集到塔顶，使各根拉索都具有可能的最大倾角。由于索力主要由垂直力的需要而定，因此拉索拉力较小；而且辐射形拉索使结构形成几何不变体系，对变形及内力分布都有利。这种做法的缺点是：有较多数量的拉索汇集到塔顶，将使锚头拥挤，构造处理较困难；塔身从顶到底都受到最大压力，自由长度较大，塔身刚度要满足压曲稳定的要求；另外，拉索倾角不一，也使锚具垫座的制作与安装稍显复杂。

(b) 平行形（竖琴形）。这种形式中各拉索彼此平行，因此各拉索倾角相同。各对拉索分别连接在索塔的不同高度上，拉索与索塔的连接构造易于处理；由于倾角相同，各拉索的锚固设备构造相同，塔中压力逐段向下加大，有利于塔的稳定性。但是这种形式拉索的用钢量大；由于各对拉索拉力的差别，将在塔身各段产生较大的弯矩；由于是几何可变体系，对内力及变形的分布较不利，不过可以用边跨内设置辅助墩的办法来加以改善。

(c) 扇形。扇形是介于辐射形和平行形之间的形式，一般在塔上和梁上分别按等间距布置，兼顾了以上两种形式的优点而减少了缺点，因此有较多的斜拉桥采用这种形式。

(d) 星形。将分散锚固在索塔上的拉索合并锚固在边跨梁端与桥台上，或锚固在边跨的桥墩上，这样可以显著减小中跨的挠度，也可避免中跨加载时边跨产生很大的负弯矩。但这种形式的拉索倾角最小，拉索在梁上的锚固复杂，目前较少采用。

在实际使用中，还有将以上几种形式综合使用的例子，如边跨采用平行形，中跨采用扇形。

c. 拉索索距的选择。根据拉索在主梁上的间距，有稀索（对于钢梁，间距为 30～60m；对于混凝土梁，间距为 15～30m）与密索（间距 6～15m）两类。早期斜拉桥采用稀索较多，目前则多用密索。密索体系斜拉桥有下述优点：拉索间距较短，主梁弯矩减小；每束的拉力较小，锚固点的构造简单；悬臂施工时所需辅助支撑较少，甚至可以不要；每根拉索的截面较小，只用一根在工厂制造的外套 PE 保护；拉索更换较容易。

d. 拉索的种类与构造。拉索的截面见图 4.7。拉索必须用高强度的钢筋、钢丝或钢绞线制作，主要有以下几种。

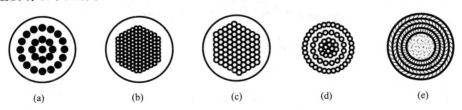

图 4.7 拉索的截面

(a) 平行钢筋索。平行钢筋索由若干根高强钢筋平行组成，钢筋直径在 $\phi 10\sim16$mm 之间，其抗拉强度标准值 f_{pk} 不宜低于 1470MPa。平行钢筋索必须在现场架设过程中形成，操作过程复杂，而且由于钢筋的出厂长度受到限制，用于大跨度斜拉桥时，索中必定存在接头，从而降低疲劳强度，故现在已很少采用。

(b) 平行（半平行）钢丝索。平行钢丝索将若干根钢丝平行并拢，扎紧，穿入聚乙烯套筒，在张拉结束后注入水泥浆防护。平行钢丝索宜于现场制作。

半平行钢丝索，是将若干根钢丝，平行并拢，同心同向做轻度扭绞，扭绞角 20°～40°，再用包带扎紧，最外层直接裹聚乙烯套作防护，就成为半平行钢丝索。半平行钢丝索挠曲性能好，可以盘绕，具备长途运输的条件，适用于工厂机械化生产。

钢丝索配用墩头锚或冷铸锚。目前钢丝索普遍使用 $\phi5mm$ 或 $\phi7mm$ 钢丝制作，要求钢丝的抗拉强度标准值 f_{pk} 不低于 1570MPa。

(c) 平行（半平行）钢绞线索。目前钢绞线的抗拉强度标准值 f_{pk} 已达到 1860MPa，用钢绞线制作钢索可以进一步减轻索的质量。索中的钢绞线若平行排列，则称为平行钢绞线索；索中的钢绞线若集中后再加轻度扭绞，形成半平行排列，则称为半平行钢绞线索。

一般而言，平行钢绞线索多半在现场制作，半平行钢绞线索则在工厂制作好后运至工地。

(d) 单股钢绞缆。单股钢绞缆以一根钢丝为缆芯，逐层增加钢丝，同一层内的钢丝直径相同，但逐层钢丝的扭绞方向相反，最后形成一根单股钢绞缆。

单股钢绞缆用作斜拉索时，钢绞缆采用镀锌钢丝制作，最外层加涂防锈涂料。这种只能在工厂中生产的钢绞缆柔性好，可以盘绕运输。单股钢绞缆正常配用热铸锚。

(e) 封闭式钢缆。封闭式钢缆以一根较细的单股钢绞缆为缆芯，逐层绞裹断面为梯形的钢丝，接近外层时，绞裹断面为 Z 形的钢丝，相邻各层的旋钮方向相反，最后得到一根粗大的钢缆。

e. 拉索的防护。为了提高拉索的耐久性，延长其使用寿命，减少养护工作量，在斜拉桥中对拉索的防护要加以重视。防护工作主要是防止拉索锈蚀，为此要求防护层有足够强度而不致开裂，有良好的耐久性以不脱落、延长使用寿命。

在过去，多数拉索安装在管道内，并灌注水泥浆以保护拉索钢丝、钢绞线或钢筋免于腐蚀，这种方法至今仍在应用。其最大的问题是，结硬的水泥浆抗拉强度很低，拉索弹性伸长时会开裂。但只要此种裂缝很小且管道紧密，防护仍是有效的。

近年来，现代斜拉桥广泛采用一些更为有效的防护措施，例如，钢丝镀锌；将钢丝或钢绞线用塑料材料包裹，每根钢绞线均设置管道等。实际上常采用上述的综合防护措施，且都在工厂进行，既保证质量，又便于安装。锚具防护示例如图 4.8 所示。

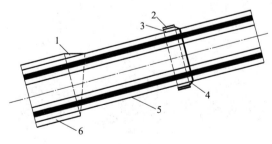

图 4.8 锚具防护
1—砂胶或其他材料填塞；2—防水层；3—绕拉索的水密模塑制品；4—填塞物；5—包裹材料；6—锚环

(a) 拉索管道。除了封闭式拉索外，一般拉索均设置于钢制或塑料管道中，这在一定程度上防止了环境的侵蚀。这种措施的有效性主要取决于拉索的类型和附加的防护措施。

塑料（如聚乙烯材料）管道具有柔性，易于放置和安装。然而，这种柔性导致沿拉索轴线轻微的起伏，损坏结构的视觉外观。这可以通过设置足够的隔板和限制灌注水泥浆的压力（可达 2MPa）得到改善。

(b) 镀锌。将钢丝浸入镀锌池，采用自动控制系统完成镀锌工作。镀锌量取 $250\sim330\text{g/m}^2$，形成的防护层厚度为 $25\sim45\mu\text{m}$。尽管采用镀锌方法对材料强度有所降低，但由于其具有良好的防护效果，采用此法还是可靠的。

(c) 锚具防护。管道和锚具之间的连接构造必须防止水的流入或汇集，各个关键部位布置了不同的防水设施，如图 4.8 所示。

(d) 事故防护。拉索设计必须考虑事故造成的危险，例如，车辆撞击、火灾、爆炸和破坏等。为此应考虑以下几方面：

拉索下部 2m 范围内用钢管防护，生根于桥面并和拉索管道相接。

钢管的尺寸（厚度、间距）和锚固区的加强要足以抵抗火灾和破坏的危险。

锚固区要予以加强以抵抗车辆撞击。

防护构件的替换不影响拉索本身，并尽可能地不影响交通。

② 锚具：拉索上的锚具，目前常用的有以下四种。

a. 热铸锚（图 4.9）。热铸锚是将一个内壁为锥形的钢质套管套在钢索上，然后将钢索端部钢丝散开，在套筒中灌入熔融的低熔点合金，合金凝固后，即和散开的钢丝在套筒内形成一个头小尾大的塞子。钢索受拉后，通过套筒传力给结构。锚环与结构的连接方式不同，则锚环的构造也不相同。热铸锚适用于单股钢绞缆和封闭式钢缆。热铸锚的缺点是：虽然使用的是低熔点合金，但其浇铸时的温度仍然超过 400℃，该温度对钢丝的力学性能会造成不利的影响。

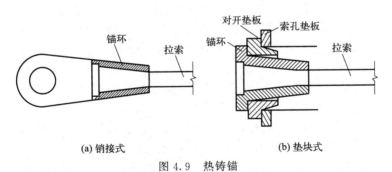

图 4.9 热铸锚

b. 墩头锚（图 4.10）。墩头锚是将穿过锚环或端锚的单根钢丝端部镦粗，使其镦粗后不能通过锚环或端锚上的孔眼，借此传递钢丝的拉力到索孔垫板上。

用于张拉端和固定端的墩头锚的形式是不同的。用于张拉端的墩头锚环，要具有能和张拉设备连接的螺纹，通常用内螺纹。

墩头锚适用于钢丝束，具有良好的耐疲劳性能。在使用墩头锚时，必须选用具有可墩性的钢丝。

c. 冷铸锚（图 4.11）。冷铸锚的构造和热铸锚构造相似，只是在锚环锥形腔的后部增设了一块定位板，钢索中的钢丝通过锚环后，再各自穿过定位板上的对应孔眼，墩头就位，锚环中的空隙用特制的环氧混合料填充。环氧混合料固化后，即和锚环中的钢丝结合成一个整体。

环氧混合料中必须加入铸钢丸，铸钢丸在混合料中形成承受荷载的构架。钢索受力后，

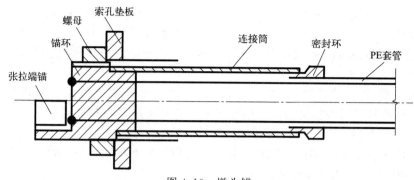

图 4.10 墩头锚

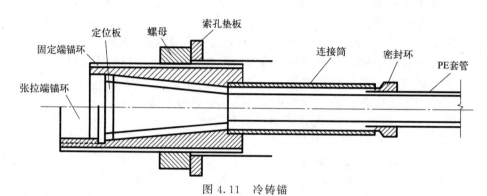

图 4.11 冷铸锚

由于楔形原理，铸钢丸受到锚环内壁的挤压，对索中的钢丝形成啮合作用，使钢丝获得锚固。

其环氧混合料在室温下浇注，相对于在 400℃ 以上浇注的热铸锚而言，称为冷铸锚。由于钢丝端部被镦粗，又称为冷铸墩头锚，国外与之类似的锚具称为耐高应力的锚具。

配用冷铸锚的拉索应具有良好的抗疲劳强度，其耐疲劳应力幅度大于 200MPa。

d. 夹片群锚（图 4.12）。夹片群锚锚具在后张预应力体系中，多用于锚固钢绞线，其技术已很成熟。但是在有黏结的预应力混凝土中，对锚具的疲劳性能要求较低，而在斜拉桥中，由于斜拉索相当于体外索，要使用夹片群锚，必须提高锚具的抗疲劳性能。因此，用于斜拉索的夹片群锚具有一些特殊的构造。钢绞线索在进入群锚的锚板前先要穿过一段钢筒，钢筒的尾端和群锚锚板间具有可靠的连接，在斜拉索的索力调控完毕后，在钢筒中注入水泥浆，这样斜拉索的静载由群锚承受，动载则在斜拉索通过钢筒时，获得缓解，从而减轻群锚的负担。

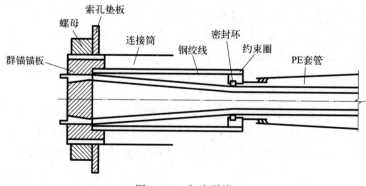

图 4.12 夹片群锚

热铸锚和冷铸锚都可以事先装在斜拉索上,张拉时用千斤顶张拉,称拉锚式锚具。配装夹片群锚的斜拉索,张拉时千斤顶直接拉钢索,张拉结束后锚具才发挥作用,所以夹片群锚又称拉丝式锚具。

(2) 主梁 主梁是斜拉桥的主要承重构件之一,与其连接的桥面系一起承受车辆荷载。

① 梁截面形式如下。

a. 混凝土主梁。一般来说,适用于梁式桥的横截面形式均可用于斜拉桥,只有 T 形截面由于抗扭刚度小、锚梁弯矩大,一般很少采用。通常主梁的横截面采用抗弯和抗扭刚度大的箱形截面。混凝土主梁常用的截面形式如图 4.13 所示。

图 4.13(a) 为板式截面,构造简单、建筑高度小、抗风性能好,适用于双索面密索体系的窄桥。当板厚较高时,可做成圆孔或椭圆孔的空心板截面。

图 4.13(b)、(f) 为分离式双箱(或双主肋)截面,箱梁中心对准斜拉索平面,两个箱梁(或主肋)用于承重及锚固斜拉索,箱梁之间设置桥面系。该种截面形式的优点是施工比较方便。

图 4.13(c)、(d) 为闭合箱形截面,具有极大的抗弯和抗扭刚度,适用于双索面稀索体系和单索面斜拉桥。图 4.13(d) 中的倾斜腹板虽然施工略为困难,但在抗风和美观方面均优于垂直腹板,此外还能减小墩、台宽度。

图 4.13(e) 为半封闭双室梯形或三角形箱形截面,横截面两侧为三角形或梯形封闭箱,外缘做成风嘴状,以减小迎风阻力,端部加厚以便锚固斜拉索,两三角形之间为整体桥面板。这种截面形式具有良好的抗风性能,特别适用于风载较大的双索面密索体系。

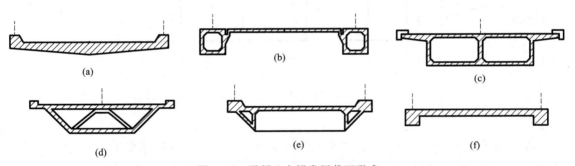

图 4.13 混凝土主梁常用截面形式

b. 钢梁。钢梁常用的截面形式主要有双主梁、钢箱梁、桁架梁等。双主梁一般采用两根工字形钢主梁,上置钢桥面板,主梁之间用钢横梁连接。钢箱梁截面的形式多样,有单箱单室、多箱单室、多箱多室等布置形式。为了提高抗风稳定性,大跨度钢斜拉桥往往采用扁平钢箱梁。斜拉桥采用钢桁架梁则主要是为了满足布置双层桥面(公铁两用)的需要。几座实桥的钢梁截面形式如图 4.14 所示。

c. 钢-混凝土结合梁(叠合梁)。与混凝土主梁相比,钢-混凝土结合梁自重较小、施工方便;与正交异性钢桥面相比,混凝土桥面耐磨、造价低,构件的工厂化制造程度较高,易于组装。

如图 4.15 所示为上海南浦大桥的主梁截面。斜拉索锚于两片钢主梁上,钢主梁之间设钢横梁,钢主梁外设人行道钢伸臂梁,梁顶铺混凝土桥面板。

② 主梁截面尺寸如下。

a. 梁宽的确定。虽然梁宽主要是根据车道宽来决定的,但根据理论分析和振动计算可得,凡斜拉桥的跨宽比大于 15,尤其是大于 20 时,就容易发生风致振动。所以一般情况下

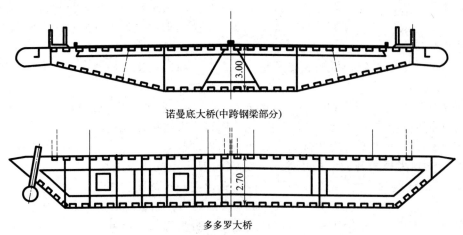

图 4.14 钢梁常用截面形式（尺寸单位：m）

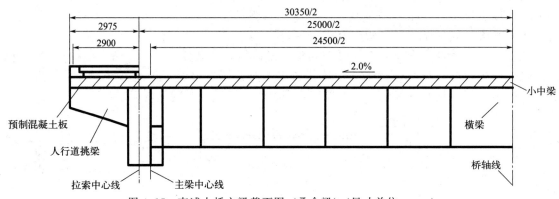

图 4.15 南浦大桥主梁截面图（叠合梁）（尺寸单位：mm）

应使跨宽比在 20 以下。

b. 梁高的确定。在斜拉桥中由于双索面体系可以提供很大的抗扭刚度，尤其是梁较宽和密索时，所以对主梁的抗扭刚度要求不是很高。抗风稳定性要求宽高比≥10 或至少≥8。当不能满足该条件时，可设风嘴，形成流线型的横断面，以提高其抗风稳定性。

主梁通常采用等高度梁，梁高一般与索的疏密有关。由以上两个比值可以得到跨高比在 160 左右，实际上，稀索体系梁高为跨径的 1/70～1/40，密索体系梁高为跨径的 1/200～1/70。一般来说斜拉桥的梁高都宜≤2.5m，将来或许可发展到≤1.5m。

③ 混合式主梁的连接构造。混合式斜拉桥与其他类型斜拉桥的主要区别在于：其主跨与边跨采用两种不同的材料，即两边跨为预应力混凝土主梁，而主跨则为钢梁。如图 4.16 所示为上海杨浦大桥初步设计中的一个主梁方案。

图 4.16 中，δ 表示钢板厚度。

预应力混凝土梁与钢梁的连接是混合式斜拉桥的重要构造之一。可以这样说，钢梁与预应力混凝土梁连接位置的选择和可靠的连接，是混合式斜拉桥成功的关键之一。根据混合式斜拉桥的结构特点，预应力混凝土梁与钢梁的连接位置（图 4.17）宜选在弯矩及剪力较小的地方，这样结构处理就较简单。选择一个合理的连接位置，一般应从结构受力性能合理、施工工艺简便和造价经济两个方向来考虑。

a. 一般来说索塔中心处的主梁，由于风力产生的横向弯矩和活载产生的纵向弯矩均较

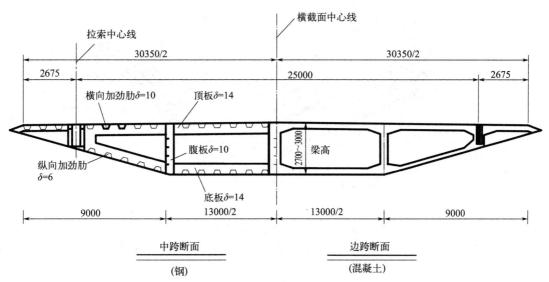

图 4.16 杨浦大桥主梁方案（混合式主梁）（尺寸单位：mm）

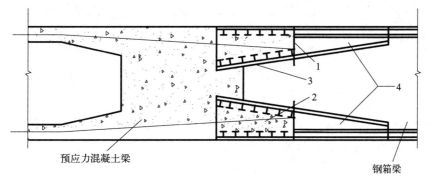

图 4.17 接合部构造立面图
1—箱壁；2—填心；3—型钢；4—加劲区

大，因此连接部位宜选择离索塔中心一定距离。但偏离索塔中心距离过大会给施工带来一定难度。

b. 从施工角度考虑，预应力混凝土梁伸入主跨以 20～40m 为宜。这样，这一段梁仍可用边跨的施工架设方法。

c. 从经济角度考虑，由于预应力混凝土梁伸入主跨，主跨钢梁长度可相应减小，这对造价是经济的。

④ 主梁与拉索的连接构造。主梁上锚固拉索的构造是一个很重要的部位，它要求保证连接的可靠性，承担集中应力将其分散到全截面；要有防锈蚀能力，并不使拉索产生颤振和应力腐蚀；如需在梁端张拉，应有足够的操作空间；要便于拉索的养护和更换。

拉索在锚固区的锚固方式根据索面及主梁截面形状的不同，大体上分为以下几种类型：顶板设置锚固块；箱梁内设横隔板锚固；在三角形箱边缘锚固；在梁底锚固；锚固横梁。

几种常见的锚固构造形式如图 4.18 所示。

a. 顶板设置锚固块。该类型一般用于单索面整体箱的锚固构造，斜拉索直接锚固在截面中部箱梁顶板上，并与一对斜撑连接，斜撑作为受拉杆件将索力传递到整个截面。斜拉索

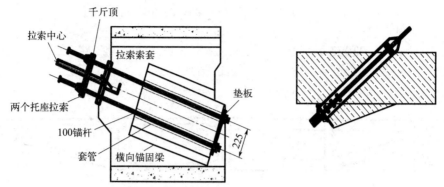

图 4.18 常见的主梁与拉索锚固构造形式（尺寸单位：mm）

在锚固点通过锚固块与主梁截面连接。锚固块构造根据张拉设备与施工要求进行设计。采用这种锚固方式，局部受力非常复杂，在锚固块内设一对交叉布置的箍筋是非常必要的，其构造形式如图 4.19 所示。

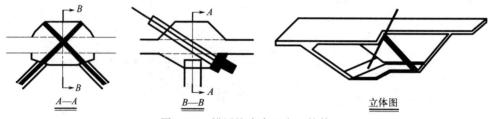

图 4.19 锚固块内布置交叉箍筋

b. 箱梁内设横隔板锚固。该种锚固形式一般用于双索面分离双箱或单索面整体箱及梁、板组合断面形式中，斜拉索在箱梁内通过锚固板或锚固块与主梁连接，其构造如图 4.20 所示。

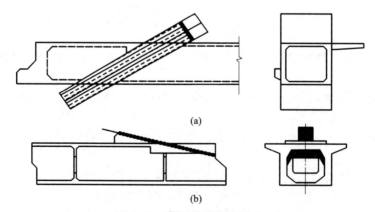

图 4.20 箱梁锚固构造形式

如图 4.20(a) 所示，锚固板是与箱梁连成一体的斜向横隔板，其斜度与拉索一致。锚固板厚度应满足锚具排列的构造要求。为减小锚固板体积，可设计成底宽上窄的楔形锚板，拉索通过该锚固板锚固于箱梁底板，锚头可外露，也可缩至底板以内，前者受力好，后者反之。

如图 4.20(b) 所示，锚固块的形式是边箱内部设置与顶板及两侧腹板固接的锚块，靠近顶板并与斜拉索斜度一致，锚头设置在箱内。经局部应力分析，锚固点附近的两侧腹板拉应力较大，因此，除在锚块与腹板交接处设置承托外，还采取了加预应力箍筋和钢筋等加强措施。为便于张拉施工，主梁分段均应设在斜拉索锚固块位置。该种锚固外形比较美观。

以上在边箱中部设锚的两种形式，适用于预制拼装的施工方法。但因人在箱内操作不方便，若为此加大梁高不合理，加之斜拉索横向距离不及锚在边肋中的大，故这两种锚固形式很少采用。

c. 在三角形箱边缘锚固。该种锚固形式一般锚固在三角形箱外侧顶角挑边外，并将锚固块与主梁连接，其构造如图 4.21(a) 所示。拉索通过预埋于梁中的钢管，锚固在梁底的突出面上。一部分拉力通过承压面传递，另一部分则由焊在钢管上的剪力环传递，如图 4.21(b) 所示。由于三角形箱外伸部分比较薄弱，为加强斜拉索锚固点的传力作用，在三角形斜向腹板处设置三根短预应力钢束来平衡拉索的竖向分力，如图 4.21(c) 所示。

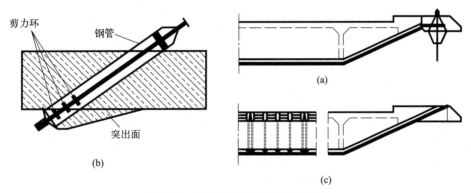

图 4.21 在三角形箱边缘锚固形式

d. 在梁底锚固。这是一种最简单的锚固形式，在肋中按斜拉索的倾角设置管道，拉索通过管道锚固在梁底，为美观起见，锚头一般不外露，如图 4.22 所示。为弥补主梁在锚固区的断面削弱，在一般区段采用设置钢锚箱和增加钢筋的办法，在近塔柱两侧由于压力增大，还需采取局部加厚梁肋的措施。

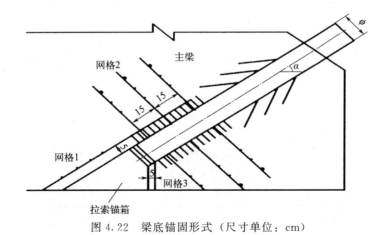

图 4.22 梁底锚固形式（尺寸单位：cm）

e. 锚固横梁。这种锚固形式设置横贯主梁全宽的横梁。横梁与主梁浇筑在一起，倾斜设置于主梁内，两端悬出主梁外侧，斜拉索锚固在横梁两端。由于横梁悬出主梁且其局部受力很大，故横梁的断面一般比较大，需设置横向预应力筋予以加强。斜拉索通过在横梁端部内的钢管，锚固在横梁下缘，如图4.23所示。该类锚固方式可以承受较大的索力，适用于稀索布置的情况，但材料用量较大，增加了主梁的自重，现已很少采用。

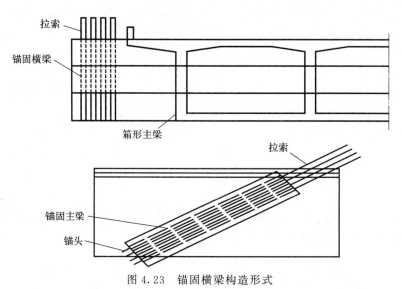

图4.23 锚固横梁构造形式

（3）索塔 索塔要承受巨大的轴向力，有的索塔还要承受很大的弯矩，又存在上端与拉索的连接、下端与桥墩或主梁的连接，因此索塔也是斜拉桥中很重要的组成部分。

① 索塔的形式。从桥梁横向看，索塔可做成独柱式、双柱式、门式、斜腿门式、倒V式、钻石式和倒Y式等多种形式（图4.24）。

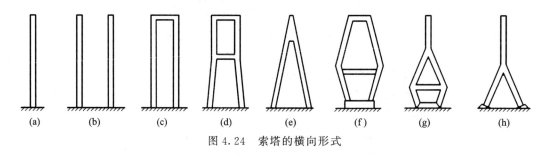

图4.24 索塔的横向形式

索塔的纵向形式一般为单柱式，如图4.25(a)所示。在需要将索塔的纵向刚度做得较大时，常常做成如图4.25(b)和图4.25(c)所示的倒V式与倒Y式。倒V式也可增设一道中横梁（虚线所示）变为A式。

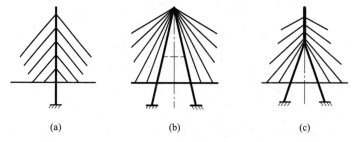

图4.25 索塔的纵向形式

② 索塔构件组成。组成索塔的主要构件是塔柱、塔柱之间的横梁或其他连接构件，如

图 4.26 所示。

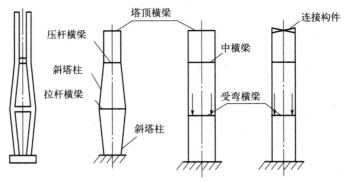

图 4.26 索塔构件组成

塔柱之间的横梁一般可分为承重横梁与非承重横梁。前者为设置主梁支座的受弯横梁以及塔柱转折处的压杆横梁或拉杆横梁；后者为塔顶横梁和塔柱无转折的中横梁。

③ 索塔与拉索的连接构造。索塔与拉索的连接（锚固）构造，是将一个拉索的局部集中力安全、均匀地传递到索塔的必要受力构造。拉索锚固部位的构造与拉索的布置、拉索的根数和形状、塔形和构造及拉索的牵引和张拉等多种因素有关，故应从设计、施工、养护维修及拉索的更换等各个方面来综合考虑拉索锚固段的合理构造。

索塔与拉索有不同的连接方式，但主要有两类。

a. 拉索在塔上连续通过索鞍。在索塔上用混凝土做成鞍形支承，辐射式拉索分一层或两层分布在索鞍上。为防止钢束滑动，可用螺栓将盖板压紧。这种做法的钢索连续通过索鞍，钢索长度大，张拉只能在梁一端进行，但是构造比较简单。

b. 拉索不连续通过索塔，而用锚头将拉索锚固在索塔上。每根拉索在索塔上分散锚固，索塔构造较复杂，但索的连续长度短，各束可以分批张拉，不需特别大的千斤顶，而且两端皆可张拉。

4.1.5 斜拉桥的结构体系

斜拉桥的主要组成部分是主梁、斜拉索和索塔，这三者还可以按相互的结合方式组成四种不同的结构体系，即飘浮体系、支承体系、塔梁固接体系、刚构体系（图 4.27）。它们各具特点，在设计中应依据具体情况选择最合适的体系。下面简述这四种基本体系的特点。

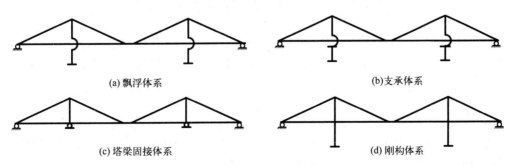

图 4.27 斜拉桥的结构体系

4.1.5.1 飘浮体系

飘浮体系又称悬浮体系,该体系塔墩固接、塔梁分离,主梁除两端外全部用缆索吊起而在纵向可稍作浮动,是一种具有多跨弹性支承的单跨梁。

这种体系的优点是:全跨满载时,塔柱处主梁无负弯矩峰值;由于主梁可以随塔柱的缩短而下降,所以温度、收缩和徐变的内力均较小,密索体系主梁各截面的变形和内力变化较平缓,受力较均匀;地震时,允许全梁纵向摆荡,成为长周期运动,从而抗震消能,因此地震烈度较高地区可考虑选择这类体系。

该体系的缺点是:当采用悬臂施工时,塔柱处主梁需临时固接;另外,斜拉索不能为梁提供有效的横向支承,为抵抗由风力等引起的横向摆动,必须增加一定的横向约束。

4.1.5.2 支承体系

该体系塔墩固接、塔梁分离,主梁在塔墩上设置竖向支承,接近于在跨度内具有弹性支承的三跨连续梁,又称半飘浮体系。这种体系的主梁内力在塔墩支点处产生急剧变化,出现了负弯矩尖峰,通常须加强支承区段的主梁截面。支承体系的主梁一般均设置活动支座,在横桥方向亦须在桥台和塔墩处设置侧向水平约束。

4.1.5.3 塔梁固接体系

该体系塔梁固接并支承在墩上,斜拉索为弹性支承,相当于梁顶面用斜拉索加强一根连续梁。这种体系的优点是:减小了塔墩弯矩和主梁中央段的轴向拉力。缺点是:中孔满载时,主梁在墩顶处的转角位移导致塔柱倾斜,显著增大主梁跨中挠度和边跨负弯矩;上部结构重力和可变作用反力都需由支座传给桥墩,这就需要设置很大吨位的支座。在大跨径斜拉桥中,这种结构体系可能要设置上万吨级的支座,支座的设计、制造及以后的养护、更换均较困难。

4.1.5.4 刚构体系

梁、塔、墩互为固接,形成跨度内具有多点弹性支承的刚构。这种体系的优点是:既免除了大型支座,又能满足悬臂施工的稳定性要求;结构的整体刚度比较好;主梁挠度小。然而,刚度的增大是由梁、塔、墩固接处能抵抗很大的负弯矩而来的,因此这种体系在固接处附近区段内主梁的截面必须加大。

任务 4.2 斜拉桥施工工艺

斜拉桥是伴随悬臂分段施工技术进步而发展起来的桥梁,在其适用的跨径范围内比其他桥梁优势大。基于索支承结构的受力要求,斜拉桥总体施工进程为:索塔施工→主梁施工→斜拉索施工。

斜拉桥最主流的施工工艺流程可大致分为三个阶段:

① 索塔施工——索塔是斜拉桥施工过程中首先施工的主要受力构件。

② 主梁施工——塔柱施工完毕后或塔柱拉索锚固区施工约一半时开始施工(部分塔柱旁的梁段可能更早施工)。

③ 斜拉索施工——主梁施工至锚索段后随主梁延伸逐步安装。

索塔、主梁、斜拉索的施工必须相互配合。

4.2.1 索塔施工

施工方法有：支架现浇、预制拼装、滑模、翻模、爬模等。通常采用无支架施工索塔，如图 4.28 所示。索塔材料：钢结构、（预应力）钢筋混凝土结构。我国多采用混凝土索塔。

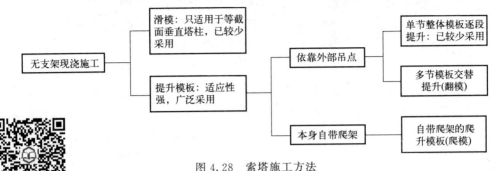

图 4.28 索塔施工方法

（1）塔柱的分段 塔柱的分段原则，主要应简化模板结构和便利混凝土的浇筑。塔柱施工分段一般应考虑：塔柱变截面的位置、横梁的位置及其与塔柱的连接方式，以及劲性骨架和爬架高度、大型预埋件位置等。横梁与塔柱根据设计情况可以采用同时施工，也可采取分开施工。然后浇筑接头混凝土合龙。

塔柱一般分为标准节段和特殊节段。标准节段是塔柱在施工过程中，每节塔柱都可使用同一套标准模板，其高度一般为 3~6m；特殊节段的模板需要单独设计，如图 4.29 所示。

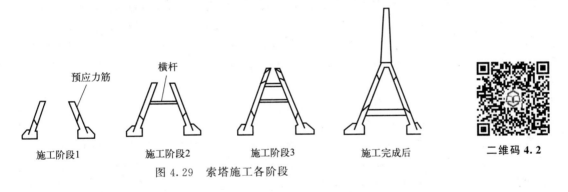

图 4.29 索塔施工各阶段

（2）索塔模板 要想确保模板结构安全可靠，模板必须具有足够的强度和刚度，在施工中不变形、不错位、不漏浆，且结构简单合理，便于制作、安装、调整定位、拆除和重复使用，如图 4.30 所示。

（3）劲性骨架 劲性骨架是塔柱施工的受力结构，是钢筋定位，内、外模调整的支承架，对于保证索塔的线形及斜拉索套筒的固定与精确定位起到关键作用，其设计往往结合构件受力需要设置劲性骨架，安装定位后，可供测量放样、立模、钢筋绑扎、拉索钢套管定位使用，也可承受部分施工荷载，如图 4.30 所示。在进行设计时，应考虑下述荷载：劲性骨架自重，混凝土施工过程中的施工荷载；风荷载；塔柱模板及其混凝土重量形成的水平力；浇筑混凝土过程中混凝土对模板产生的侧压力；其他施工荷载。

劲性骨架一般设计为经过焊接拼装而成的具有足够刚度的钢结构骨架。材料一般使用 Q235-A 级钢材。根据吊机吊重（吊距）能力，劲性骨架一般加工高度为 6~8m；劲性骨架的加工制造，必须在施工平台上面的胎模上进行。

图 4.30 模板、劲性骨架安装

劲性骨架施工时采用规范要求的负公差下料,可以在加工胎模上分片加工,再在拼装胎模上拼接成整体。因为施工时螺栓连接不如焊接施工方便,现场加工一般采用焊接形式进行,制作过程中,骨架各杆件连接部位严格按设计要求焊接牢固,保证焊缝(高度和长度)质量;为减少安装过程中的工作量,在制作过程中,将劲性骨架顶面加工成平面,方便下一节段劲性骨架的接高。制作及拼装过程可以使用吊机配合。劲性骨架制造完毕后需进行出厂检验、验收。

劲性骨架安装接高前应检查前一节劲性骨架顶面柱脚位置、标高和轴线位置是否满足规范要求的±10mm偏差。对接时使用塔吊吊装,合理选择吊点位置,避免与其他结构碰撞,减小吊装变形。施工过程可以使用倒链配合吊机进行劲性骨架安装。安装过程需在技术员指导下进行,用钢板临时限位,先焊接对接钢板的一端于前劲性骨架支腿杆件上,调节劲性骨架支腿高度,使用全站仪三角精密测量,测量其顶面四个角三维坐标位置,使得调整后的劲性骨架顶面四个角的位置、顶面轴线位置、倾角偏差符合规范要求,测量并复查后按设计要求再予以焊接固定。各柱脚支腿角钢(槽钢)焊接接长要保证连接板、加强钢板长度、厚度、数量、焊缝长度、焊缝高度等均满足等强焊接的要求。劲性骨架是钢筋骨架的依托支架,一般施工过程中都要求其拼装后高度要比钢筋顶面高。劲性骨架的安装需保证模板、钢筋、索套管等空间定位位置的准确。

(4) 横梁 索塔一般设置有横梁。横梁和塔柱相接部分受力较复杂,应力较大,中间部分采用箱形断面,有单箱双室断面、单箱单室断面等,横梁内一般布置有预应力钢束。在高空进行大跨度、大断面现浇高强度预应力混凝土横梁难度很大。一般横梁与塔柱同时施工,横梁与塔柱间可没有施工缝,横梁与塔柱收缩、徐变均趋于一致,但也有横梁与塔柱分开施工的情况。横梁混凝土可以根据设计要求、构造特点、施工机具设备能力完成一次或两次浇筑。每次混凝土浇筑必须在混凝土初凝前完成,避免支架的变形造成混凝土开裂。

横梁施工由于其长度较长,体积、重量较大,其支撑体系要求强度较高,支架压缩沉降小,所以一般采用落地支架法浇筑。一般支撑体系采用临时管柱群桩支撑或军用梁、万能杆件支架支撑,管柱支撑在桩基、横梁或承台等不易下沉的基础之上;管柱顶部设置分配梁、贝雷架或军用梁组成横梁浇筑受力体系。横梁靠近塔柱端,一般利用塔柱埋设预埋件支撑分配梁、贝雷架或军用梁(图 4.31)。

横梁支撑体系必须具有足够的强度、刚度和稳定性。支架系统变形超过 2cm 的必须考虑设置预拱度。其承受支架自重、模板重量、钢筋混凝土重量、风荷载及施工荷载。施工中必须考虑到模板与支撑系统的连接间隙变形、弹性变形、支承的不均匀沉降变形,混凝土梁和柱与钢支撑间不同的线膨胀系数影响、日照温差对混凝土和钢材两种材料不同时间效应等产生的不均匀变形影响以及相应的调节措施。

(5) 滑模施工 滑模施工是用液压的提升装置滑升模板以浇筑竖向混凝土结构的施工方

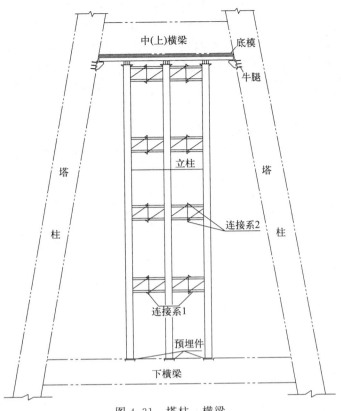

图 4.31 塔柱、横梁

法。如图 4.32 所示,它是按照建筑物的平面形状,在地面(或一定的标高)将一整套液压滑模装置(模板、围圈、提升架、操作平台、支承杆及液压千斤顶等)组装好。利用液压千斤顶在支承杆上爬升,带动提升架、模板、操作平台一起上升。每浇筑一层混凝土后就进行模板滑升,直至结构浇筑结束。此法施工经常要对模板体系进行调平,以保证建筑物和构筑物的垂直。

图 4.32 滑模示意图

适用范围:在斜拉桥索塔中应用不多,在高墩中有所应用。

施工工艺:一节模板边浇混凝土边提升,昼夜不停,持续施工,模板一直紧贴混凝土,上升过程有摩阻力,混凝土质量不易保证。

滑模拼装按先内后外、先上后下的原则进行，具体步骤如下：搭设组拼平台→拼装内钢环→安装辐射梁→安装外钢环、内外立柱→安装上下联杆→安装扁担梁→安装收坡装置→安装内外模板→安装套管千斤顶→安装悬杆→安装操作台铺板→安装栏杆→调模板锥度、壁厚，安装测量装置→插顶→安装内外脚手架→安装养护装置、照明电源→试滑排故障→绑扎钢筋→灌注底层混凝土→初滑升→收坡→放预埋件→观测调整→正常循环→末次提升模板，收坡调整→末次灌注混凝土→拆除模板。见图 4.33。

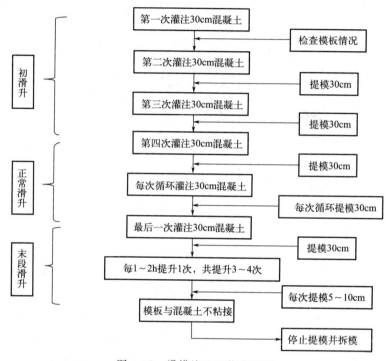

图 4.33 滑模施工工艺流程图

施工要点如下：

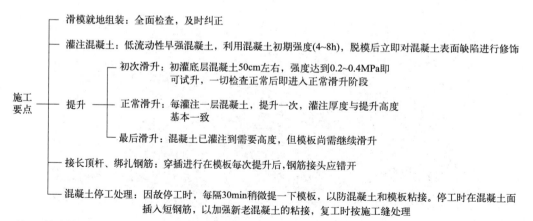

施工控制与纠正。滑模施工是一种快速连续的施工方法，在施工过程中要完成模板收坡、钢筋绑扎、混凝土灌注等一系列工序，对各工序应严格按规范及工艺细则进行控制与纠正。

① 标高与水平控制。每次起顶前后，值班技术人员用水准仪及时监测标高及水平尺寸，

做出记录。当液压油顶不同步、不水平时,应及时调整,误差控制在允许范围内。

② 墩身截面控制。按墩身设计坡度,计算出每提升30cm模板的内外收坡度,由收坡人员在顶推丝杆上标出累计收坡量,并随时检查、校对,确保收坡准确。

③ 墩身中心线及滑模平台控制。滑动模板在每提升30cm时观测一次,检查墩身中线与滑模平台的中心是否一致,如超出范围及时纠正。

④ 墩身施工与其他。空心墩在顶部需从空心段过渡到实体段并连接托盘顶帽,为了方便托盘顶帽施工,在空心墩顶预埋木盒,留成缺口,安设预制好的钢筋混凝土过梁及盖板代替实体段的底模,然后在空心墩顶部分的墩外壁上套上制作好的箍圈钢板,在箍圈上悬挂适当数量的吊篮牛腿,牛腿间用围栏连接形成工作平台,即可施工托盘、顶帽。

(6) 爬模施工 爬升模板(爬模)是为了避免滑升模板的缺点而发展起来的施工技术。由于具备自爬的能力,因此不需起重机械的吊运,这减少了施工中运输机械的吊运工作量。在自爬的模板上悬挂脚手架可省去施工过程中的外脚手架。爬升模板施工速度快、安全可靠,对起重设备要求不高,如图4.34所示。

图4.34 爬模示意图

爬模的爬升原理为:以空心桥墩已凝固的混凝土壁为承力主体,以内爬支架机构的上下爬架及液压顶升油缸为爬升设备主体,油缸活塞杆与下爬架及缸体与上爬架均铰接,上爬架与外套架联接,外套架与网架工作平台联接,通过油缸活塞杆与缸体间一个固定、一个上升,从而完成爬架爬升工序,墩壁预埋穿墙螺栓,然后在其上联接支撑托架,上下爬架的爬靴支在托架上,以此为支撑点向上爬升。

爬模系统组成:由模板、爬架和爬升系统三部分组成,如图4.35所示。

适用范围:对折线形索塔适应性较差,故一般在直线形索塔施工中广泛采用。

施工工艺,如图4.36所示。先用支架施工一段爬模安装锚固段,待爬模起始段施工完成后拼装爬模系统,依次循环进行索塔爬模施工。提升系统不同,工艺有所不同。标准节段施工工艺流程:混凝土达到强度后拆模→安装埋件插座,液压提升导轨→拆除下部挂座,液压提升支架→绑钢筋,提升模板,安装预埋件→支模,连接对拉螺杆→浇混凝土→重复第一步。

(7) 翻模施工 翻模是大模板的施工方法,以墩身作为支承主体,上层模板支承在下层

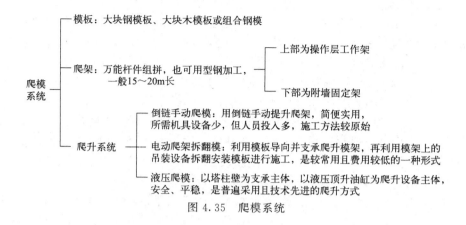

图 4.35 爬模系统

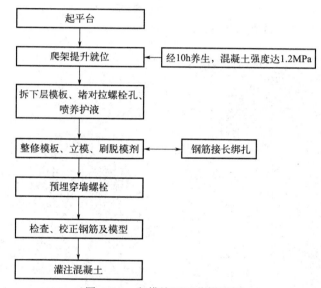

图 4.36 爬模施工工艺流程图

模板上，循环交替上升。模板的大小可根据施工能力灵活选用，混凝土接缝较易处理，施工速度快，但模板及工作平台自身不能爬升，要依靠起重设备提升、翻转，循环使用，如图 4.37 所示。

适用范围：适用各种结构形式的索塔施工，特别是折线形索塔，目前被大量使用。

模板翻升施工工艺：三节模板组成一套模板（底节＋中节＋顶节，每节 1～3 m）；浇筑混凝土完成第一层三节模板后，以已浇混凝土为依托，拆除底节和中节模板，向上提升，将拆下的中节模板接于顶节模板上，拆下的底节模板接于中节模板上，安装对拉螺杆和内撑，完成第二层模板；如此依次交替上升。翻模施工的工艺流程为（图 4.38）：施工准备→绑扎钢筋→翻模组装→灌注混凝土→提吊工作平台→模板翻升→施工至墩顶，拆除模板→拆除工作平台。作业时，模板翻升、绑扎钢筋、灌注混凝土和提吊工作平台等工作是循环进行的。

施工要点如下。

① 安装第一节模板，浇筑混凝土。在承台上沿模板的底面用砂浆做 3～5 cm 厚找平层。对墩身角点放样，弹墨线，沿墨线立模板。安装模板前，应清理干净表面，并涂脱模剂。安装模板时注意接缝平整、严密，防止漏浆。紧固拉杆的螺栓，在模板内加内撑，保证混凝土尺寸。固定好模板后，安装混凝土泵管，一般竖向管道沿塔吊设置。先设置水平管

项目 4　斜拉桥及其施工

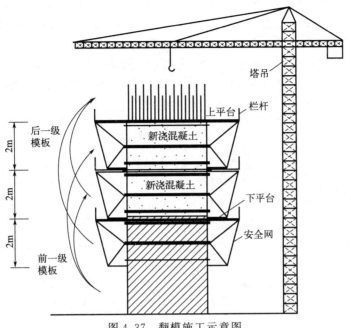

图 4.37　翻模施工示意图

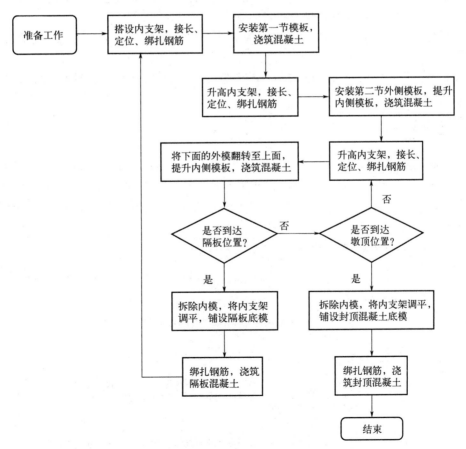

图 4.38　翻模施工工艺流程图

10~20m，然后沿塔吊铺设竖向管道。到达模板顶面后水平铺设到墩中心位置，然后接软管，引向落灰点，落灰点处设串筒。随着浇筑点的不同，应及时拆装、更换泵管，调节泵管长度。浇筑初期混凝土处于较深位置，需仔细振捣才能防止漏振。

② 安装第二节模板，浇筑混凝土。底节混凝土浇筑完成后，待混凝土达到一定强度，即安装上一节墩身的钢筋。钢筋安装完毕后，进行第二节模板安装。将另外一节外模置于首节模板之上，安装定位销，用螺栓将上下模板连接在一起。将内模提升至顶面与外模平齐，用预设的拉杆初步固定在首节混凝土上。调整模板至准确位置，安装、紧固对穿拉杆。其余工作同首节墩身施工。

一般使用塔吊提升内模，特殊情况下，利用内支架使用链式葫芦提升。

③ 外模板的翻转安装。待上节混凝土强度达到 15MPa 时，即可拆除下节外模。先抽出拉杆，然后卸除模板的连接螺栓，将模板向外拉出。高空作业时，要预先用倒链将模板吊在上面的模板上，并拉紧，防止模板突然脱落。待外模完全与混凝土脱开后，用塔吊微微吊起外模，将倒链解下，然后将模板吊到模板修整处进行修整，待用。待钢筋安装完毕，用塔吊将模板吊起，进行安装。安装方法同前述方法。

④ 模板的受力分析。拟新浇筑混凝土的上层模板是以浇筑混凝土的下层模板作为定位和支承的基础；已浇筑混凝土的下层模板则通过对拉螺杆及面板与墩身混凝土间的摩擦力、黏聚力依附于墩身；工作平台悬挂支撑在模板的背楞上。

a. 模板作为浇筑段时所受到的荷载：混凝土的侧压力，混凝土振捣产生的冲击力，模板和挂架自重，操作人员和小型施工机具的重力；

b. 模板作为基础承重节段时所受到的荷载：上层模板传递的竖向和水平方向的荷载及模板自重；

c. 给上述荷载提供竖向支撑的力是：拉杆螺栓端头竖向支承力，模板与墩身混凝土间的摩擦力。

4.2.2 主梁施工

主梁的施工方法，如图 4.39 所示。大体上可以归纳为：支架施工法、悬臂施工法、顶推施工法、转体施工法等四种。虽然这几种方法同样可以用在斜拉桥的建造上，但是最适合斜拉桥的方法是悬臂施工法，其余三种方法一般只能用在河水较浅或者修建在旱地上的中、小跨径斜拉桥中。

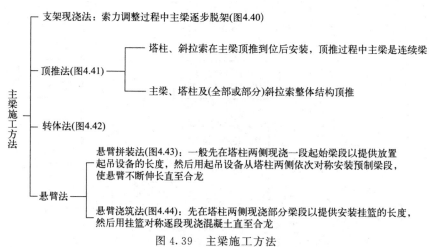

图 4.39　主梁施工方法

图 4.40 支架现浇法

图 4.41 顶推法

图 4.42 转体法

图 4.43 悬臂拼装法

图 4.44 悬臂浇筑法

二维码 4.3

二维码 4.4

大跨径斜拉桥一般都采用悬臂施工法对主梁进行施工。钢主梁用悬臂拼装法，其施工工艺与梁桥部分的悬臂施工法一样；混凝土主梁用悬臂浇筑法，一般有后锚式挂篮和前支点挂篮两种方法，传统的后锚式挂篮施工工艺与梁桥部分的挂篮施工一样，下面简要介绍适合斜拉桥主梁与斜拉索相互配合施工的前支点挂篮。

前支点挂篮也称牵索式挂篮，是将挂篮后锚端锚固在已浇筑梁端上，并将待浇梁段的斜拉索锚固在挂篮前端，它能充分发挥斜拉索的作用，由斜拉索和已浇梁段共同承担待浇节段的混凝土重力和施工荷载。

前支点挂篮的承重构件通常采用钢箱梁结构与桁架结构（由型钢或贝雷桁架组成），如图 4.45 所示。与后锚式挂篮相比，其优点在于它使得挂篮由悬臂受力变为了简支受力，加强了挂篮的承重能力，减小了挂篮的变形，分段长度大，加快了施工进度；不足之处在于在施工过程中需要分阶段多次调整索力，施工工艺复杂。

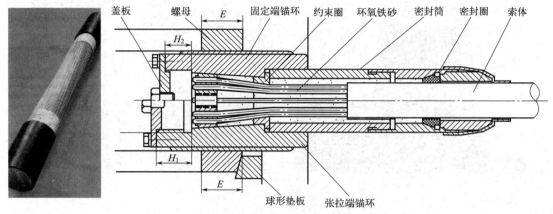

图 4.45　半平行钢丝索采用冷铸墩头锚，整体张拉

斜拉桥主梁标准节段前支点挂篮施工主要工艺流程：挂篮前移到本节段设计位置→测量放样，挂篮定位→挂篮提升，调整立模高程，锚固挂篮→安装斜拉索，按照监控指令第一次张拉斜拉索，并进行立模高程复核→底板钢筋绑扎→腹板钢筋绑扎→内模安装→顶板钢筋绑扎→浇筑 50% 混凝土→根据监控指令第二次张拉斜拉索→浇筑剩余 50% 混凝土→混凝土养生→混凝土强度达到设计要求后张拉主梁预应力筋并进行孔道压浆→根据监控指令要求进行索力转换、斜拉索第三次张拉→卸挂篮锚杆组，脱模→安装行走系统→挂篮前移行走至下一节段→重复以上步骤进行下一节段主梁的施工。

4.2.3　斜拉索施工

（1）斜拉索材料　在历史上，初始的斜拉索曾采用铁链等来制作，但这种做法在当今已完全不可取。现代斜拉索全部使用高强度钢筋、钢丝或钢绞丝制作。拉索的形式和性能见表 4.1。

表 4.1　几种拉索的主要性能

拉索类型	静载			动载	
	效率系数	极限延伸率/%	弹性模量/MPa	应力上限/MPa	应力幅/MPa
平行钢丝索	0.95	2	2.0×10^5	710	200
半平行钢丝索	0.95	2	1.95×10^5	710	200
钢绞线索	0.95	2	1.90×10^5	840	160
半平行钢绞线索	0.95	2	1.85×10^5	840	160
封装式钢缆	0.92	2	1.85×10^5	840	150

我国常用 $\phi 5 \sim 7$mm 的高强钢丝，其标准强度不低于 1570MPa；$\phi 12$mm 和 $\phi 15$mm 的钢绞线，刚度与直线钢丝相接近，但较钢丝本身的弹性模量要低。现阶段常用的两种斜拉索形式为：半平行钢丝索和钢绞线索。

半平行钢丝索：将钢丝平行并拢后同心同向轻度扭绞 2°～4°，再用包带扎紧，弯曲性能好，可以盘绕，具备长途运输条件，宜在工厂生产，质量易保证，逐步取代了纯平行钢丝索。半平行钢丝索是一个整体，太长之后重量很大，不便运输与吊装，且只能整体张拉，故一般用于短索,如图 4.45 所示。

钢绞线索:单根钢绞线安装起吊重量小、张拉力也小,可采用小型千斤顶单根张拉,拉索施工时的大型设备投入少。因此平行钢绞线索较适合超长拉索,如图 4.46 所示。

图 4.46 钢绞线索采用夹片群锚,单根张拉

(2)斜拉索施工工艺 钢绞线索单根重量较轻,施工方便灵活。下面主要介绍整根钢丝索的施工,安装程序如下:斜拉索转运→斜拉索桥面展开→斜拉索塔端安装→斜拉索梁端安装→斜拉索的千斤顶牵引→斜拉索张拉与锚固→斜拉索索力调整。

① 斜拉索转运。新建桥梁中无论是平行钢丝索、钢绞线索还是单根钢绞线,都无法通过陆上交通直接运送至桥面上。一般通过驳船或者大型货车运送至指定地点,然后通过塔吊或者梁面吊索桁车将斜拉索转运至梁面放索盘上。

② 斜拉索桥面展开。斜拉索桥面展开的目的:一是安装需要;二是舒展索体,散去扭力,使索在安装时处于无应力自然状态,使斜拉索安装工程安全、顺利进行。斜拉索桥面展开分放索与展开两个步骤进行,如图 4.47 所示。

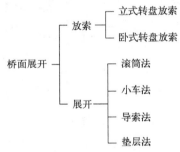

图 4.47 斜拉索桥面展开步骤

二维码 4.5

a. 放索。为便于运输及运输过程中索的保护,斜拉索起运前通常采用类似电缆盘的钢结构盘将拉索卷盘,然后运输。对于短索,也有采取自身成盘、捆扎后运输的情况。根据拉索的不同卷盘方式,现场放索常用立式转盘放索、卧式转盘放索两种方式。

立式转盘放索:钢结构索盘放索时设置一个立式支架,在索盘轴孔内穿上圆轴,徐徐转动索盘将索放出,如图 4.48 所示。

卧式转盘放索:对于自身成盘的索,则设置水平转盘,将索盘放在转盘上,边转动边将索放出。在放索过程中,索盘自身的弹性和牵引产生的偏心力,会使转盘转动时产生加速度,导致散盘,危及施工人员的安全,所以一般情况下要对转盘设刹车装置,或者以钢丝绳作尾索,用卷扬机控制放索,如图 4.49 所示。

b. 展开。在放索和挂索过程中,要对斜拉索进行拖移,由于索自身弯曲,或者与桥面直接接触，在移动中就可能损坏拉索的防护层或损伤索股。为避免这些情况的发生，一般采取下述方法对移动时的索进行保护。

图 4.48　立式转盘放索

图 4.49　卧式转盘放索

滚筒法：在桥面设置一条滚筒带，当索放出后，沿滚筒运动。制作滚筒时，要根据斜拉索的布置及刚柔程度，选择适宜的滚轴半径，以免滚轴弯折，摩阻增加。平滚之间要保持合理的间距，防止拉索与桥面接触。滚筒可与桥面固接，也可与斜拉索套筒固接，具体方法依施工现场情况而定。

小车法：当斜拉索上桥后，每隔一段距离垫一个平车，由平车载索移动。梁体顶面凹凸不平时会导致平车运动不便，所以平车的轮子不宜太小。与滚筒法一样，平车也要保持合理的间距，避免拉索与桥面接触。

导索法：在索塔上部安装一根斜向工作悬索，当斜拉索上桥后，前端连接牵引索，每隔一段距离放置一个吊点，使拉索沿着导索运动，这种方法能省去大型牵索设备，可安装成卷的斜拉索。

垫层法：对于一些索径小、自重轻的斜拉索，可在梁面放索线上铺设麻袋、草包、地毯等柔软的垫层，就地拖移。

③ 斜拉索塔端安装。安装方法：吊点法、塔吊安装法。

a. 吊点法。主要使用塔顶桁架（图 4.50）和卷扬机，可分为单点吊、两点吊和多点吊。

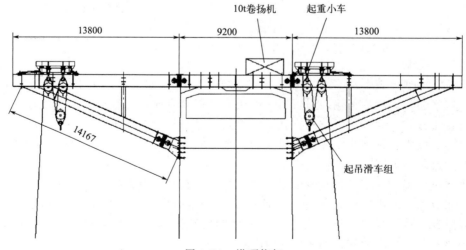
图 4.50　塔顶桁架

单点吊法：斜拉索上桥面展开后，在斜拉索塔端锚头附近一定距离安装索夹，设置吊点，如图4.51所示，单点吊法实例，如图4.52所示。

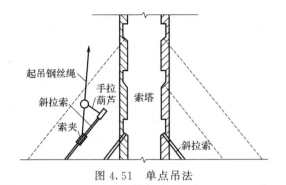

图4.51 单点吊法

(a) 斜拉索提升　　　　　　　(b) 斜拉索提升至洞口

(c) 夹固索提升协助斜拉索进洞　　　　(d) 塔内工作室

图4.52 单点吊法实例

两点吊法：斜拉索上桥面展开后，在斜拉索塔端锚头附近一定距离安装索夹，设置吊点，由起吊绳通过塔顶桁架上的转向滑轮与索夹相连，并下放牵引绳，连接拉索前端，启动卷扬机提升斜拉索，过程中采用牵引绳与起吊绳相互调节，牵引至塔端头固定，如图4.53所示。

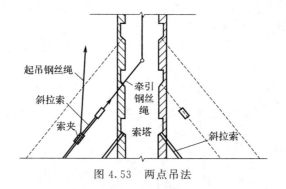

图 4.53 两点吊法

多点吊法：在索塔上部安装一根斜向工作牵引索，将斜拉索每隔一段距离设置一个吊点与牵引索相连，使斜拉索沿导索运动。这种方法吊点多，且工作牵引索也需从索空中导出，施工复杂，并且索的自重不能大，如图 4.54 所示。

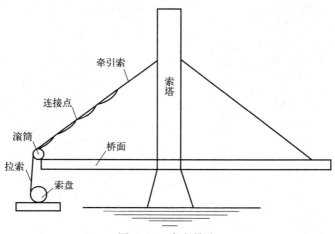

图 4.54 多点吊法

b. 塔吊安装法。对于短、自重不大的斜拉索，可采用塔吊和索道管伸出的牵引索直接起吊，不需要安装塔顶桁架等起吊动力系统，如图 4.55 所示，这种方法简单快捷，但是对塔吊的起重能力要求比较高。

④ 斜拉索梁端安装。在斜拉索塔梁端锚头附近一定距离安装索夹，设置吊点，牵引绳通过安装在主梁上的导向滑车连接索夹，导向绳从套筒中伸出连接梁端锚头。启动卷扬机，至梁端锚头固定。为了防止斜拉索安装过程中 PE 套划伤，在主梁上应设置角度调整系统，斜拉索牵引的同时，调整斜拉索的角度，使其与索道管角度保持一致，平顺下滑。

⑤ 斜拉索的千斤顶牵引。当斜拉索的一端安装完成后，就需要进行另一端的安装，当牵引力不大的情况下，可以采用钢丝绳作为主要受力体系进行牵引（软牵引）。斜拉索锚头越接近锚垫板，牵引力就越大，这时再使用钢丝绳牵引就很危险，可更换为采用千斤顶牵引（硬牵引）。

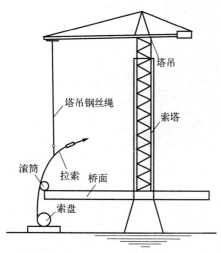

图 4.55 塔吊安装法

⑥ 斜拉索张拉与锚固。

a. 张拉。斜拉索张拉一般在塔端进行，采用大型穿心式千斤顶牵引锚头张拉。张拉过程中单塔同编号对称的斜拉索须对称同步张拉，同步张拉的不同步索力值不超过设计监控规定值，按规定值分级至油压表最小刻度。

斜拉索张拉步骤如下：

锚垫板处安装张拉设施。

启动油泵，分级同步张拉，锚固螺母跟进锚固。

应力、伸长量控制，油表读数控制。

伸长量校核满足要求后，千斤顶持荷 5min，拧紧锚固螺母，拆除张拉设施，完成斜拉索张拉。

b. 锚固。斜拉索的锚具常用：热铸锚、墩头锚、冷铸墩头锚、夹片群锚。详见本书斜拉桥施工设备内容。

⑦ 斜拉索索力调整。斜拉桥是高次超静定结构，施工中要经过大量的体系转换才能达到最后的成桥状态，在施工过程中，斜拉索张拉多少力才能使成桥时的内力达到最优是斜拉桥施工的首要问题。斜拉索在初张拉后的再次张拉，可以在施工中的某个阶段，也可以在成桥后甚至通车后再进行，根据需要可安排一次乃至几次的索力调整工作。

4.2.4 工程案例解析

苏通大桥位于江苏省南通市（南通农场）和苏州市（常熟市）之间，工程北起南通境内小海互通立交，与连盐通、通启高速公路相接，南至常熟境内董浜互通立交，连接苏嘉杭、沿江高速公路。西距江阴大桥约 80km，东距长江入海口约 110km；苏通大桥由跨江大桥和南北引线组成，全长 32.42km，其中，跨江大桥长 8146m，北岸接线长约 15.1km，南岸接线长约 9.18km。跨江大桥包括主桥、辅桥和南北引桥。其中，主桥长 2088m，主跨为 1088m 的双塔双索面钢箱梁斜拉桥，辅桥为主跨 268m 的预应力混凝土刚构桥，引桥为跨径 30m、50m、75m 的预应力混凝土连续箱梁桥。其立面图如图 4.56 所示。

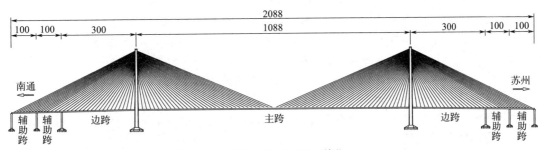

图 4.56 苏通大桥立面图（单位：m）

工程主要特点和关键技术点：

① 苏通大桥位于东南沿海区域，江面风速较大，极易受台风的影响，给工程建设的组织和施工安全带来不利因素，加大了工程建设施工的难度。特别是给高塔施工、大悬臂箱梁拼装施工带来了极为不利的影响。

② 桥址东距长江入海口约 110km，潮汐影响明显，涨落潮流过大，施工船舶定位困难。

③ C3 合同段处于主通航区域，水上交通繁忙，给现场施工组织和通航管理增加了难度。

④ 主塔高达 300.4m，施工时受高空大风影响严重，施工难度大，技术、安全措施要求高。

⑤ 主塔钢锚箱制作、安装定位精度要求高。

⑥ 钢箱梁截面宽，边跨大节段采用大浮吊吊装，标准节段采用双桥面吊机进行拼装，对于拼装施工质量、工艺及线形控制具有很高的要求。

⑦ 大悬臂施工过程中，大风效应、风致振动和斜拉索振动影响比较大，给高精度钢箱梁安装带来困难。

⑧ 最长斜拉索长达 577m，重达 59.0t，挂索施工难度较大。

⑨ 苏通大桥的基础相对较深，而地基地层也相当软，造成江中桥墩基础柔弱。

⑩ 苏通大桥是目前世界上少有的千米级特大型斜拉公路桥梁，对工程结构内在质量、外观质量、整体线形控制都有极高的要求。

4.2.4.1 索塔施工

苏通大桥主桥是世界首座跨径超千米（1088m）的斜拉桥。其北、南索塔高 300.4m，为世界最高索塔。塔柱为人字形，由下、中、上塔柱组成，分为 68 个节段浇筑。下、中塔柱为双肢，以箱式横梁联结，具有截面大、斜度大、四面收分、梁高体大、梁与柱异步施工等特征；上塔柱自第 51 至 67 节段为国内首次采用钢锚箱、外包混凝土组合结构，且上下游侧呈大弧线。中交二航局为确保塔柱结构强度、耐久性和景观性，引进国际领先的 DOKA 液压自动爬升模板（爬模）系统（如图 4.57）施工，并消化吸收再创新，针对大桥索塔结构特点及桥区自然条件，对液压自动爬升模板系统进行了有针对性的设计，尤其是要求液压自动爬升模板系统能在中、上塔柱交汇段处能顺利过渡而不需拆下重装，真正实现"一爬到顶"。中国技术师按照中国工程师的技术方案，以功能更好、质量更优、速度更快保障了塔柱顺利、优质、安全施工。

液压自动爬升模板系统施工工作原理是：爬架与导轨互为支撑，相互顶升，模板随爬架就位，并依靠爬架进行操作，即导轨依靠附在爬架上的液压油缸来进行提升，到位后与上部爬架悬挂件连接，爬架与模板体系则通过顶升液压油缸沿着导轨进行爬升。这样就有效地完成了爬架及模板的爬升、定位等作业，形成塔柱各节段施工工序循环。

液压爬架主要由工作平台、液压爬升装置及锚固悬挂件组成，见图 4.57。

工作平台包括上部操作平台（2~3 层）、主工作平台（1 层）、下部作业平台（2~3 层）及电梯入口平台（1 个），平台间净高一般为 2.1m，主操作平台宽一般为 3.1m。

液压爬升装置包括爬升导轨、液压顶升设备及其他配套设施，根据索塔结构尺寸和施工需要，单个塔肢可配有多根爬升导轨、多套液压顶升设备，即在塔肢每侧均有布置，以便塔肢每侧的爬模均可单独爬升，所有液压顶升设备共用一个控制柜，通过操作电子控制板来实现导轨及架体的正常爬升。

液压自动爬升模板系统主要性能参数根据工程的实际需要选择，以下为苏通大桥爬模系统采用的性能参数：

① 工作平台：6 层；

② 自升装置额定提升荷载：≥100kN；

③ 节段浇筑高度：3~4.5m；

④ 提升速率：≥0.2m/min；

⑤ 倾斜角度：±15°；

⑥ 驱动力：液压动力；

⑦ 工作状态最大抗风能力：20m/s；

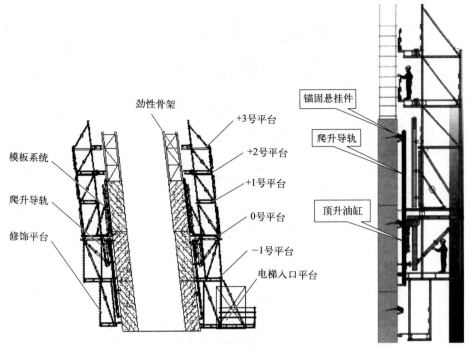

图 4.57　液压自动爬升模板系统总体构成示意图

⑧ 非工作状态最大抗风能力：69m/s。

液压自动爬升模板系统施工主要包括爬模安装和使用，其总体施工工艺流程见图 4.58。架体安装的关键构件就是 0 号平台的挂设，施工要点如下：

① 用轴销将爬架头与爬架进行连接；
② 将悬挂靴固定在混凝土结构面上，如图 4.59 所示；
③ 安装嵌入式挂靴，按下把柄，将其锁定；
④ 将悬挂销插入嵌入式挂靴，旋转固定到位；
⑤ 用吊车将已预拼好的爬架系统悬挂在嵌入式挂靴的悬挂销上；
⑥ 插入安全销，将爬架锁紧在嵌入式挂靴上，调节承压丝杆，调节爬架与结构物之间的垂直度，直至设计位置。

爬模系统的操作，苏通大桥北索塔爬模系统如图 4.60 所示。

(1) 导轨爬升　当新浇节段混凝土的强度到达爬升要求值（一般不小于 15MPa）时，即可爬升导轨，导轨爬升的主要步骤及要点为：

① 导轨爬升准备：
a. 安装上部爬升悬挂件；
b. 清洁爬升导轨，导轨表面涂上润滑油；
c. 液压油缸上、下顶升弹簧装置方向一致向上；
d. 将所有的承压丝杆顶紧混凝土面。

② 经确认具备爬升条件后，打开液压油缸的进油阀门，启动液压控制柜，拆除导轨顶部楔形插销，开始导轨的爬升。当液压油缸完成一个行程的顶升后，经确认其上、下顶升装置到位后，再开始下一个行程的顶升。

③ 当导轨顶升到位后，从右往左插上爬升导轨顶部楔形插销，以确保插销锁定装置到位。下降导轨使顶部楔形插销与悬挂件完全接触。

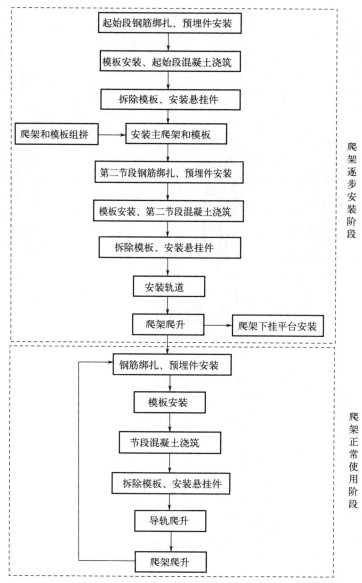

图 4.58 液压自动爬升模板系统总体施工工艺流程图

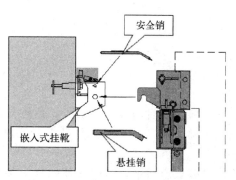

图 4.59 主平台悬挂点示意图

图 4.60 苏通大桥北索塔爬模系统图

④ 导轨爬升完成后,关闭油缸进油阀门,关闭控制柜,切断电源。

(2) 爬架架体及模板的爬升　导轨爬升到位后方可进行爬架架体及模板的爬升,其爬升的主要步骤及要点为:

① 爬升准备工作:

a. 清理爬架上的荷载;

b. 改变液压油缸上、下顶升弹簧装置方向,使其一致向下;

c. 解除塔柱与爬架的连接件;

d. 松开承压丝杆,取下锁紧板,后退承压丝杆(距离12cm);

e. 完成前节段混凝土螺栓孔修补。

② 经确认具备爬升条件后,打开液压油缸的进油阀门,启动液压控制柜,拔去安全插销,开始爬架架体的爬升。

③ 当爬升两三个行程后,拔除悬挂插销。

④ 当爬架架体顶升到位后,及时插上悬挂插销及安全插销,调节承压丝杆,顶紧混凝土面。

⑤ 关闭油缸进油阀门,关闭控制柜,切断电源。

整体提升过程中应有专人检查爬升是否平稳或是否有异常情况。

(3) 模板关闭和脱开　模板操作要点为:

① 根据需要竖向切除多余的面板,实现模板的收分;

② 在面板上安装爬架,悬挂预埋件定位盘,固定悬挂螺栓;

③ 移动模板悬吊装置(垂直面模板用)和调整斜撑丝杆(斜面模板用),使模板关闭,调节横向拉杆使模板间竖向接缝紧密,通过设置在爬架上的水平撑杆及楔形垫块将模板底部顶紧已浇混凝土面;

④ 脱模时,先解除所有的连接和固定装置,然后利用设置在模板肋带与爬架之间的拉杆(垂直面模板用)和斜撑丝杆(斜面模板用)将模板缓慢脱开。

(4) 爬模系统爬升检查　在塔身或墩身施工中,每次液压爬模系统的轨道、爬架爬升前和爬升过程中以及爬升到位后,都应进行严格而细致的检查,在确定该步操作完全符合规程或要求时,才能进行下一步的操作。在此过程中,所有操作人员必须服从爬升总指挥的指令,在发现异常情况时,要及时向总指挥汇报,等待总指挥的指令下达。

4.2.4.2　钢箱梁施工

由于桥址离长江入海口较近,位于台风区,风力大,风况复杂,因此主桥钢梁采用抗风性能较好的全焊扁平流线型封闭钢箱梁,其上翼缘为正交异性板结构。钢箱梁含风嘴全宽41m,不含风嘴顶板宽35.4m,底板宽(9+23+9)m,中心线处高4m,主要由顶板及U形加劲肋、底板及U形加劲肋、外腹板及加劲肋、横隔板、纵隔板等结构组成,其标准横断面如图4.61所示。

全桥钢箱梁分为17种类型141个节段,钢箱梁节段标准长度16m,边跨尾索区节段标准长度12m。为方便安装,钢箱梁被划分为5个部分,如图4.62所示,即:辅助跨、边跨大块梁段、索塔区梁段、标准梁段、边跨合龙梁段以及中跨合龙梁段。辅助跨、边跨大块梁段主要由几个标准梁段焊接而成,最大长度60m,最大起吊重量1142t(不含风嘴),主跨和边跨标准梁段最大起吊重量约450t。根据吊装设备的不同,钢箱梁吊装分别选用大型浮吊和桥面吊机。其中,辅助跨、边跨大块梁段及索塔区梁段选用大型浮吊吊装;标准梁段、边跨合龙梁段及中跨合龙梁段选用桥面吊机吊装。

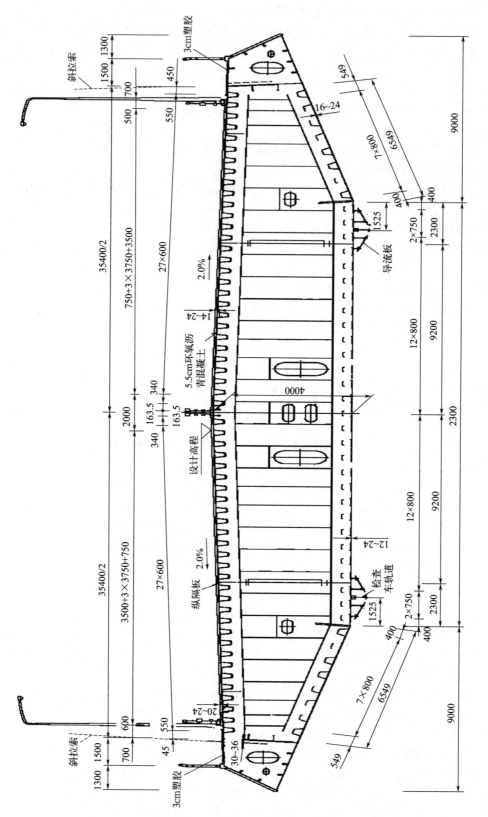

图 4.61 钢箱梁标准横断面

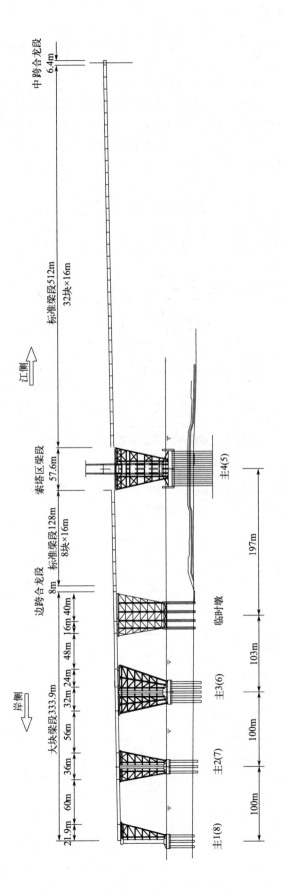

图 4.62 钢箱梁安装总体划分图

由于桥位处常年大风天气较多,为降低施工风险,尽量减少主梁双悬臂长度及施工时间,尽早实现边跨合龙,在台风来临之前完成中跨合龙。钢箱梁安装分为6个部分进行施工,即:辅助跨、边跨大块梁段安装(含辅助跨临时支架及临时墩施工),索塔区梁段安装(含存梁支架施工),双悬臂标准梁段安装,边跨合龙梁段安装,单悬臂标准梁段安装,中跨合龙梁段安装。其中,临时搁置在支架上的梁段(索塔区梁段、边跨及辅助跨大块梁段)采用大型浮吊吊装,中跨及边跨标准梁段、合龙梁段采用桥面吊机吊装。

① 钢箱梁安装总体施工工艺流程见图4.63。

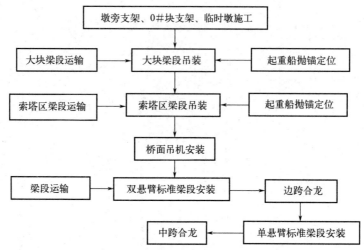

图4.63 钢箱梁安装总体施工工艺流程图

根据施工的需要,边跨合龙梁段将A11梁段一分为二,其A11-1作为1#大块梁段的一部分,另一半A11-2作为边跨合龙梁段,原设计的边跨合龙梁段"AH"作为大块梁段的一部分与大块梁段一起制作。梁段相关参数见表4.2。

表4.2 钢箱梁相关参数表

梁段分类	类型	梁段编号	长度/m	最大(最小)设计吊装重量/t	全桥数量
标准梁段	C1	N(S)A3、N(S)J3	16.0	446.9	4
	C2	N(S)A4、N(S)J4 N(S)A5、N(S)J5	16.0	432.5	8
	D	N(S)A6～N(S)A10 N(S)J6～N(S)J16	16.0	387.1	32
	E	N(S)J17～N(S)J21	16.0	347.5	10
	F	N(S)J22～N(S)J34	16.0	326.2	26
大块梁段	Ⅰ(A11-1～A13)		40.0	962.0(917.8)	2
	Ⅱ(A14)		16.0	383.3(365.8)	2
	Ⅲ(A15～A17)		48.0	1150.0(1097.0)	2
	Ⅳ(A18、AH)		24.0	587.6(561.5)	2
	Ⅴ(A19、A20)		32.0	853.4(818.4)	2
	Ⅵ(A21～A24)		56.0	1132.4(1101.4)	2
	Ⅶ(A25～A27)		36.0	841.5(801.9)	2

续表

梁段分类	类型	梁段编号	长度/m	最大(最小)设计吊装重量/t	全桥数量
大块梁段		Ⅷ(A28～A32)	60.0	1208.0(1142.0)	2
		Ⅸ(A33～A34)	21.9	549.3(525.4)	2
边跨合龙梁段		N(S)A11-2	8.0	193.6	2
中跨合龙梁段	O	JH	6.4	127.1	1

② 钢箱梁安装总体施工程序如下。

a. 拼装边墩、辅助墩临时支架及临时墩，拼装索塔区存梁托架。

b. 利用浮吊吊装边跨、辅助跨大块梁段（A11-1～A34），大块梁段安装总体布置如图 4.64 所示。精确定位后，全断面焊接拼缝。

c. 利用浮吊吊装塔区 0#块梁段（A、B1+B2），并进行初定位，如图 4.65 所示。

d. 精确调位塔区 A 梁段，进行塔梁临时固接。精确调位 B1+B2 梁段，全断面焊接拼缝。

由于主桥设计采用非塔梁固接体系，施工期塔梁需采取临时固接措施。塔梁临时固接的作用主要是为施工期主梁提供弹性约束。对于苏通大桥，上部结构施工采用几何控制法，当中跨合龙环境温度与设计基准温度差异较大时，合龙段配切（改变梁段长度）将对结构受力产生较大影响。为保证主梁无应力尺寸，中跨需要采取顶推合龙的方法，这就要求临时固接处应具有调整功能，以适应顶推的需要。因此采用图 4.66 的布置可以实现对主梁的固接约束，并满足主桥中跨顶推合龙需要。为方便临时索索力调整和中跨顶推合龙，竖向和纵向采用类似斜拉索结构的平行钢丝索。

e. 第一次对称张拉 A1、J1 及 A2、J2 号斜拉索，解除 B1+B2 梁段底部临时支撑。

f. 安装、调试桥面吊机。

g. 第二次张拉 A1、J1 及 A2、J2 号斜拉索，对称吊装 A3、J3 梁段，精确定位钢箱梁后，全断面焊接拼缝，挂设 A3、J3 号斜拉索。

h. 第一次张拉 A3、J3 号斜拉索，桥面吊机松钩前移，第二次张拉 A3、J3 号斜拉索，对称吊装 A4、J4 梁段，精确定位钢箱梁后，全断面焊接拼缝，挂设 A4、J4 号斜拉索。

i. 按上述方法分别安装、张挂钢箱梁及斜拉索至 A10、J10 钢箱梁及斜拉索。

j. 吊装边跨合龙梁段（A11-2），与 A10 梁段焊接，边跨、辅助跨大块梁段顶推，实现边跨合龙。

k. 拆除岸侧桥面吊机，进入单悬臂钢箱梁安装施工。

l. 江侧桥面吊机起吊 J11 梁段，精确定位钢箱梁后，全断面焊接拼缝，挂设 A11、J11 号斜拉索。第一次对称张拉 A11、J11 号斜拉索，桥面吊机松钩前移，第二次对称张拉 A11、J11 号斜拉索。

m. 按上述方法分别安装钢箱梁至 J15，张挂斜拉索至 A15、J15，第一次张拉 A15、J15 号斜拉索，桥面吊机松钩前移，第二次张拉 A15、J15 号斜拉索，在近塔辅助墩（3#、6#主墩）进行第一期压重施工。

n. 按上述方法分别安装钢箱梁至 J22，张挂斜拉索至 A22、J22，第一次张拉 A22、J22 号斜拉索，桥面吊机松钩前移，第二次张拉 A22、J22 号斜拉索，在远塔辅助墩（2#、7#主墩）进行第一期压重施工。

o. 按上述方法分别安装钢箱梁至 J26，张挂斜拉索至 A26、J26，第一次张拉 A26、J26 号斜拉索，桥面吊机松钩前移，第二次张拉 A26、J26 号斜拉索，在过渡墩（1#、8#主墩）进行第一期压重施工。

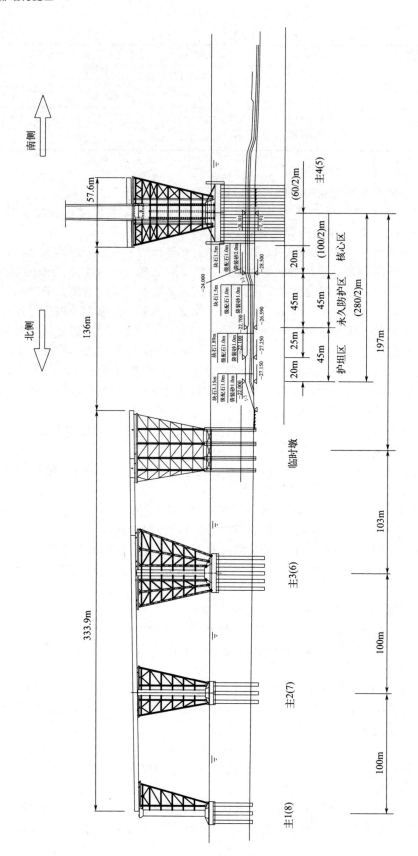

图 4.64 大块梁段安装总体布置示意图

图 4.65 浮吊吊装大块梁段

图 4.66 塔梁临时固接

p. 按上述方法施工完成至 A34、J34 号斜拉索的第二次张拉。

q. 进行施工监控，抬吊中跨合龙 JH 梁段，实现中跨合龙，解除塔梁临时固接。

r. 拆除桥面吊机进行辅助墩和过渡墩第二期压重施工。

s. 安装主桥附属设施，拆除其他施工设备、设施。

t. 全桥线形及索力检测、调试。

③ 中跨合龙段施工。中跨合龙段编号为 JH，长度 6.4m，设计重量为 127.1t（含风嘴），吊装时风嘴暂不安装，其重量约 119.1t。中跨合龙设计基准温度为 20℃，在该温度状态下进行中跨合龙，对永久结构不会产生不利影响，但在实际施工中，受合龙时机及其自然条件的影响，合龙时的环境和结构温度均将与基准温度存在差异，因此，必须选择合理的合龙方案，以尽量减少温度对结构产生的影响，同时方便施工。

根据对目前同类型桥梁中跨合龙方法的研究，可知中跨合龙主要有以下三种方案。

方案一：温度配切合龙。

温度配切合龙是目前国内常用的一种钢箱梁斜拉桥中跨合龙的方法，具有经济、方便、快捷等特点，且施工工艺较为成熟，施工经验较多。

温度配切合龙方案施工要点在于：调整合龙口两侧梁段，安装劲性骨架，通过对现场合龙口的监测，确定合龙时机和合龙梁段的长度，对合龙梁段进行配切，采用桥面吊机抬吊，在比较稳定的温度时段内（无日照），合龙段与两端悬臂梁段间的接缝同步焊接，并解除塔梁临时固接。

温度配切合龙方案对于环境温度的依赖性很强，根据计算可知，当实际环境温度超出设计基准温度5℃时，合龙梁段配切量大（温度每变化1℃，合龙口长度变化约13mm），成桥后索塔偏量较大。

方案二：顶推合龙。

顶推合龙是国外常用的合龙方法，该方案体现了无应力尺寸几何控制的思想，对环境温度的依赖性小。由于没有改变合龙段长度，对成桥结构受力与线形影响小。

顶推合龙方案施工要点在于：顶推移动已安装的钢箱梁，单侧桥面吊机起吊合龙梁段，先与一端的悬臂梁段对接施焊，梁段回移后，再与另一端悬臂梁段对接施焊。

合龙梁段两侧接缝采取分步焊接。由于钢箱梁悬臂长，施工经过昼夜，周期较长，受日照影响，温度变幅大，因而需要的顶推量较大。在顶推前需放松塔梁临时固接竖向索部分索力。

方案三：顶推辅助合龙。

顶推辅助合龙是温度配切合龙的一种补充方案，结合本桥的实际情况，当监测到的实际环境温度超出设计基准温度5℃时，在实施温度配切合龙方案过程中辅以顶推措施。

顶推辅助合龙方案施工要点在于：调整合龙口两侧梁段，安装劲性骨架，将合龙口两侧钢箱梁整体向岸侧拉移（改变合龙口长度），采用桥面吊机抬吊合龙梁段（基准温度下的长度），在同一比较稳定的温度时段内（无日照），整体回移合龙口两侧钢箱梁，同步焊接两条接缝，并解除塔梁临时固接。

本方案综合了温度配切和顶推的思路，合龙梁段两侧接缝在温度相对稳定的夜间同步焊接，温度变幅小，要求的顶推量小。由于没有改变合龙段长度，对成桥结构受力与线形影响小。为保证顶推后临时索索力安全系数大于2.0，以及方便梁段移动，在顶推前需放松塔梁临时固接竖向索部分索力。

通过对目前同类型桥梁中跨合龙方法的研究，同时考虑本桥的实际情况，选择顶推辅助合龙作为本桥的中跨合龙实施方案。

中跨合龙段施工步骤如下：

步骤一，见图4.67。
① NJ34和SJ34梁段焊接完成，第一次张拉A34和J34斜拉索，桥面吊机解钩；
② 50t汽车吊拆除角度调整支架；
③ J32和J33斜拉索放张；
④ 第二次张拉A34、J34斜拉索。

步骤二，见图4.68。
① 桥面吊机后移一个梁段，更换吊具（扁担梁）；
② 汽车吊就位，拆除挂索平台，安装临时通道、劲性骨架及临时替代压载（水箱加水）。

步骤三，见图4.69。桥面吊机前移至合龙梁段的吊装位置，检查车前移至合龙口附近。

步骤四，见图4.70。
① 调整梁段的相对标高、合龙口（上下口）宽等；
② 将合龙口两侧的劲性骨架焊成整体；

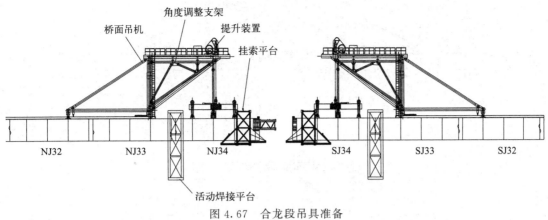

图 4.67 合龙段吊具准备

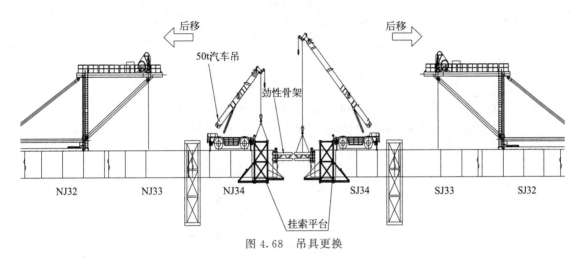

图 4.68 吊具更换

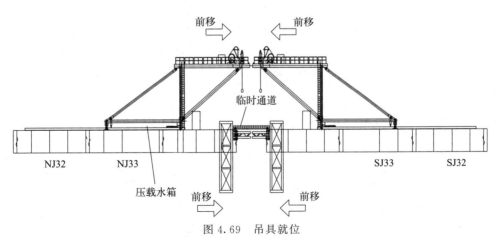

图 4.69 吊具就位

③ 放松塔梁竖向临时固接索部分索力,将合龙口两侧的梁段分别向岸侧拉移(根据实际情况确定)。

步骤五,见图 4.71。桥面吊机抬吊合龙梁段,同时卸去梁段临时替代压载。

步骤六,见图 4.72。

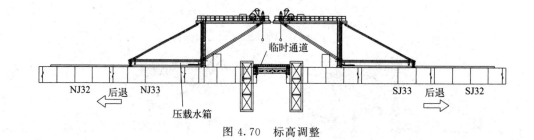

图 4.70 标高调整

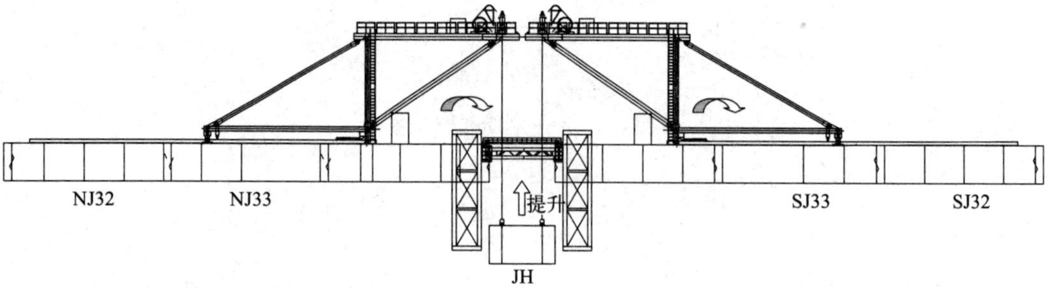

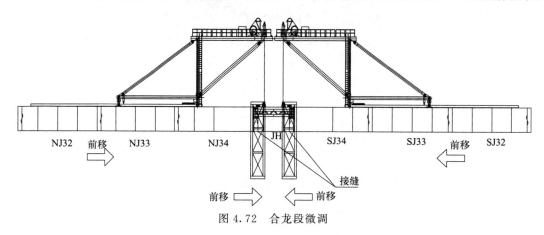

图 4.71 卸载临时替代压载

① 合龙梁段进入合龙口,两侧梁段回移,并与合龙梁段匹配;
② 检查车前移至接缝处,两侧接缝同时焊接,并及时解除塔梁临时固接(日出之前完成)。

图 4.72 合龙段微调

步骤七,见图 4.73。

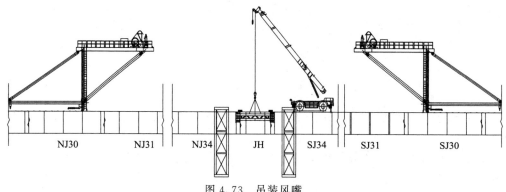

图 4.73 吊装风嘴

① 恢复调整过的索力；
② 桥面吊机后退，检查车后退，拆除劲性骨架等结构，吊装风嘴。

4.2.4.3 斜拉索施工

苏通大桥斜拉索采取空间双索面扇形结构，每塔的两侧各布置34对斜拉索，具体见图4.74。

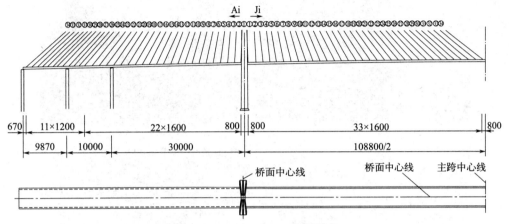

图4.74 斜拉索总体布置图

斜拉索采用工厂生产的双防腐系统（镀锌和高密度聚乙烯外保护层）的高强度低松弛平行钢丝扭绞型成品斜拉索，钢丝规格型号为PES7（平行钢丝斜拉索构造见图4.75）。根据索力的不同，本桥斜拉索共分八种规格，即：PES7-139、PES7-151、PES7-187、PES7-199、PES7-223、PES7-241、PES7-283和PES7-313。最长索为577m，重59t。全桥共设272（即$4\times34\times2$）根斜拉索，梁段中跨及边跨索距为16m，辅助跨远塔处索距为12m。

图4.75 平行钢丝斜拉索构造示意图

各索的总体施工方法分别为：

① 1～8#索采用MD3600塔吊整体提升上桥面置于卧式放索机上；MD3600塔吊进行塔端挂设及桥面展开；桥面卷扬机、梁内手扳葫芦牵引梁端锚头入索套管锚固；最后在塔端进行张拉。

② 9～20#索采用桥面吊索桁车整体提升上桥面置于立式放索机上；桥面卷扬机牵引梁端锚头至前端梁，MD3600塔吊提升斜拉索中部完成桥面展开；在塔端锚头处安装（2.2+1.8）m长张拉杆后，利用塔顶门架进行塔端挂设；桥面卷扬机、连续千斤顶牵引梁端锚头入索套管锚固；最后在塔端进行张拉。由于在梁端进行软牵引，为满足施工空间要求，在斜拉索锚固区梁风嘴底板开孔，待该节段斜拉索施工完成后即进行修复。

③ 21～34#索采用桥面吊索桁车整体提升上桥面置于立式放索机上；桥面卷扬机牵引梁端锚头至前端梁，MD3600塔吊提升斜拉索中部完成桥面展开；利用塔顶门架进行塔端挂

设；桥面卷扬机、连续千斤顶、软硬组合牵引梁端锚头入索套管锚固；最后在梁端进行张拉。由于在梁端进行软、硬牵引及张拉，为满足施工空间要求，先不安装部分或全部风嘴，待该节段斜拉索施工完成后再进行安装。

以 21~34#索为例介绍斜拉索的施工流程。

步骤一：斜拉索桥面展开及塔端挂设。见图 4.76。

(a) 放索机横移至箱梁中央   (b) 汽车吊卸下梁端锚头

 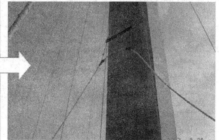

(c) 卷扬机牵引梁端锚头至前端梁部分，展开拉索   (d) 提升塔吊，完成斜拉索桥面展开

 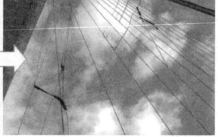

(e) 安装塔端锚头处夹具，连接塔顶桁吊滑车组   (f) 塔顶桁吊提升斜拉索，完成塔端挂设

图 4.76 步骤一

步骤二：斜拉索梁端挂设。见图 4.77。

① 卷扬机牵引梁端锚头至桥面吊机处，安装张拉杆（6m+6m）；在张拉杆端头安装软牵引钢绞线。

② 30t 手拉葫芦 1 提升斜拉索锚头，5t 手拉葫芦提升张拉杆，50t 汽车吊提升斜拉索，调整角度，连续千斤顶牵引斜拉索前行。

③ 解除 5t 手拉葫芦，连续千斤顶牵引张拉杆出梁端撑脚中间隔板后给张拉杆戴上安全螺母，移走 50t 汽车吊，拆除一级牵引装置，30t 手拉葫芦 2 在夹具 2 处提升斜拉索，调整角度，拆除连续千斤顶，安装 900t 穿心千斤顶。

④ 调整 30t 手拉葫芦 1、2、3 角度，900t 穿心千斤顶牵引斜拉索直至所有加长张拉杆出千斤顶面，拆除所有加长张拉杆，至此斜拉索梁端挂设完成。

图 4.77 步骤二

步骤三：斜拉索张拉。见图 4.78。

1～20#索张拉统一在塔端进行，21～34#索张拉统一在梁端进行。斜拉索张拉按几何控制法进行控制，即以斜拉索的锚固位置作为主控参数，斜拉索的索力及桥面标高作为复核参数。开启油泵对称同步张拉斜拉索，拧紧锚固螺母。

图 4.78 步骤三

任务 4.3 斜拉桥施工监控

我国借鉴国外的经验,从建设第一座斜拉桥起,就注意到施工过程控制的重要性。比如有座 210m+200m 跨径的单塔单索面斜拉桥,在施工中采用劲性骨架悬臂浇筑主梁,浇筑主梁时通过水箱放水减载与浇筑的混凝土重力相平衡,以此保持设计线形(设计高程)。理论上是完善的,但由于主梁分边箱和中箱两次浇筑,施工工序除纵向分节段外,横向又分两次完成,工序太多,不容易控制,所以造成该桥完工后,主梁外观呈波浪形,在桥面行车时更为明显,不但影响行车舒适,也造成外观缺憾,而各斜拉索受力是否符合设计要求,就更不得而知了。为了建设高质量、外形美观的桥梁,施工控制是必不可少的,桥梁施工控制是确保桥梁施工质量的关键。

斜拉桥结构复杂,是高次超静定结构,形成过程复杂,不同施工方案具有不同的形成过程,形成过程也就是体系转换的过程,且会受到诸多不利因素的影响,所以,斜拉桥形成过程中的受力体系不断改变,每一个节点的坐标变化都会对桥梁的内力分配产生影响,结构内力、几何状态也随之变化。为了确保桥梁施工过程中结构受力安全和成桥状态(线形、内力)满足设计要求,必须要对建桥的整个施工过程进行严格的控制。

桥梁施工控制又是桥梁建设的安全保证。为了安全、可靠地建设好每座桥,施工控制变得非常重要,因为每种体系的桥梁所采用的施工方法均按预定的程序进行,施工中的每一阶段,结构的内力和变形是可以预计的,同时可通过监测手段得到各施工阶段结构的实际内力和变形,从而可以完全跟踪掌握施工进程和发展情况。当发现施工过程中监测的实际值与计算的预计值相差过大时,就要进行检查和分析原因,而不能再继续进行施工,否则,将可能出现事故。为避免突发事故的出现,能按时、安全地建成一座桥,施工控制是有力的保证。也可以说,桥梁施工控制系统就是桥梁建设的安全系统。为确保桥梁施工的安全,桥梁施工控制必不可少,尤其对造价昂贵的大跨度斜拉桥更为重要。

理论上讲,根据设计确定的施工张拉索力进行施工,即可达到最优成桥状态,但施工中存在如下误差:

① 构造尺寸、节段重量与设计值偏差。
② 拉索施工索力误差。
③ 施工临时荷载等与设计值偏差。
④ 预应力筋布置及预应力张拉等施工误差。
⑤ 材料弹性性能、徐变收缩性能与设计值偏差。

上述误差的累积，将使设计最优成桥状态难以实现。斜拉桥是索承重（支承）结构，结构的重力、索力是影响结构状态的关键。

4.3.1 施工监控的方法与内容

（1）控制系统的方法理论　斜拉桥施工控制方法的研究围绕施工误差的有效消除或修正这一核心问题展开。斜拉桥施工监控方法的理论的发展随现代控制理论的发展而不断完善，经历了开环控制→闭环控制→自适应控制的发展历程。

① 开环控制。早期应用于跨度不大且结构体系较简单的桥梁结构。在设计计算阶段获得其关键施工阶段的理想状态，进而得出各关键施工阶段的结构预拱度。施工过程中按照预拱度进行施工控制。施工过程中不进行计算模型参数修正，本质上属于单向、确定性的控制方法，即不需要根据结构的实际响应来改变施工中的预拱度，较为简便。这一方法的成功前提是在设计阶段能够对施工过程中的结构预拱度进行准确预测。

② 闭环控制。应用于跨度大且结构体系复杂的桥梁结构。尽管可以精确计算出成桥及各关键施工阶段的理想结构状态，但实际施工状态和理论状态必然存在偏差，且越积越大。闭环控制利用监测数据与计算数据的误差，即刻给出拉索张拉力的调整增量。如果计算结果本身不合理，或与现场情况有差距，新节段施工后将出现新的误差，将可能出现调整失误。

相对于开环控制而言，闭环控制（如图 4.79 所示）能够实现对于误差的及时调整和修正，对施工过程的控制更深入、更科学，但本质上属于被动控制方法。

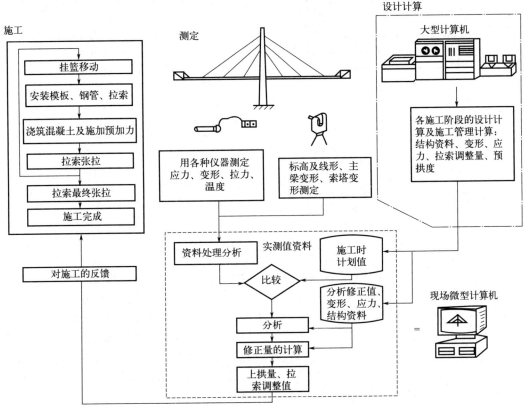

图 4.79　闭环控制系统示意图

③ 自适应控制。施工过程中能根据关键参数的识别结果不断进行模型修正,使计算模型与实际结构磨合后能够自动适应结构的力学行为的实际情况,从而有效降低模型误差,为主动进行结构施工状态的控制提供决策依据。

在误差出现后不是立即实施调整,而是分析误差出现的原因,调整模型,如图 4.80 所示。

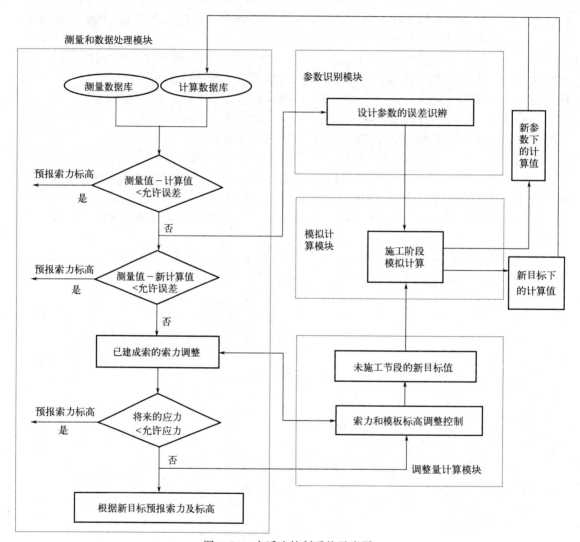

图 4.80 自适应控制系统示意图

(2) 斜拉桥施工监控的方法 斜拉桥施工监控的控制手段与控制理念经历了单控→双控→几何控制的过程。从单纯施工阶段的部分过程控制发展到了全过程控制。

全过程控制是从关键构件制造开始进行施工控制,对构件的制造控制即为几何控制,由此在控制理念里又引起了一次革新,即从传统的以主梁高程或索力为控制目标转变成以关键构件的无应力尺寸为控制目标。通过精确控制构件的无应力尺寸与形状来控制桥梁结构最终线形和内力。无应力状态是连接斜拉桥结构制造阶段与成桥阶段的纽带,通过对无应力状态指标的控制能够更为有效地实现实际成桥状态向设计目标状态的逼近,从而获得高质量的施工控制结果。

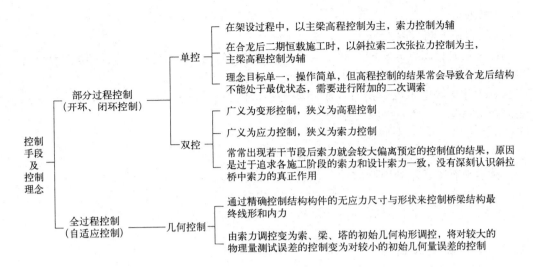

(3) 斜拉桥施工监控的内容　施工监控是通过施工过程中的跟踪测试、分析，不断采取调整措施，使桥梁建成时达到接近最优成桥状态的合理成桥状态。

施工监控工作包括：

① 要监测——通过事先在塔、梁和拉索这些工程部分上放置各种性能不同的传感器和测量仪器来完成数据的收集，其中包含工程的几何参量以及力学的参量；通过测量和测试手段获得桥梁在施工中的状态。

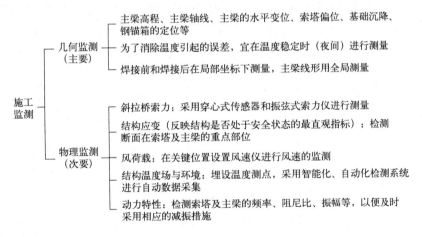

② 控制——通过电子计算机，对获得的数据进行分析、整理，进而得出下一阶段的工程施工参数。工作人员再将两种结果进行整合、分析，对于施工中出现的桥梁内力与外形的偏差进行矫正，保障工程的安全、有效运行以及桥梁的外观美感。将监测的结果与计算结果比较，分析桥梁状态存在的误差，确定实时调整方案。

数据分析与反馈控制流程：

a. 识别当前桥梁结构受力状态、几何状态；

b. 判别桥梁施工状态是否处于预控状态；

c. 当桥梁施工状态偏离预控状态时，预测桥梁施工误差对后续施工过程结构受力状态与几何状态的影响；

d. 确定是否发出安全预警；

e. 决定是否对施工过程预控数据或施工工艺实施调整或变更。

控制措施：

几何状态误差超过限值时：

a. 对于几何状态可调整的，如主梁悬臂安装标高，须在当前施工状态结合索力情况直接调整，也可以采取渐进调整的方式；

b. 对于几何状态不可调整的，如混凝土索塔已施工好的节段，须以当前施工状态为基础对后续施工状态数据进行反馈控制。

受力状态误差超过限值时：

a. 通过减少临时荷载或调整临时荷载位置改善受力；

b. 采用临时配重，调整临时配重位置、大小改善受力；

c. 通过调整施工工序、工艺，调整结构受力状态；

d. 采取局部加固或增设临时辅助设施等措施改善后续施工中的结构受力状态。

4.3.2 工程案例解析

苏通大桥施工控制在国内首次采用构件几何控制法。构件几何控制法是基于全桥所有构件的精确的制造控制，是以结构无应力尺寸为根本，以反应敏感、综合性强的几何参数为首要控制目标，现场安装中以钢箱梁无应力线形、斜拉索无应力长度为主要控制手段进行施工控制。为保证控制目标的实现，首先要以准确的模拟计算为基础，提出无应力制造线形（制造尺寸）和无应力索长，进而严格控制节段预制或制造尺寸，严格控制各安装阶段几何目标线形，及时纠正施工误差，使每一阶段构件预制或安装处于受控状态。

苏通大桥几何控制的精髓是对各个构件进行精确控制。为了能够将成桥线形控制在误差允许范围内，把斜拉索的制造无应力长度控制在允许误差范围内是极其重要的，即精确制造是实现成桥目标线形的首要条件。计算分析模型模拟了从索塔区梁段开始直到成桥的整个过程，所有的钢箱梁和斜拉索的制造尺寸均通过分析模型和计算得到。通过模型分析能够提供结构在参考状态下的结构行为。在每一个施工阶段输入实际安装信息，通过计入当前误差预测下一阶段线形。

(1) 成桥偏差控制指标　在20℃设计基准温度下，成桥状态施工控制达到的目标为：

① 主梁线形：要求线形无明显折角、光滑圆顺。

中跨：$\Delta g = \pm(0.45X+50)$mm，X为距塔中心线的距离，单位 m。

边跨：

塔中心线至边跨跨中 $\Delta g = \pm(0.22X+50)$mm，X为距塔中心线的距离，单位 m；

辅助墩至边跨跨中 $\Delta g = \pm[25+0.5(X-25)]$mm，$X$为距辅助墩中心线的距离，单位 m。

其中，Δg 为主梁线形控制误差，单位 mm，即 1088m 主跨跨中最大误差为 ±295mm，300m 边跨跨中最大误差为 ±88mm，100m 边跨跨中最大误差为 ±38mm。

② 塔顶偏位：

$$\Delta t = \pm H/2000$$

式中，Δt 为塔顶偏位控制误差，mm；H 为塔高度，m。

塔顶偏位最大误差为 ±150mm。

③ 斜拉索索力：

$$\Delta c = \pm 10\% \times T_0$$

式中，Δc 为斜拉索索力控制误差；T_0 为成桥状态理论计算索力。

④ 主梁轴线容许偏差（中跨）：

$$\pm(10+0.1X)\text{mm}$$

式中，X 为距塔中心线的距离，m。

（2）控制流程　施工控制流程主要分为计划阶段、预制阶段、安装阶段三个阶段。

在制造过程和现场安装过程均实施几何控制。对于每一个结构构件，在施工控制手册中均规定了控制程序和必要的施工设备。施工手册涵盖了施工控制程序、测量与监测设备、测量标准与放样方法等。在每一个安装周期完成后，进行阶段控制评估。

（3）制造控制

① 斜拉索制造。斜拉索的制造过程不仅严格控制制造长度，使其满足允许误差的要求，同时也非常注重斜拉索的刚度控制。

斜拉索的实际制造误差被用来确定安装时锚环上的螺母位置，并可通过调整螺母位置来确定实际的斜拉索安装长度。然而，当斜拉索的制造误差超过误差允许范围时，将会大大增加最终安装的斜拉索长度不能达到设计长度的风险，导致成桥线形偏离设计线形。

对于几何控制来说，斜拉索的制造需要严格控制以下参数。

a. 索长。斜拉索的制造测量采用徕卡测距仪，其仪器的标称精度为 1mm+1ppm。测量斜拉索长度时，将斜拉索张拉到 0.3 倍破断张拉力，在测量长度的同时监测温度。

b. 弹性模量。斜拉索的设计弹性模量是 195GPa，实际制造弹性模量由实测获得。所有的 272 根斜拉索的弹性模量平均值为 193.8GPa，比设计所采用的弹性模量小 1.2GPa。

c. 斜拉索重量。斜拉索的重量包括斜拉索本身重量和锚头重量。斜拉索本身重量采用单位长度重量进行记录，制造单位分别对不同型号的斜拉索重量进行采样测试。锚环的重量由锚环制造单位提供，锚环内填料的重量由斜拉索制造单位根据实际填料重量记录并提供。

② 钢箱梁制造。钢箱梁的制造控制对成桥线形是否能够达到设计线形是极其重要的，所以在制造过程中的几何控制是实现苏通大桥几何控制的关键。在制造单位编制的制造规程相关文件中详细规定了不同制造阶段的制造要求及标准，以及质量保证措施，即在制造过程中严格按照制造程序的要求，并执行严格的检查来保证在不同阶段均能满足控制精度要求。对应于采用的制造方法，在组拼、焊接、预拼装等过程中对关键项目进行严格控制是非常必要的。

相对于几何控制，以下参数是最重要的控制部分。

a. 主梁线形控制。钢箱梁节段的制造是在胎架上完成的。在每轮次制造之前，依据制造指令报告给出的制造线形，调整胎架的线形，使其与制造指令报告中的制造无应力线形一致。在整个组拼过程中，亦对胎架的线形进行监测。

胎架的线形决定了钢箱梁的制造无应力线形。实际上胎架主体结构的线形是不可每次都进行调整的，胎架线形的调整是通过牙板进行的。在每轮次拼装之前，制造单位通过调整牙板的高度来调整线形，如图 4.81 所示。

图 4.81　胎架、牙板图

b. 梁长控制。在钢箱梁节段的组拼过程中,梁段与梁段之间均预留一定的空隙,该缝隙的宽度比所需要的焊缝宽度要大,多出焊接所需焊缝宽度的部分,称为工艺缝。在组拼时留有一定的工艺缝,这是因为:

(a) 当温度升高时梁段将膨胀,较宽的缝隙可以避免相邻梁段在膨胀时发生冲突。

(b) 在组拼完成之前,梁段的实际长度要比所需长度略长一些,在组拼完成后根据测量长度将多余的长度切除。

(c) 方便组拼过程中的操作:组拼标准梁段时,工艺缝的宽度约为30mm;组拼大块梁段时,工艺缝宽约为60mm。

在每个焊缝口,均焊接了4对止顶板,分别位于顶板和底板的上、下游侧。

在梁段安装阶段需要重现制造无应力线形,就需要使用止顶板来实现。当钢箱梁组拼完成且还位于整体胎架上时,就要控制止顶板之间的距离,四个止顶板之间的距离需要相同,记为 Δ。在安装阶段,将其中一个梁段朝向另一个梁段平移 Δ,这样能够重现制造时梁段间的夹角,也即重现了制造无应力线形。当然,假如在安装过程中需要修正制造无应力线形,则在顶板或底板的止顶板之间插入一定厚度(不能过厚,否则焊缝宽度将过大,容易产生焊接质量问题)的垫片即可改变梁段间的夹角,从而改变无应力线形。

主跨合龙段的长度对于成桥梁长的控制是至关重要的。合龙段的设计长度为6400mm,制造单位将合龙段制造成6700mm的梁段,用于补偿可能发生的其他梁段总长小于理论长度时的长度误差。在合龙之前,根据现场监测及分析确定最终合龙段所需长度,制造单位随即根据切割指令将合龙段切割为最终的长度。制造时,合龙段的北侧完全根据设计长度制造,而只在南端加长300mm。

c. 几何控制点。几何线形的控制需要通过几何控制点测量和其他辅助的尺寸测量来实现。每个钢箱梁梁段上均设有一定数量的控制点。无论在组拼阶段、预拼装阶段还是现场安装阶段均使用相同的几何控制点,并在钢箱梁表面清晰地标记出来,保证在每个阶段都能很容易地被识别。

每个标准梁段都设有8个几何控制点,控制点位于钢箱梁的顶板表面,形成与主梁的纵轴线分别平行与垂直的方向线,见图4.83。每一个控制点都采用含有梁段编号和点号的唯一的编号进行标记,例如,编号 NA34-T2 的控制点,其中,NA34 为梁段编号,T2 为点号。

在每个控制点上,均焊有一个 M20 螺母,用于清晰地标记控制点的位置,如图 4.82 所示。

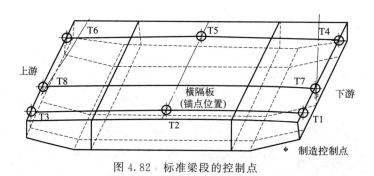

图 4.82 标准梁段的控制点

(4) 现场安装控制 有关悬臂梁段的施工,对于几何控制的要求,以下两个施工参数需要进行详细的分析:一是相邻梁段之间的夹角,控制着主梁的局部线形;二是斜拉索无应力长度，控制着主梁的整体线形。为了实现对上述两个参数的精确控制，需要一些精确、可靠的测量。

① 相邻梁段之间的夹角。通过制造测量能够计算出梁段之间的夹角。在安装阶段，当梁段起吊就位并与已安装梁段临时连接后，采用激光经纬仪复核梁段之间的夹角是否满足要求。通过这种方法，需要测量两侧边腹板位置的偏移量。

目标偏移量大小需要考虑以下两方面的因素：
a. 已安装梁段在吊机荷载（含起吊梁段）作用下的局部变形。
b. 预测的顶底板差异焊接收缩量。

根据有限元模型的分析计算获得钢箱梁在吊机荷载作用下的局部变形效应。钢箱梁顶底板差异焊接收缩量与焊缝宽度有关，发现误差时需要在底板增加 4~6mm 厚的垫片来进行补偿。

② 斜拉索无应力长度（USL）。斜拉索的无应力长度是通过锚环上的螺母位置来确定的。根据实际安装的塔端和梁段锚固点位置误差，对由计算机模型确定的理论无应力长度进行修正，来确定最终安装采用的斜拉索无应力长度。

除此之外，还对钢箱梁重量和长度进行误差识别，并对这部分误差所产生的索长改变量进行修正。随着钢箱梁悬臂的加长，这两项误差趋势识别的可信度逐步提高，并对具有较高可信度的系统性误差进行修正，即修正斜拉索的无应力长度，如图 4.83 所示。

总的来说，斜拉索无应力长度的修正主要依据以下两方面因素：
a. 物理参数：梁重、斜拉索弹性模量、斜拉索重量、结构刚度。
b. 几何参数：索塔锚点坐标、主梁锚点坐标（主要是索塔锚点高度误差和主梁长度误差）。

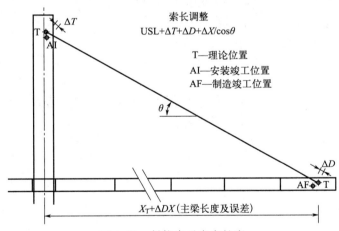

图 4.83 斜拉索无应力长度

③ 评估。在每一安装周期完成后，对主梁的线形进行测量并对索力进行测试，同时记录施工荷载的大小及位置，以及监测环境数据。在计算模型中输入实际安装的梁段间夹角以及实际安装的斜拉索无应力长度，进行计算得到预测目标数据，用于同实测数据进行比较。评估报告中对上述两项实测数据与预测目标数据进行了比较，涵盖线形和索力的比较。

评估报告还包含了正装分析，该分析模型中采用了实际安装数据，然后正装分析到中跨合龙来预测成桥线形。

④ 数据存储与传送。现场施工组收取斜拉索和夹角安装指令，在每一施工阶段后，监

测组收集施工过程的竣工数据及相关的环境、施工荷载数据等，施工控制组在每一施工周期后，提供预测阶段线形和正装分析模型，并根据现场测量数据，更新模型，并对误差进行分析并提供后续调整措施。

对于大量的施工信息，使用数据化传送；对于数据的处理，则使用标准化的计算表格。

项目小结

斜拉桥的三大受力构件，即索塔、主梁、斜拉索，其中主梁的施工方法在本书前面都有介绍，且是重点内容。索塔和斜拉索的施工是新知识点，可为日后继续学习同为缆索承重体系的悬索桥打下基础。通过本项目的学习，能认识到大型桥梁的施工都离不开各种各样的机械设备，不同的施工工法会用到不同的施工设备。所以在学习桥梁知识的同时也应加强对机械设备的了解。斜拉桥施工阶段的施工监控只是全过程控制中的重要一环，桥梁的全过程控制正在成为一个热门课题，因此有必要对控制理论有一定的了解。目前我国有大量的桥梁因年久失修处于亚健康状态，亟须监测采集数据，建立一个桥梁监测数据库，用于快速对比、评估桥梁状态。

巩固与提高

1. 何为劲性骨架？索塔钢筋骨架中设置劲性骨架的目的是什么？
2. 简述前支点挂篮与后锚式挂篮的区别与适用范围。
3. 斜拉索在梁端与塔端有哪些连接形式？
4. 施工期和运营期为何都要进行索力调整？
5. 斜拉桥主梁采用前支点挂篮悬臂浇筑，索塔采用爬模施工，钢绞线索调整，需要用到哪些施工设备？
6. 简述滑模、爬模、翻模的适用范围。它们模板上升的动力各来自哪儿？
7. 斜拉桥施工监控，具体要检测哪些内容？

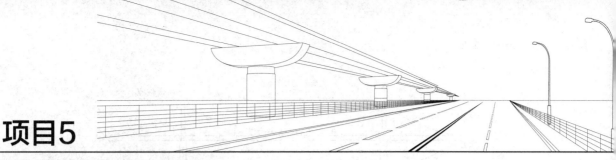

项目 5
悬索桥及其施工

📄 知识目标

通过本项目的学习，了解悬索桥的结构特点和基本类型，熟悉悬索桥的基本构造，掌握悬索桥的施工方法和施工工艺。

🎯 技能目标

能描述悬索桥的结构特点，能识读简易的悬索桥图纸，能对悬索桥进行简单的构造处理，能结合施工现场的具体情况组织施工。

📝 素质目标

要求理论联系实际，将课本知识与桥梁模型、施工图纸、施工现场及视频结合，充分了解悬索桥的受力特点及基本构造，掌握悬索桥的施工方法和工艺流程，夯实基础为就业做准备。

任务 5.1 悬索桥的认识

5.1.1 悬索桥概述、基本类型与设计风格流派

5.1.1.1 概述

悬索桥又称吊桥，是一种古老的桥型。最原始的人类悬索桥采用植物类的竹子或藤条来制造悬索。我国四川省的灌县早在千年之前就出现竹索桥，17世纪才开始出现用铁链作为悬索的桥梁。四川省大渡河上由9条铁链组成的泸定桥是1706年建成的。到19世纪又发展为采用眼杆（eyebar）与销铰作为悬链的桥梁。英国1826年建成的跨度为177m的麦地海峡桥和1864年建成的跨度为214m的克利夫顿桥都属于这种形式。这两座古老的悬索桥至今尚在使用。

利用钢缆绳、钢绞线和钢丝等现代钢材制造的悬索桥基本上是进入20世纪后才出现的。现代悬索桥通常由桥塔、锚碇、主缆、吊索、加劲梁及鞍座等部分组成，如图5.1所示。在吊索的悬吊下，加劲梁相当于多个弹性支承连续梁，弯矩显著减小；吊索将主梁的重力传递给主缆，承受拉力；桥塔将主缆支起，主缆承受拉力，并被两侧的锚碇锚固；桥塔承受主缆的传力，主要受轴向压力，并将力传递给基础。

由上可知，悬索桥的优点如下：

① 内力传递途径直接、明确，以拉应力为主的高强悬索，承担大部分荷载，充分利用了钢丝的有利特性。

② 在材料用量和截面设计方面，其他各种桥型的主要承重构件的截面积总是随着跨度

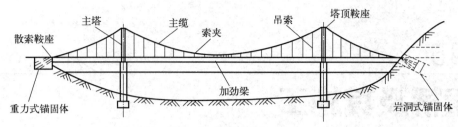

图 5.1 悬索桥的组成

的增大而增加。但大跨度悬索桥的加劲梁（就工程数量讲，加劲梁在悬索桥中要占相当大的比例）不是主承重构件，截面积不需要随着跨度的增大而增加。因此，当需要桥梁跨度在 600m 以上时，总是首先考虑悬索桥这一经典桥型。目前正在修建和计划修建的大跨度桥梁中，跨度超过 1000m 的桥型首选方案为悬索桥。

③ 在施工方面，悬索桥的施工是先将主缆架好，此时，主缆成为一个现成的悬吊式脚手架。在架梁过程中，梁段可以挂在主缆下。为防御飓风的袭击，虽然也需要采取一定的防范措施，但与其他桥所用的悬臂施工方法相比，风险较小，且安装不因跨度增加而相应地增加工作难度。

④ 主结构能很自然地拆成适宜的构件，重量和尺寸都小，运输、架设方便。

⑤ 悬索桥是所有各类型桥梁中跨越能力最大者，常可因地制宜地选择一跨即可跨越江河或海峡主航道的布置方案。这样，可以有效地避免水中深水桥墩的修建，满足通航要求。由于跨度大，整体造型流畅、美观，大跨度悬索桥也因此常成为重要的旅游景点。

当然，悬索桥也有一些缺点：由于悬索是柔性结构，刚度较小，在动载作用下，悬索会改变几何形状，引起桥跨结构产生较大的挠曲变形；在风荷载、车辆冲击荷载等动载作用下容易产生振动。历史上悬索桥发生破坏的事故较多，但是自 1940 年开展桥梁抗风稳定性研究，暴风损毁桥梁的事故已经可以避免，但其动力响应（车振响应、风振及地震响应）方向的研究应再继续开展。

5.1.1.2 悬索桥的基本类型

悬索桥的类型可以从悬吊跨数、主缆锚固方式以及悬吊方式等方面加以划分。

（1）按悬吊跨数分类 可分为单跨悬索桥、三跨悬索桥、四跨悬索桥和五跨悬索桥等，其结构形式如图 5.2 所示。其中，单跨悬索桥和三跨悬索桥最常用。三跨悬索桥的结构形式最合理，是大跨度悬索桥最常用的桥型。单跨悬索桥桥型常常由地形条件或线路平面条件决定。

① 单跨悬索桥。单跨悬索桥常用于高山峡谷地区（两岸地势较高，采用桥墩支撑边跨更为经济），或者道路的接线受到限制，使得平面曲线布置不得不进入大桥边跨的情况。就结构特性而言，单跨悬索桥由于边跨主缆的垂直度较小，主缆长度相对较短，对中跨荷载变形的控制更为有利。

当只有一岸的边跨地面较高或线路有平面曲线进入时，也可以采用两跨悬索桥的形式（即一个边跨与主跨的加劲梁是悬吊的，另一个边跨的梁体是由桥墩支承的形式），采用这种形式的桥有中国香港的青马大桥、日本来岛海峡二桥等。

② 三跨悬索桥。三跨悬索桥是目前国际工程实例中应用最多的悬索桥桥型，世界上大跨度悬索桥几乎全采用这种形式，这不仅是因其结构受力特性较为合理，同时其流畅对称的建筑造型也更能迎合人们的审美观点。

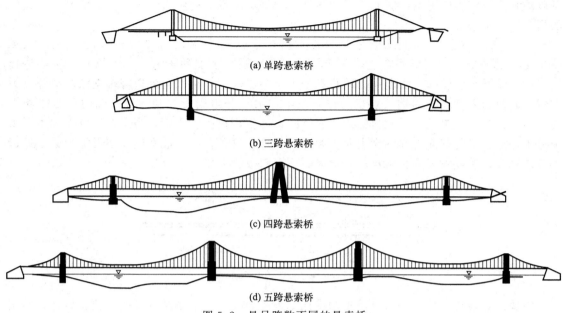

图 5.2 悬吊跨数不同的悬索桥

③ 多跨悬索桥。相对于三跨悬索桥来说，通常将四跨或五跨悬索桥又称为多跨悬索桥。多跨（塔）悬索桥常因中间桥塔与两边桥塔的塔高不同的关系导致主缆的垂直度偏大，使悬索桥的整体刚度减小，因此对中间桥塔必须加大其刚度而采用在桥梁纵向呈 A 形的四柱式立体桥塔。否则，多跨悬索桥在结构上存在以下两个缺点。

a. 当任意跨上有活载作用时，在主缆拉力的水平分力于塔顶处重新达到平衡之前，塔顶将向水平分力大的一侧产生较大的变位，随之在加劲梁上产生较大的挠曲变形（挠度）和弯矩；

b. 和三跨悬索桥相比，多跨（塔）悬索桥的结构柔性太大，因而固有振动频率较低。

由于以上的原因，多跨悬索桥难以满足特大跨度悬索桥的受力及刚度需要，因而也就不具备实用优势。在建桥条件需要连续做跨度布置时，可以采用两个三跨悬索桥一起布置，中间共用一座锚碇锚固这两座桥的主缆，如日本本州四国联络线中的南北备赞大桥，就是以两座三跨悬索桥的形式出现的，如图 5.3 所示。

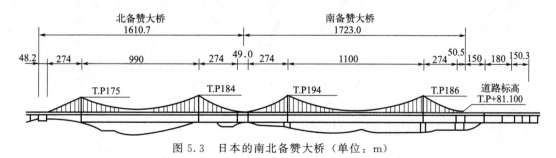

图 5.3 日本的南北备赞大桥（单位：m）

（2）按主缆锚固方式分类 按主缆锚固方式划分，可分为地锚式悬索桥和自锚式悬索桥。

① 地锚式悬索桥。绝大部分的悬索桥，特别是大跨度的悬索桥，都采用地锚方式锚固主缆，即主缆的拉力由桥梁端部的重力式锚固体（锚碇）或岩洞式锚固体（岩锚）传递给地

基以达到全桥的受力平衡,因此在锚固体处一般要求地基具有较大的承载力,最好是有良好的岩层作为持力地基。

②自锚式悬索桥。在较小跨度的悬索桥中,也有个别以自锚形式锚固主缆的(见图5.4)。这种自锚式悬索桥在边跨两端将主缆直接锚固于加劲梁上,主缆拉力是直接传递给它的加劲梁来承受的。主缆拉力的垂直分力(一般较小)可以起到边跨端支点的部分反力作用,而使加劲梁底下的端支点反力得以减小,水平分力则由加劲梁提供轴向压力自相平衡,不需另外设置锚碇。因此自锚式悬索桥的跨度不宜过大。否则,为了抵抗巨大的主缆水平分力,加劲梁的截面将非常庞大而不经济。另外,这种桥型一般必须先架设加劲梁,然后再安装主缆,实践中因施工困难、风险大等原因而极少采用。

图5.4 自锚式悬索桥

自锚式悬索桥的优点是适宜用于两岸地基承载力较差,特别是软土的桥位,另外,对城市闹市区跨河桥梁可以避免影响景观或无法布置庞大的主缆锚碇的情况。

(3)按悬吊方式分类 还有双链式和斜拉-悬吊混合式悬索桥。

双链式应用于中小跨度的悬索桥,常见的形式有两种,如图5.5所示。

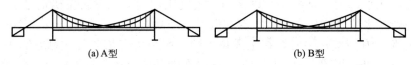

(a) A型　　　　　　　　　　　(b) B型

图5.5 双链式悬索桥

A型双链式悬索桥,它的上下链(主缆)在全跨范围内均匀布置吊索,吊拉桥面加劲梁。B型双链式悬索桥,它只在左右两个半跨范围的下链部分布置吊索,吊拉桥面加劲梁,也就是每链只吊挂半跨加劲梁。双链式悬索桥对恒载和全跨布置的均布活载由其上下链(缆)平均负担,对于全跨布置的非均布活载或只半跨有活载时,结构的受力和变形特性均有一定的优点,但其缺点是构件增多且分散。构件数量的增加对安装与养护、维修均不利,但从分散受力和能减少构件的截面尺寸及单件重量的角度来看,有时又是有利的。

随着悬索桥跨径的增大,其成桥后的风动稳定性将成为一个突出的问题,并且锚碇的难度增加,特别是对于跨海工程,锚碇要设在深水中,工程浩大。而斜拉桥可以省去锚碇,风动稳定性优于悬索桥,但是大悬臂施工稳定性较差,并且塔还会有压曲失稳的问题。斜拉-悬吊混合式悬索桥(见图5.6)兼顾了悬索桥和斜拉桥的优点。20世纪90年代初,法国Tancarvilla悬索桥加固时采用了协作体系。同时,有多座大型桥梁的方案设计中采用了协作体系,如土耳其伊兹米特海峡大桥以及中国的伶仃洋东航道桥。

图5.6 斜拉-悬吊混合式悬索桥

5.1.1.3 悬索桥的设计风格和设计流派

美国是最早进行现代悬索桥建设的国家。1903 年在纽约建成主跨为 488m 的威廉斯堡（Williamsburg）大桥以来，真正意义上的大跨度悬索桥技术在世界范围已应用发展了 100 余年，跨度逾千米的已经超过 20 座。其中，美国、英国、日本和中国是悬索桥相对集中的四个大国。出于这些悬索桥的建设年代和国情条件的差异，在结构特点上形成了各自的设计风格和设计流派。

（1）美式悬索桥　美国是修建悬索桥的先驱，起步较早，其发展已经经历了一百多年的时间，技术已相当成熟，为悬索桥的发展积累了丰富经验，并形成了自己独特的风格。

特点如下：

① 主缆采用 AS 法架设。所谓 AS 法，就是先在猫道（即施工步道，相当于一临时轻型索桥，作用是在主缆架设期间提供一个空中工作平台）上将单根钢丝编成主缆丝股，多束丝股再组成主缆。

② 加劲梁采用连续的钢桁梁，能适应双层桥面，并在桥塔处设吊拉支承及伸缩缝。

③ 桥塔采用铆接或栓接钢结构。

④ 吊索采用竖直的四股骑跨式。

⑤ 索夹分为左右两半，在其上下采用水平高强螺栓紧固。

⑥ 鞍座采用大型铸钢件、辊轴滑移支承。

⑦ 桥面板采用钢筋混凝土板。

美式悬索桥的优点是：可以通过增加桁架高度来保证梁有足够的刚度，且便于实现双层通车。

（2）英式悬索桥　英式悬索桥起步于 20 世纪 60 年代，先后在英国本土和土耳其建成威尔士塞文桥，博斯普鲁斯大桥和英国恒贝尔桥等多座著名的典型英式悬索桥。英式悬索桥的主要特点如下：

① 采用流线型扁平钢箱梁作为加劲梁。

② 早期采用铰接斜吊桥，经威尔士塞文桥、博斯普鲁斯大桥以及英国恒贝尔桥的实践之后，在博斯普鲁斯二桥改回到垂直吊索。

③ 索夹分为上下两半，两侧采用垂直于主缆的高强螺栓紧固。

④ 桥塔采用焊接钢结构或钢筋混凝土结构。

英式悬索桥的优点是钢箱加劲梁可减轻恒载，因而减小了主缆的截面，降低了用钢量和造价。钢箱梁抗扭刚度大，受到的横向风力小，有利于抗风，并大大减小了桥塔所承受的横向力。三角形布置的斜吊索可以提高桥梁刚度，但这种斜吊索在吊点处构造复杂。

（3）日式悬索桥　日本的悬索桥出现在 20 世纪 70 年代以后，国际上悬索桥的技术发展已日臻完善，日本吸收了世界上的先进技术，形成了日式流派，其主要特点如下：

① 采用预制平行钢丝索股架设主缆，简称 PWS 法。

② 加劲梁主要沿袭美式钢桁架形式，且在下层布置铁路，但近年来非双层桥面的梁体已转向采用流线型扁平钢箱梁。

③ 吊索沿袭美式流派的竖直四股骑跨式钢丝绳。

④ 桥塔采用钢结构，主要采用焊接方式，少数采用栓接。

⑤ 鞍座采用铸焊混合方式。

⑥ 主缆索股与锚碇内钢构架采用预应力工艺锚固。

（4）中国悬索桥　中国现代悬索桥以 1995 年建成的汕头海湾大桥为标志，随后进入迅猛发展时期。我国对加劲梁基本上都接受了英国流派的流线型扁平钢箱梁形式；对吊索仍保持美国流派的竖直形式,但按照各桥具体情况分别采用四股骑跨式或双股铰接方式;对主缆架设方法我国引用日本的 PWS 法;对鞍座与锚碇内的锚固方式都分别偏向采用铸焊混合结构与预应力锚固工艺。

5.1.2　悬索桥的组成

悬索桥主要由桥塔、主缆、锚碇和加劲梁等四大主体结构以及吊索、索夹、鞍座等重要附属系统组成。

5.1.2.1　桥塔

桥塔也称主塔,它是支承主缆的重要构件。悬索桥的恒载和活载都将通过主塔传递到下部的塔墩和基础。另外,在风荷载和地震荷载的作用下,桥塔还可以为全桥的总体稳定提供安全保证。

桥塔结构在顺桥向,按照力学性质可分为刚性塔、柔性塔和瑶柱塔三种结构形式。

所谓刚性塔是指塔顶水平变位量相对较小的桥塔。刚性塔可做成单柱形状,也可做成 A 字形状,一般用于多塔(桥塔数量为 3 个以上)悬索桥,特别是位于中间的桥塔,通过提高桥塔的纵向刚度来控制其塔顶的纵向变位,从而减小梁内的应力。

柔性塔是现代大跨度悬索桥最常用的结构,在大跨度三跨(双塔)形式的悬索桥中,桥塔几乎全是做成柔性的。柔性塔一般是塔柱下端做成固接的单柱形式,鞍座固定于塔顶,由塔的弹性变形来适应鞍座的线位移。

瑶柱塔一般只用于跨度较小的悬索桥。其下端做成铰接的单柱形式,由于锚底设铰,大大减小了塔所受的弯矩,但施工困难,结构复杂,现几乎不再使用。

在横桥向,采用桁架式、刚构式或者混合式(如图 5.7 所示)的桥塔结构形式来连接两侧的立柱,用以抵抗横桥向的风力或地震作用。刚构式外观明快、简洁,它既能用于钢桥塔,又能用于混凝土桥塔;桁架式和混合式由于交叉斜杆的施工对混凝土桥塔施工有较大的困难,因此一般只能用于钢桥塔。

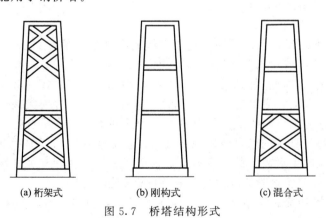

图 5.7　桥塔结构形式

5.1.2.2　主缆

主缆是悬索桥的主要承重结构,除承受自身恒载外,本身又通过索夹和吊索承受活载和加劲梁的恒载,通过塔顶鞍座悬挂在主塔上并锚固于两端锚固体中,是全桥结构受力生命线。主缆在全桥的布置,一般是每桥 2 根,分别布置在加劲梁 2 侧吊点之上。只有极少数的悬索桥全桥设有 4 根平行的主缆,即在大桥每侧并排布置 2 根主缆,共用一吊点。

现代大跨度悬索桥的主缆截面组成一般都是先由 $\phi5mm$ 左右的钢丝组成钢丝束股，然后再由若干根钢丝束股组成 1 根主缆，见图 5.8。钢丝束股的组成方法有空中编丝法与预制平行钢丝束股法，前者简称 AS 法，后者简称 PS 法或 PWS 法。每根主缆横截面大小由各座具体悬索桥主缆的拉力大小确定，一旦钢丝直径选定，其主缆所含钢丝总数 n 即随之而定。而具有 n 根钢丝的主缆应有多少股钢束 n_1 和每股钢束含多少根钢丝 n_2，则需要根据主缆的编制方法确定。

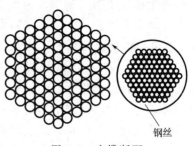

图 5.8 主缆断面

采用 AS 法的束股较大，每缆所含总股数 n_1 较少，30～90 束，每股所含丝数 n_2 多达 300～500 根，因而，单股锚固吨位大，锚固空间相对集中。

采用 PWS 法的束股通常按照六边形平行排列，每股丝数 n_2 通常取值为 61、91、127、169（见图 5.9），组成形状稳定的正六边形。每缆总股数 n_1 一般为 100～300 束，锚固空间相对较大。因此适用于工厂预制，现场架索施工时间相对缩短，受气候因素影响小，成缆工效提高。

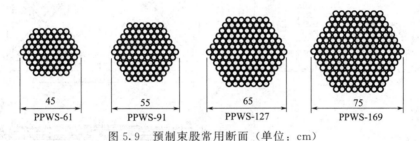

图 5.9 预制束股常用断面（单位：cm）

5.1.2.3 锚碇

锚碇是主缆的锚固体，用于固定住主缆的端头，防止其移动。锚碇的作用是将主缆中的拉力传递给地基基础，通常有重力式锚碇和岩洞式锚碇两种结构形式，见图 5.10。

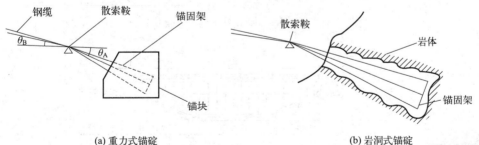

图 5.10 重力式锚碇和岩洞式锚碇

重力式锚碇依靠锚固体的巨大自重来抵抗主缆的垂直分力，水平分力则由锚固体与地基之间的摩阻力（包括侧壁的摩阻力）或嵌固阻力来抵抗。锚碇中预埋有锚碇架，它是由钢锚杆和支撑架构成，主缆束股通过锚头与锚杆连接，再由锚杆将束股拉力传至锚固架分散至混凝土锚体。

二维码 5.1

岩洞式锚碇则是借助两岸自然坚固的岩体开凿隧洞，将锚碇架置于其中后，再浇筑混凝土而成，这是利用岩体强度对混凝土锚体形成嵌固作用，达到锚固主缆的目的，因而其锚碇混凝土用量比重力式锚碇大为节省,经济性能更为显著。但迄今为止,由于采用岩洞式锚碇的条件是要有坚固的山体岩壁可利用,因此大部分都由于无此必要条件而采用重力式锚碇。

5.1.2.4 加劲梁

加劲梁由均匀间隔的分布吊索悬挂在主悬索的索夹上,主要功能是防止桥面发生过大的挠曲变形和扭曲变形,它直接承担竖向活载,也是悬索桥承受风荷载和其他横向水平力的主要构件,所以它必须具有足够的抗扭刚度,以保持在风荷载作用下的气动稳定性。加劲梁所承担的活载及本身的恒载通过吊索和索夹传至主缆。加劲梁的变形从属于主缆,它的刚度对悬索桥的总体刚度贡献不大,因而梁高通常不必做得太高。

加劲梁分钢结构和混凝土结构两种。由于混凝土结构的自重太大,从耗材、造价、工期等方面考虑,当跨径大于 200m 的时候就不再采用混凝土结构。如今的加劲梁主要有美国流派的钢桁梁和英国流派的扁平钢箱梁(见图 5.11 和图 5.12)。

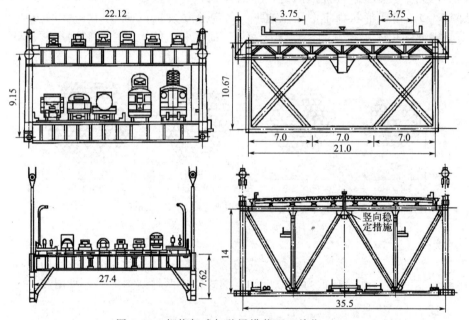

图 5.11 钢桁架式加劲梁横截面(单位:m)

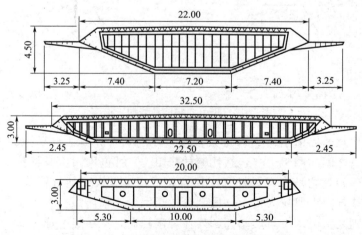

图 5.12 扁平钢箱加劲梁截面(单位:m)

扁平钢箱加劲梁建筑高度小,自重较桁架梁轻,用钢量省,抗风性能好(风的阻力系数仅为桁架梁的 1/4～1/2)。钢桁架式加劲梁在双层桥面的适应性方面远比钢箱梁优越,因此适用于交通量较大或公路铁路两用的悬索桥。

5.1.2.5 吊索

吊索也称吊杆,是将活载和加劲梁(包括桥面)的恒载通过索夹传递到主缆的构件。它的上端与索夹相连,下端与加劲梁相连,见图 5.13。现代悬索桥一般采用柔性的钢丝绳或平行钢丝索作为吊索,用索表面采用涂上油漆或包裹 HDPE(高密度聚乙烯)护套的办法防腐。

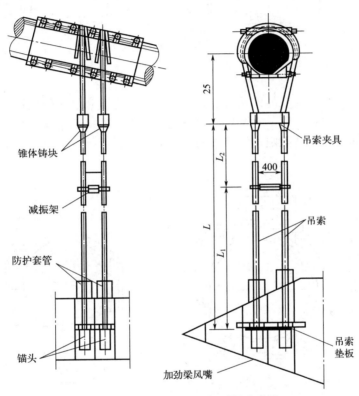

图 5.13 吊索与索夹、加劲梁的连接

传统的悬索桥的吊索都是竖直的。从威尔士塞文桥开始,斜吊索开始伴随钢箱加劲梁一起出现于博斯普鲁斯大桥和英国恒贝尔桥。因此,斜吊索乃是英式悬索桥的特点。斜吊索和竖直吊索相比,索力较大,因此可以提高振动能量的衰减率。但自从威尔士塞文桥的斜吊索出现问题之后,许多人都认为斜吊索在抗疲劳强度方面不如竖直吊索,因此十余年以来,在千米以上的大跨度悬索桥设计中没有再出现采用斜吊索的建议。

吊索与索夹的连接方式有四股骑跨式和双股销铰式两种,见图 5.14。四股骑跨式的优点是索夹应力不直接受吊杆拉力的影响,结构简单,但需要对应于主缆倾角的变化而改变吊索槽的角度,致使铸造形式多变;同时,骑跨于索夹的吊索要产生弯曲应力,从而导致吊索强度下降。改变双股销铰式索夹的倾斜角时仅需要改变销孔的位置,可减少吊索槽铸造形式。但双股销铰式也存在缺点:销与销孔之间有摩擦力,吊索的拉力影响索夹的应力分布。四股骑跨式的吊索不宜采用平行钢丝索,而双股销铰式的吊索对钢丝绳索与平行钢丝索都是能适应的。

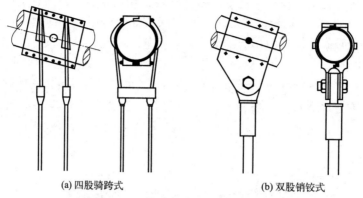

(a) 四股骑跨式　　　　(b) 双股销铰式

图 5.14　吊索与索夹的连接方式

5.1.2.6　索夹

索夹位于每根吊索和主缆的连接节点上，实际它是主缆和吊索的连接件。索夹以套箍的形式紧固在主缆上，它在主缆上夹紧后产生一定的摩阻力来抵抗滑移，从而固定了吊索与主缆的节点位置。同时，也是固定主缆外形的主要措施。索夹有左右拼合和上下拼合两种基本形式，如图 5.15 所示。

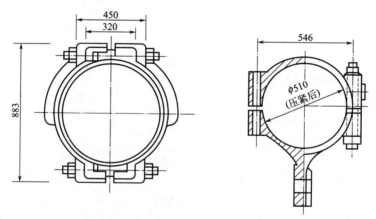

图 5.15　索夹结构图（尺寸单位：mm）

5.1.2.7　鞍座

鞍座是塔顶上承受主缆的重要构件，通过它可使主缆中的拉力以垂直力和不平衡水平力的方式均匀地传给塔顶。设置在塔顶的鞍座称为主鞍座（也称塔顶鞍座），设置在锚碇处的鞍座称为散索鞍座。

塔顶鞍座置于塔顶用以支承主缆，并将主缆所受垂直力传向主塔。塔顶鞍座的结构大致由鞍槽、底座和底板三大部分组成，如图 5.16 所示。鞍槽用以直接容纳和支承主缆束股。纵向呈圆弧状，半径为主缆直径的 8～12 倍；横向呈台阶状，台阶由中央向两侧逐渐抬高，与主缆束股圆形排列相适应，台阶宽度与束股尺寸相近。底座是鞍座传递竖向压力的主体，上部直接与鞍槽底部连为一体，下部与底座板相连。底板是预置于塔顶以支承鞍座底座的部分，它使鞍座反力均匀分布于塔顶。

为满足悬索桥施工过程中鞍座预偏复位滑移的需要，底板与底座之间需要设置滑动装置，如辊轴、四氟滑板等。

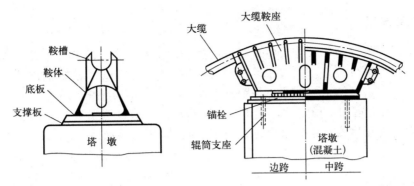

图 5.16 塔顶鞍座

散索鞍座是主缆进入锚碇之前的最后一个支承主缆的构件，设置于锚碇前墙处，起支承转向及分散束股便于主缆锚固的作用，如图 5.17 所示。与塔顶鞍座不同的是，散索鞍座在主缆因活载作用或温度变化而产生长度变化时要随主缆同步移动，因而结构形式上又有摇柱式和滑移式两种基本类型。散索鞍座的形状较复杂：在主缆进口端应有圆槽，以便与主缆圆截面相适应；在束股出口处，应让外层各束股的上端交汇于一点，下端指向锚碇混凝土前锚面的指定束股位置。

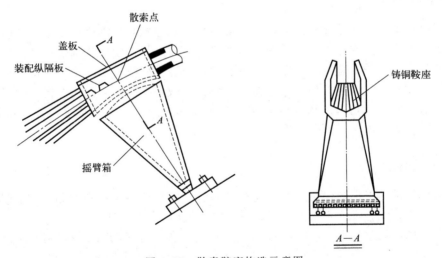

图 5.17 散索鞍座构造示意图

任务 5.2　悬索桥的施工

悬索桥的施工步骤，首先是索塔和锚碇基础的施工、索塔和锚碇施工，然后转入主缆架设，为使一根一根的索股或钢丝从一端锚碇跨过索塔架设到另一端锚碇并固定，需要在锚碇与索塔间、索塔与索塔间搭设空中施工通道，该通道称为猫道（即施工步道），猫道架设后即可在索塔顶、锚碇区安装架设主缆的牵引系统，通过牵引系统架设主缆，主缆架设完成后在其上安装索夹和吊索，然后将预制好的加劲梁通过主缆上的吊机起吊到位与吊索连接，最后将加劲梁节段连接成整体并进行桥面系施工。

5.2.1 主塔施工

悬索桥主塔一般较高，塔身大多采用翻模法分段浇筑，在主塔联接板的部位要注意预留钢筋及模板支撑预埋件位置。索鞍孔道顶部的混凝土要在主缆架设完成后浇筑，以方便索鞍及缆索的施工。主塔的施工控制主要是垂直度监控，每段混凝土施工完毕后，在第二天早晨 8：00 至 9：00 间温度相对稳定时，利用全站仪对塔身垂直度进行监控，以便调整塔身混凝土施工，应避免在温度变化剧烈时段进行测试，同时随时观测混凝土质量，及时对混凝土配比进行调整。

5.2.2 鞍部施工

检查钢板顶面标高，符合设计要求后清理表面和四周的销孔，吊装就位，对齐销孔使底座与钢板销接。在底座表面进行涂油处理，安装索鞍主体。索鞍由索座、底板、索盖三部分组成，索鞍整体吊装和就位困难，可用吊车或卷扬设备分块吊运组装。索鞍安装误差控制：横向轴线误差最大值 3mm，标高误差最大值 3mm。吊装入座后，穿入销钉定位，要求鞍体底面与底座密贴，四周缝隙用黄油填实。

5.2.3 主梁浇筑

主梁混凝土的浇筑同普通桥一样，首先梁体标高的控制必须准确，要通过精确的计算预留支架的沉降变形；其次，梁体预埋件的预埋要求有较高的精度，特别是拉杆的预留孔道要有准确的位置及良好的垂直度，以保证在正常的张拉过程中拉杆始终位于孔道的正中心。

主梁浇筑顺序应从两端对称向中间施工，防止偏载产生的支架偏移。施工时以水准仪观测支架沉降值，并详细记录。待成型后立即复测梁体线形，将实际线形与设计线形进行比较，及时反馈信息，以调整下一步施工。

5.2.4 索部施工

（1）主缆架设　根据结构特点，主缆架设可以采取在便桥或已浇筑桥面外侧直接展开，用卷扬机配合长臂汽车吊从主梁的侧面起吊并安装就位。

缆索的支撑：为避免形成绞，将成圈索放在可以旋转的支架上。在桥面每 4～5m，设置索托辊（或敷设草包等柔性材料），以保证索纵向移动时不会与桥面直接摩擦造成索护套损坏。因锚端重量较大，在牵引过程中采用小车承载索锚端。

缆索的牵引：牵引采用卷扬机，为避免牵引钢丝绳过长，索的纵向移动可分段进行，索的移动分三段，分别在两桥塔和索终点处共设三台卷扬机。

缆索的起吊：在塔的两侧设置导向滑车，卷扬机固定在引桥桥面上，主桥索塔附近，卷扬机配合放索器将索在桥面上展开。主要用吊车起吊，提升时避免索与桥塔侧面相摩擦。当索提升到塔尖时将索吊入索鞍。在安装主索时，在桥侧配置了三台吊机，即锚固区提升吊机、主索塔顶就位吊机和塔上提升倒链。

二维码 5.2

当拉索锚固端牵引到位时，用锚固区提升吊机安装主索锚具，并一次锚固到设计位置，吊机起重量在 5t 以上；主索塔顶就位吊机是在两座塔的两侧安置提升高度大于 25m 时起重量大于 45t 的汽车吊,用于将主索直接吊上塔顶索鞍就位,在吊装过程中为避免索的损伤,索上吊点采用专用索夹保护;主索在提升到塔顶时,由于主跨的索段比较长,为确保吊机稳定,可在适当的时候用塔上提升倒链协助吊装。

(2) 主缆调整 在制作过程中要在缆上进行准确标记。标记点包括锚固点、索夹、索鞍及跨中位置等。安装前按设计要求核对各项控制值,经设计单位同意后进行调整,按照调整后的控制值进行安装,调整一般在夜间温度比较稳定的时间进行。调整工作包括测定跨长、索鞍标高、索鞍预偏量、主索垂直度标高、索鞍位移量以及外界温度,然后计算出各控制点标高。

主缆的调整采用 75t 千斤顶在锚固区张拉。先调整主跨跨中缆的垂直标高,完成索鞍处固定。调整时应参照主缆上的标记以保证索的调整范围。主跨调整完毕后,边跨根据设计提供的索力将主缆张拉到位。

(3) 索夹安装 为避免索夹的扭转,索夹安装在主索安装完成后进行。首先复核工厂所标示的索夹安装位置,确认后将该处的 PE 护套剥除。索夹安装采用工作篮作为工作平台,将工作篮安装在主缆上(或同普通悬索桥一样搭设猫道),承载安装人员在其上进行操作。索夹起吊采用汽车吊。索夹安装的关键是螺栓的坚固,要分两次进行:索夹安装就位时用扳手预紧,然后用扭力扳手进行第一次紧固,吊杆索力加载完毕后用扭力扳手进行第二次紧固。索夹安装顺序是中跨从跨中向塔顶进行,边跨从锚固点附近向塔顶进行。

(4) 吊杆安装及加载 吊杆在索夹安装完成后立即安装。小型吊杆采用人工安装,大型吊杆采用吊车配合安装。

由于自锚式悬索桥在荷载的作用下呈现出明显的几何非线性,因此吊杆的加载是一个复杂的过程。主缆相对于主梁而言刚度很小,如果吊杆一次直接锚固到位,无论是张拉设备的行程或者张拉力都很难控制,而全桥吊杆同时张拉调整在经济上是不可行的。为了解决这个问题,就必须根据主梁和主缆的刚度、自重采用计算机模拟的办法,得出最佳加载程序,并在施工过程中,通过观测,对张拉力加以修正。

吊索张拉自塔柱和锚头处开始使用 8 台千斤顶对称张拉。吊索底端冷铸锚具,其锚环铸有内外螺纹,内螺纹用于连接张拉时的连接杆,以便千斤顶作用,外螺纹用螺母连接后将吊杆固定于锚垫板上。由于主缆在自重状态下标高较高,导致吊杆在加载之前下锚头处于主梁梁体之内,因此在张拉时需配备临时工作撑脚和连接杆。

第一次张拉施加 1/4 的设计力将每一根吊杆临时锁定;第二次顺序与第一次相同,按设计力张拉完,然后检测每一根吊杆的实际荷载,最后根据设计力具体地对每一根吊杆进行微调。在吊索的张拉过程中,塔顶与鞍座一起发生位移,塔柱根部承受弯矩,这样有可能产生塔柱根部应力超限的危险,为了不让塔柱根部应力超限,张拉一定程度后,根据实际观测及计算分析进行索鞍顶推,使塔顶回到原来无水平位移时的状态,如此反复后将每根吊索的张拉力调整至设计值。

施工过程的控制对于自锚式混凝土悬索桥每一道工序的施工均非常重要,尤其在索部施工过程中每一阶段每一根吊索的索力都要及时、准确地反馈。吊索张拉时,千斤顶的油表读数是直观反映,另外利用智能信号采集处理分析仪通过对吊索的振动测出其所受的拉力,两种方法互相检验,确保张拉时每一根吊索的索力与设计相吻合。

需要进一步研究的问题:

① 更优越的施工方法的研究。例如,将中跨主缆锚固在主梁的底部,用转体施工,从而可以在一定程度上克服施工上的困难,但在跨径较大的情况下,如何保证转体施工时的稳定性,还需要作进一步的研究。

② 主缆锚固点锚下应力的分布研究。
③ 当主缆外包钢管混凝土时，吊杆在主缆上的锚固方式研究。
④ 吊杆及主缆的合理张拉顺序研究。
⑤ 新型材料的研究和开发。
⑥ 受力体系及理论的进一步完善。

尽管自锚式悬索桥有着自身的缺点和局限，但在中小跨径上是一种很有竞争力的方案。这种在20世纪曾被忽视很长一段时间的桥型随着社会的进步又得到了人们的重新认识，自锚式悬索桥的设计理论和施工方法也将趋于完善，跨越能力也会不断提高，相信在以后会有越来越多的方案倾向于这种桥型。

项目小结

悬索桥由主缆、锚碇、桥塔、吊杆等组成。主缆和锚碇的施工是新知识点。通过本项目的学习，认识到大跨度桥梁的施工都离不开各类综合技术的运用，包括设备、材料、大体积混凝土施工技术以及新的施工工艺。桥梁不同部位的施工工法，都要根据施工特点制定专门的施工方案。在学习桥梁施工技术的同时，也应加强对机械设备、施工技术、工程材料、施工工艺等环节的了解。悬索桥施工阶段的主缆施工是全桥施工环节中的重要一环；锚碇施工，作为大体积混凝土施工的主要代表，其工程质量与桥梁使用寿命密切相关。因此，针对施工过程的质量控制是桥梁建设者的一项重要任务。

巩固与提高

1. 悬索桥的类型有哪些？
2. 吊索与索夹的连接方式有哪些？其特点是什么？

项目6
桥面系及附属工程施工

📄 知识目标
掌握桥面系及附属工程的结构组成；掌握常用桥面系及附属工程的施工方法。

🎯 技能目标
能看懂桥面系及附属工程施工图纸；能根据施工图纸，制定施工方案；能根据施工方案，确定桥面系的施工组织；能对桥面系及附属工程的施工进行施工管理。

✏️ 素质目标
培养质量意识、成本意识、环保意识、安全生产意识、文明施工意识。

桥面系直接与车辆、行人接触，它对桥梁的主要结构起保护作用，并且使桥梁能够正常使用。同时，桥面系构造多属外露部位，其选择是否合理、布置是否恰当直接影响桥梁的使用功能、布局和美观。因此，必须对桥面构造有足够的重视。

桥面系包括桥面铺装、伸缩装置、排水和防水系统、人行道（或安全带）及防撞护栏等，其构造如图 6.1 所示。

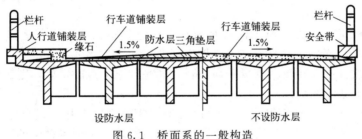

图 6.1 桥面系的一般构造

任务 6.1 桥面铺装层施工

桥面防水层经验收合格后应及时进行桥面铺装层施工。雨天和雨后桥面未干燥时，不得进行桥面铺装层施工。铺装层应在纵向 100cm、横向 40cm 范围内，逐渐降坡，与汇水槽、泄水口平顺相接。桥面铺装的常用构造层有铺装层、防水层，如图 6.2 所示。

6.1.1 混凝土桥面铺装

（1）沥青混凝土桥面　沥青混凝土桥面铺装施工应符合下列规定：

二维码 6.1

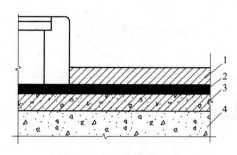

图 6.2 桥面铺装构造层
1—铺装层；2—防水层；
3—钢筋混凝土桥面板；4—主梁

① 铺装的层数和厚度应符合设计规定，铺装前应对桥面进行检查，桥面应平整、粗糙、干燥、整洁。铺筑前应洒布黏层沥青。

② 当采用刻槽方式增加沥青混凝土铺装层与混凝土桥面的啮合程度，提高其抗滑能力时，刻槽的宽度宜为 20mm，槽间距宜为 20mm，槽深宜为 3～5mm。

③ 沥青混凝土的配合比设计、铺筑及碾压等施工，应符合现行行业标准《公路沥青路面施工技术规范》(JTG F 40—2004)的有关规定。

(2) 水泥混凝土桥面

① 施工要求：

a. 铺装的厚度、材料，铺装层结构，混凝土强度，防水层设置等均应符合设计规定。

b. 桥面铺装工作应在梁体的横向联接钢板焊接工作或湿接缝浇筑完成后方可进行。

c. 铺装施工前应使梁、板顶面粗糙，清洗干净，并应按设计要求铺设纵向接缝钢筋和桥面钢筋网。

d. 水泥混凝土桥面铺装，其作业面应采取防滑措施，并宜分两次进行，第二次抹平后，应沿横坡方向拉毛或采用机具压槽，拉毛或压槽的深度应符合现行行业标准的有关规定。

e. 水泥混凝土桥面铺装，如设计为防水混凝土，施工时应按照防水混凝土的相关规定执行。

f. 纤维水泥混凝土桥面铺装的施工，可参照现行行业标准《纤维混凝土结构技术规程》(CECS 38—2004)的规定执行。

② 施工工艺。水泥混凝土桥面铺装层的施工工艺为：施工准备工作→安装模板→桥面钢筋绑扎→桥面混凝土搅拌、运输和浇筑→养护。下面介绍其中部分施工工艺的施工要点。

a. 施工准备工作。桥面混凝土铺装必须在横向连接钢板焊接工作完成后方可进行，以免后焊的钢板胀缩引起桥面混凝土在接缝处出现裂纹。

浇筑铺装层之前，应复测梁（板）面高程，如是预应力混凝土梁，则每跨至少复测跨中和支点处的中线和边线高程。

b. 桥面钢筋绑扎。桥面钢筋应根据设计要求和相关规定绑扎。正交桥必须注意放正钢筋；斜交桥桥面钢筋应按图样规定方向放置。所有钢筋均应正确留设保护层厚度；采用双层钢筋网时，两层钢筋之间应有足够数量的定位撑筋，以保证两层钢筋的位置正确。

c. 桥面混凝土搅拌、运输和浇筑。桥面混凝土施工方法有人工配合小型机具施工和机械施工两种，可根据具体情况酌情采用；一般以人工配合小型机具施工为主。

混凝土的运输宜采用混凝土搅拌车。混凝土运至施工场地后，均匀卸成若干堆，铲运时采用"扣锹法"，禁止抛甩，以降低混凝土出现离析的可能性。

混凝土振捣时，先用插入式振捣棒沿模板边角均匀振捣，然后用平板振捣器对中间部分混凝土进行振捣，直至混凝土不再下沉；最后用振动梁进行粗平。水泥混凝土桥面施工可采用真空脱水工艺，脱水后还应进行表面平整和提浆。如不采用真空脱水工艺，应采用抹子反复抹面直至表面平整、无泌水。

浇筑铺装层时，为防止钢筋变位，不得在钢筋上搁置重物，并不得让运料小车在钢筋网上推运或人员在钢筋网上行走、践踏而使钢筋变位。如必须通行，可搭设支架架空走道。在浇筑过程中，应随时注意纠正钢筋位置。

浇筑混凝土时，宜从下坡向上坡进行。路拱必须符合设计规定，面层必须平整、粗糙。由于桥面纵坡较大，因此必须采取防滑措施。第二次抹平后，应沿横坡方向拉毛或采用机具压槽，拉毛和压槽深度应为1~2mm，浇筑完后待表面有一定硬度时即可开始养生。常用的养生方法为覆盖草麻袋、草帘、塑料薄膜，或覆盖土工布并洒水。

6.1.2 钢桥面铺装

① 钢桥面铺装的结构层的厚度、材料等应符合设计规定。

② 钢桥面铺装施工前应制定专项施工技术方案，并应做好人员培训、材料的调查试验以及机具设备的检查维护等准备工作。

③ 钢桥顶面在出厂时应按设计要求涂防锈漆，在桥面铺装施工前应喷丸除锈并做防锈处理。

④ 铺装施工前应做试验段，试验段的铺设应包括钢桥面铺装的全部工序。

⑤ 铺装施工在一道工序完成之后，下道工序应连续进行；上一层铺装施工前其下层应保持干燥、整洁，不得有灰尘、杂物、油污或损坏，但不符合要求时应予以处理。铺装层完工后，应规定时限，期间严禁车辆通行。

⑥ 钢桥面铺装宜避开雨季施工。钢桥面铺装的每个层次均不得在雨天施工，施工中若遇到下雨，必须立即停工，在消除雨水所带来的危害后，方可重新施工。钢桥面铺装施工的环境温度应在15℃以上，且不宜在夜间施工。

6.1.3 桥面铺装质量标准

（1）混凝土桥面铺装 混凝土桥面铺装施工质量应符合表6.1的规定。

表 6.1 混凝土桥面铺装施工质量标准

项目			规定值或允许偏差	
强度或压实度			符合设计要求	
厚度/mm			沥青混凝土	水泥混凝土
			+10，-5	+20，-5
平整度	高速公路、一级公路	IRI/(m/km)	2.5	3
		标准差 σ/mm	1.5	1.8
	其他公路	IRI/(m/km)	4.2	
		标准差 σ/mm	2.5	
		最大间隙 h/mm	5	
横坡度/%	水泥混凝土面层		±0.15	
	沥青混凝土面层		±0.3	
抗滑构造深度			符合设计要求	

注：1. 桥长不足100m时，按100m处理。
2. 高速公路、一级公路上的小桥可按路面进行质量控制。

（2）钢桥面铺装 对钢桥面沥青混凝土铺装进行检测时，不得采用钻孔法，而应采用无损检测法。钢桥面铺装施工质量应符合表6.2的规定。

表 6.2 钢桥面铺装施工质量标准

项目			规定值或允许偏差
压实度代表值	SMA	上面层	理论最大密度的 94%
		下面层	理论最大密度的 95%
	AC	上面层	理论最大密度的 94%
	环氧沥青混凝土	上面层、下面层	理论最大密度的 97%
面层厚度	代表值		设计值的 −10%
	极值		设计值的 −20%
总铺装层厚度	代表值		设计值的 −8%
	极值		设计值的 −15%
平整度	标准差/mm		≤1.2
	最大间隙/mm		≤3
路表渗水系数/(mL/min)			≤200
宽度/mm			−20
横坡度/%			±0.3
表层构造深度			满足设计要求
摩擦系数			满足设计要求

任务 6.2 伸缩装置施工

6.2.1 填充式伸缩装置施工

填充式伸缩装置适用于伸缩量为 50mm 以下的中小跨径桥梁。改性沥青填充型伸缩装置是以橡胶、塑料、沥青等为主的高分子聚合物与碎石拌和后，填充于桥梁伸缩缝槽口内而成的一种无缝伸缩装置，其构造如图 6.3 所示。

改性沥青填充型伸缩装置施工简便，行车平稳，防水可靠，较适用于伸缩量小于 50mm 的中、小桥。其施工应符合下列规定：

① 预留槽宜为 50cm 宽、5cm 深，安装前预留槽基面和侧面应进行清洗和烘干。
② 梁端伸缩缝处应粘固止水密封条。
③ 填料填充前应在预留槽基面上涂刷底胶，热拌混合料应分层摊铺在槽内并捣实。
④ 填料顶面应略高于桥面，并撒布一层黑色碎石，用压路机碾压成型。

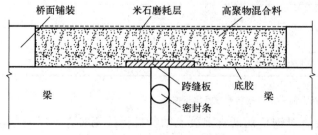

图 6.3 改性沥青填充型伸缩装置

6.2.2 板(梁)式伸缩装置施工

板(梁)式伸缩装置(图6.4)施工的方法多种多样,大致步骤如下。

(1) 安装准备 检查梁端缝隙及预埋件情况,清理梁端、顶面。梁端不平齐处应予以修整,以便设置两端模板。梁体顶面用水冲洗干净。

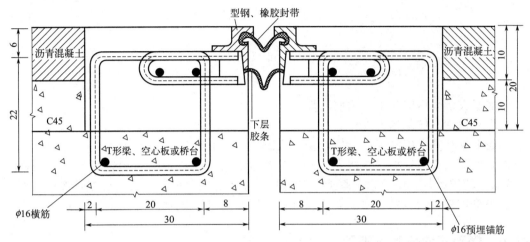

图 6.4 板(梁)式橡胶伸缩装置

(2) 立两端模板、样板 两端模板中间用硬质泡沫塑料板挤紧,其顶部与安置橡胶板的设计底面高程平行,严格检查有无漏浆的缝隙,并及时进行处理填补,以保证伸缩缝隙内无混凝土灌入,防止影响梁体的水平位移。样板按算定的安装定位值制作,并在两侧螺栓中心处钻孔,将M18锚固螺栓放入样板孔内固定,根据设计要求,样板孔与预埋钢筋点焊定位。螺栓之间的位置偏差应小于1mm,并不得有累积偏差出现,样板面高程应与桥面设计高程一致,同时焊接好加强角钢等结构件,全部校准后,方可焊实。

(3) 浇筑混凝土 浇筑伸缩装置底部的混凝土,同时浇筑两侧500mm范围内的混凝土过渡段,混凝土强度等级不应低于C40,浇筑时需振捣密实,以防结构中有空洞和夹灰现象,影响伸缩装置的使用寿命。

(4) 拆除样板及两端模板 待混凝土初凝后,将样板取出,再将两端模板中间的硬质泡沫塑料板凿除,用强度等级较高的砂浆找平。

(5) 安装橡胶板 待混凝土干燥后,在安装平面涂布防水密封胶,并按定位值将橡胶板进行预压缩,螺孔对准预埋螺栓就位。逐个拧紧螺母,注意在螺栓上垫放腰圆垫圈与弹簧垫圈,然后在螺栓孔内注入适量防水胶,最后加螺母盖与橡胶板平齐。

相邻各块橡胶板之间企口处用密封胶涂布,并在逐块安装时咬合紧密,以增强伸缩装置的防水性能。

6.2.3 齿形钢板伸缩装置施工

齿形钢板伸缩装置由齿形钢板、底层支承钢板、角钢和预埋锚固筋(件)焊接组成。

钢板伸缩缝以钢板作为跨缝材料,其构造如图6.5所示。适用于梁端变形量在4cm以上的情况。

齿形钢板伸缩装置施工应符合下列规定:

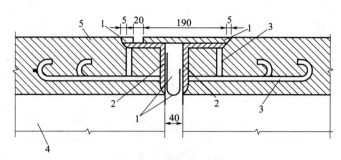

图 6.5 钢板伸缩缝
1—钢板；2—角钢；3—钢筋；4—行车道块件；5—行车道铺装层

① 底层支承角钢应与梁端锚固筋焊接。
② 支承角钢与底层钢板焊接。
③ 齿形钢板宜采用整块钢板仿形切割成形，经加工后对号入座。
④ 安装顶部齿形钢板，应按安装时气温经计算确定定位值。齿形钢板与底层钢板端部焊缝应采用间隔跳焊，中部塞孔焊应间隔分层满焊。焊接后齿形钢板与底层钢板应密贴。
⑤ 齿形钢板伸缩装置宜在梁端伸缩缝处采用 U 形铝板或橡胶板止水带防水。

6.2.4 模数式伸缩装置施工

模数式伸缩装置必须在工厂组装，按照施工单位提供的施工安装温度定位后出厂。若施工安装温度有变化，一定要重新调整定位方可安装就位。

钢与橡胶组合的模数式伸缩装置是在条形橡胶伸缩装置的基础上发展起来的一种伸缩量大、结构较为复杂，但功能比较完善的一种伸缩装置，是高速路的桥梁上主要使用的一种伸缩装置，主要由异型钢与各种截面形式的橡胶条组成。

模数式伸缩装置施工应符合下列规定：
① 模数式伸缩装置在工厂组装成型后运至工地，应按国家现行标准《公路桥梁伸缩装置通用技术条件》（JT/T 327—2016）对成品进行验收，合格后方可安装。
② 伸缩装置应使用专用车辆运输，按厂家标明的吊点进行吊装，防止变形。现场堆放场地应平整，并避免雨淋、暴晒和防尘。
③ 安装前应按设计和产品说明书要求检查锚固筋规格和间距、预留槽尺寸，确认符合设计要求后清理预留槽。
④ 分段安装的长伸缩装置需现场焊接时，宜由厂家专业人员施焊。
⑤ 伸缩装置中心线与梁段间隙中心线应对正重合。伸缩装置顶面各点高程应与桥面横断面高程对应一致。
⑥ 伸缩装置的边梁和支承箱应焊接锚固，并应在作业中采取防止变形的措施。
⑦ 过渡段混凝土与伸缩装置相接处应粘固密封条。
⑧ 混凝土达到设计强度后，方可拆除定位卡。

6.2.5 改性沥青弹塑体伸缩装置施工

(1) 开槽
① 标出要开挖沟槽的边线，用切割机沿边线整齐切割。
② 凿除边线范围内铺装层。若开挖的是旧伸缩缝且基础表面混凝土已严重损坏，应将

其清除，重新浇筑高强度等级的混凝土，并养护至规定强度。

③ 清除沟槽四周及接缝处的砂石、淤泥等杂物，并用压缩空气喷吹，清除松动部分及接缝内的细小杂物；用喷火器烘干沟槽的水汽，使之充分干燥。

（2）黏结料加热　铺设伸缩缝前约2h，应将黏结料投入加热容器中进行加热，温度控制在180～200℃。待其熔化后，按一定比例加入石英砂。

（3）安装跨缝钢板

① 将背面刷好防锈油漆的T形钢板平稳置于接缝上，并将各片钢板首尾焊接，形成整体，以增强其稳定性。连成整体后的钢板端头应留有5mm左右的伸缩空间，避免灌入高温黏结料时钢板受热上拱。

② 安置好钢板后，应将钢板两侧缝隙塞住，防止黏结料外漏。

（4）涂黏结料　在安装好钢板的沟槽表面均匀地涂一层熔化的黏结料。涂料时，操作要娴熟、迅速，并应在其凝固前涂刷完毕。

（5）铺装混合料

① 将粗集料烘干，加热到180～200℃。将熔化的黏结料倒入搅拌机与粗集料一起拌和约5min。黏结料与粗集料拌和体积比例为1∶2～1∶3。

② 用拌好的粗混合料摊铺底层，直至其表面距沟槽顶10mm左右。

③ 用熔化的黏结料及时（底层混合料温度不低于100℃）灌注底层，使底层的粗混合料空隙充满黏结料。

④ 细集料烘干加热至180～200℃。将熔化的黏结料倒入搅拌机与细集料一起拌和约5min，黏结料与细集料拌和体积比例为1∶3.5～1∶4.5。

⑤ 用拌好的细混合料摊铺上层，上层的表面应与桥面平齐。

⑥ 在热混合料上面铺一层米石作为磨耗层，压实、冷却后，可开放交通。

改性沥青弹塑体伸缩装置的使用性能受混合料的配合比和施工影响很大，要保证其质量，必须采用专业施工队伍施工。

6.2.6　伸缩装置施工质量标准

（1）基本要求

① 伸缩缝必须满足设计和有关技术规范的要求，伸缩装置必须有合格证，并经验收合格后方可安装。

② 伸缩装置必须锚固牢靠，伸缩性能必须有效。

③ 伸缩缝两侧混凝土的类型和强度，必须符合设计要求。

④ 大型伸缩缝与钢梁连接处的焊缝应做超声检测，检测结果必须合格。

⑤ 伸缩缝处不得积水。

（2）质量标准　伸缩装置安装质量应符合表6.3的规定。

表6.3　伸缩装置安装质量标准

项目	规定值或允许偏差	项目		规定值或允许偏差
长度	符合设计要求	纵坡/%	一般	±0.5
缝宽	符合设计要求		大型	±0.2
与桥面高差/mm	2	横向平整度/mm		3

注：缝宽应按安装时的气温折算。

任务 6.3　桥面防水与排水施工

6.3.1　桥面防水施工

(1) 一般规定

① 桥面应采用柔性防水，不宜单独铺设刚性防水层。桥面防水层使用的涂料、卷材、胶黏剂及辅助材料必须符合环保要求。

② 为防止基层混凝土继续水化失水造成防水层黏结不牢，或基层混凝土继续干缩开裂导致防水层开裂，规定桥面防水层应在现浇桥面结构混凝土或垫层混凝土达到设计要求强度，经验收合格后方可施工。

③ 桥面防水层应直接铺设在混凝土表面上，不得在两者间加铺砂浆找平层。

④ 防水基层表面应坚实、平整、光滑、干燥，阴、阳角处应按规定半径做成圆弧。防水层施工前应将浮尘及松散物质清除干净，并应涂刷基层处理剂。基层处理剂应使用与卷材或涂料性质配套的材料。涂层应均匀、全面覆盖，待渗入基层且表面干燥后方可施作卷材或涂膜防水层。

⑤ 防水卷材和防水涂膜均应具有高延伸率、高抗拉强度、良好的弹塑性、耐高温和低温与抗老化性能。防水卷材及防水涂料应符合国家现行标准和设计要求。

⑥ 桥面采用热铺沥青混合料作磨耗层时，应使用可耐 140~160℃ 高温的高聚物改性沥青等防水卷材及防水涂料。

⑦ 桥面防水层应采用满贴法。防水层总厚度和卷材或胎体层数应符合设计要求。缘石、地袱、变形缝、汇水槽和泄水口等部位应按设计和防水规范细部要求做局部加强处理。防水层与汇水槽、泄水口之间必须黏结牢固、封闭严密。

⑧ 防水层完成后应加强成品保护，防止压破、刺穿、划痕损坏防水层，经验收合格后铺设桥面铺装层。

⑨ 防水层严禁在雨天、雪天和 5 级以上大风天气施工。气温低于 −5℃ 时不宜施工。

(2) 卷材防水层施工　防水层施工前应保持桥面板平整、干燥、清洁，并在桥面板上预先洒布黏层沥青或涂刷冷底子油，使桥面板与防水层紧密相连。

卷材铺贴前，应保持干燥，并应将表面的云母、滑石粉等清除。铺贴沥青卷材时，应采用沥青胶将卷材与基面密贴，并用滚筒碾平压实。沥青胶厚度一般为 1.5~2.5mm，不得超过 3mm。应沿水流（桥面坡度）方向用上层卷材压住下层卷材，上下层的搭接缝应错开半幅，纵缝搭接长度应为 80~100mm，横缝搭接长度不应小于 100mm。

粘贴卷材应展平压实，卷材与基层及各层卷材间必须黏结紧密，并将多铺的沥青胶挤出。搭接缝必须封缝严密，防止出现水路。粘贴完最后一层卷材后，表面应再涂一层厚为 1~1.5mm 的热沥青胶黏材料。

卷材防水层铺贴的气温不应低于 5℃，沥青胶工作温度不低于 150℃。

(3) 涂料防水层施工　涂料防水层是涂刷各种高分子聚合物防水涂料而形成的防水层。

涂料防水层施工前的基层表面必须平整、密实、洁净。防水涂料的配合比应按照设计规定或涂料说明书确定，配制时应搅拌均匀。

防水涂料可用手工涂刷或喷涂，要求厚度应均匀、一致。第一层涂料涂刷完毕，必须干燥后方可涂刷下一层，一般涂刷 2~3 层。涂刷第一层时必须与混凝土结合密实，不得夹有空隙。

如涂料防水层中夹有各类纤维布，应在涂刷一遍涂料后，逐条紧贴纤维布，并要求使涂料吃透布料，不得出现起鼓、翘边、皱褶现象。

(4) 水泥砂浆防水层施工 水泥砂浆防水层的材料及配合比必须按要求严格控制。

底层表面要求平整、粗糙、干净、湿润，不得有积水。水泥砂浆应分层铺设，每层厚度5～10mm，前层初凝后再铺设后一层，总厚度不小于20mm。铺抹的最后一层，应将表面压光。

(5) 防水层施工质量检测

① 基本要求：

a. 防水层铺设材料的规格和性能，以及防水层的不透水性应符合设计要求，寿命应不低于桥面沥青混凝土铺装层的使用年限，能适应动荷载及混凝土桥面开裂时不损坏的特点。

b. 防水层施工前，混凝土表面应清除垃圾、杂物、油污与浮浆，并保持干净和干燥。

c. 应严格按规定的工艺施工。

d. 若预计涂料表面干燥前会下雨，则不应施工。施工过程中，严禁踩踏未干的防水层。防水层养护结束后、桥面铺装完成前，行驶车辆不得在其上急转弯或紧急制动。

② 实测项目。防水层施工的实测项目见表6.4。

表 6.4 防水层施工的实测项目

项次	检查项目	规定值或允许偏差	检查方法和频率	权值
1(△)	防水涂膜厚度/mm	符合设计规定，设计未规定时，±0.1	测厚仪：每200m² 测4点或按材料用量推算	1
2(△)	黏结强度/MPa	不小于设计要求，且≥0.3（常温）或≥0.2（气温≥35℃）	拉拔仪：每200m² 测4点（拉拔速度为10mm/min）	1
3(△)	抗剪强度/MPa	不小于设计要求，且≥0.4（常温）或≥0.3（气温≥35℃）	剪切仪：1组3个（剪切速度为10mm/min）	1
4(△)	剥离强度/(N/mm)	不小于设计要求，且≥0.3（常温）或≥0.2（气温≥35℃）	90°剥离仪：1组3个（剥离速度为100mm/min）	1

注：1. "△"标志为关键项目。
2. 剥离强度仅适用于卷材类或加胎体涂膜类防水层。

(6) 外观鉴定

① 防水涂料应覆盖整个混凝土表面，如有遗漏，必须进行处理，并减1～3分。

② 防水层表面应平整，无空鼓、脱落、翘边等缺陷。不符合要求时，必须进行处理，并减3～5分。

6.3.2 桥面排水施工

桥面雨水通过横坡排入泄水管，然后由泄水管把水排出桥面。常用的泄水管，如图6.6和图6.7所示。

① 泄水管的安装：宜在浇筑主梁时预留孔洞，在做桥面铺装时一起埋入。施工时注意进水口四周和铺装层要做严实，泄水管壁和防水层衔接处要做好防水，防止雨水渗入结构层。

② 汇水槽、泄水口顶面高程应低于桥面铺装层10～15mm。

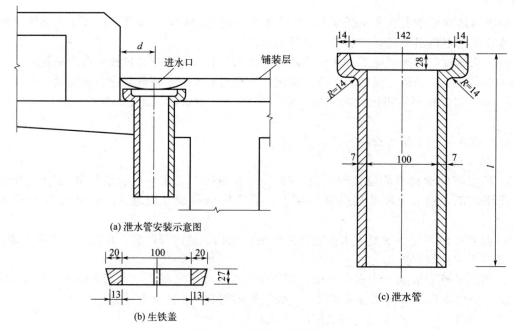

图 6.6 金属泄水管构造

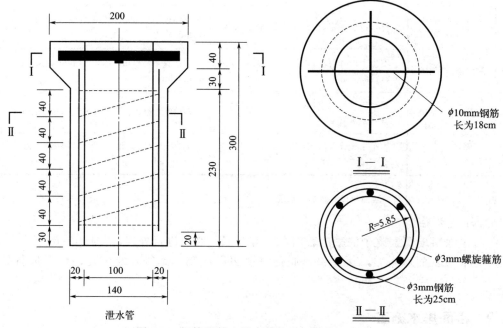

图 6.7 钢筋混凝土泄水管构造（单位：cm）

③ 泄水管下端至少应伸出构筑物底面 100～150mm。泄水管宜通过竖向管道直接引至地面或雨水管线，其竖向管道应采用抱箍、卡环、定位卡等预埋件固定在结构物上。

④ 泄水管安装应牢固、可靠，与铺装层及防水层之间应结合密实，无渗漏现象；金属泄水管应进行防腐处理。

⑤ 桥面泄水口位置允许偏差应符合表 6.5 的规定。

表 6.5 桥面泄水口位置允许偏差

项目	允许偏差/mm	检查频率		检查方法
		范围	点数	
高程	0,−10	每孔	1	用水准仪测量
间距	±100		1	用钢尺测量

任务 6.4　桥面防护设施施工

栏杆、防撞设施、隔离设施首先具有安全防护功能，要求安装、连接牢固；同时，这些桥面防护设施在城市桥梁中的观感美也不容忽视。

6.4.1　人行道栏杆施工

栏杆常用混凝土、钢筋混凝土、金属或金属与混凝土混合材料制作。栏杆按其形式可分为节间式栏杆与连接式栏杆两种（图 6.8）；按其功能可分为人行栏杆和防撞栏杆两种。

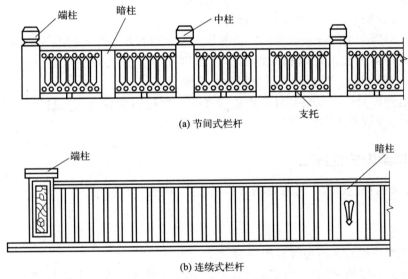

图 6.8　按栏杆形式分类

① 预制栏杆安装中应边安装边固定，并在内侧桥面上设安全标志。混凝土预制栏杆应待砂浆达到规定强度后方可拆除标志；钢制栏杆应焊接牢固后方可拆除标志。

② 在混凝土和砂浆达到设计规定强度前应在内侧桥面上设立安全标志。

③ 安装组焊加工的金属栏杆前，应将毛刺磨平。栏杆焊接必须由电焊工进行，且作业点及其下方 10m 范围内不得堆放易燃易爆物。

④ 不锈钢栏杆焊制应遵守下列规定：

a. 不锈钢焊工除应具备电焊工的安全操作技能外，还必须掌握氧弧焊、等离子切割、不锈钢酸洗钝化等方面的安全防护和操作技能。

b. 不锈钢焊接采用"反接极"，即工件接负极，必须确认焊机的正负极性后方可操作，不得误接。

c. 停止作业时必须将焊条头取下或将焊把挂起,严禁乱放,以免造成焊条药皮脱落。

d. 使用砂轮打磨焊缝坡口和清除焊渣前,必须经检查确认机具完好,砂轮片安装牢固;操作人员必须戴护目镜。

e. 氩弧焊应符合下列要求:

用手工钨极氩弧焊时,电源应采用直流正接,工件接正极,钨极接负极。

用交流钨极氩弧焊机焊接时,应采用高频为稳弧措施,并应采取防止高频电磁场刺激操作人员双手的措施。

加工场所必须有良好的自然通风或换气装置,露天作业时操作人员应位于上风向,并应间歇作业。

f. 打磨钨极棒时,必须戴防护口罩和护目镜;接触钨极棒的手必须及时清洗;钨极棒必须存放在有盖的铅盒内,由专人保管。

g. 酸洗和钝化应符合下列要求:

操作人员必须穿防酸工作服,戴防护口罩、护目眼镜、乳胶手套并穿胶鞋。

酸洗钝化作业中使用钢丝刷子刷焊缝时,应由里向外刷,不得来回刷。

氢氟酸等化学物品必须妥善保管,有严格领料手续。

酸洗钝化后的废液必经专门处理,严禁乱倒。

患呼吸系统疾病者,不宜从事酸洗操作。

h. 等离子切割必须符合氩弧焊的安全操作规定,焊弧停止后不得立即检查焊缝。

⑤ 栏杆块件必须在人行道板铺设完毕后方可安装。安装立柱时必须全桥对直、校平(弯桥、坡桥要求平顺)。竖直后,用水泥砂浆填缝固定。

⑥ 采用钢管作为栏杆或扶手时,钢管应在工厂内进行除锈处理,拼装焊接后应补涂防锈底漆,再统一涂刷面漆。

6.4.2 波形梁钢护栏施工

(1) 波形梁钢护栏组成　波形梁钢护栏由波形梁板、立柱、端头、紧固件、防阻块等构件组成。

(2) 加工要求

① 波形梁板一般宜采用连续辊压成形。

② 变截面波形梁板采用液压冷弯成形时,每块波形梁板应一次压制完成,不得分段压制。采用连续辊压成形的等截面波形梁板进一步加工成变截面板时,应采用液压冷弯成形,不得采用冲压方式加工。

③ 波形梁板上的螺栓孔,应定位准确,每一端部的所有拼接螺孔应一次冲孔完成。

④ 钢护栏端头应采用模压成形。

⑤ 安装于曲线半径小于70m路段的钢护栏,其波形梁板应根据曲线半径的大小加工成相应的弧线形。

(3) 采用预留孔插入或地脚螺栓连接的方式安装波形梁护栏　采用预留孔插入,立柱埋在混凝土中的深度不小于40cm。为了方便养护、更换,在条件允许的情况下,宜采用抽换式护栏立柱,如图6.9所示。波形梁通过拼接螺栓相互拼接,并由连接螺栓固定于立柱或防阻块上,拼接时应先利用长圆螺栓孔把线形调整平顺后,再拧紧螺栓。

6.4.3 组合式护栏施工

组合式护栏是钢筋混凝土墙式护栏和金属梁柱式护栏的组合形式。它兼具墙式护栏坚固和梁柱式护栏美观的优点,被广泛用于我国汽车专用公路桥梁上。

组合式桥梁护栏的构造,如图 6.10 所示。钢筋混凝土护栏顶部预埋钢板和螺栓,用以连接混凝土护栏上的铸钢支承架,支承架按一定间距布置,中间穿有钢管。

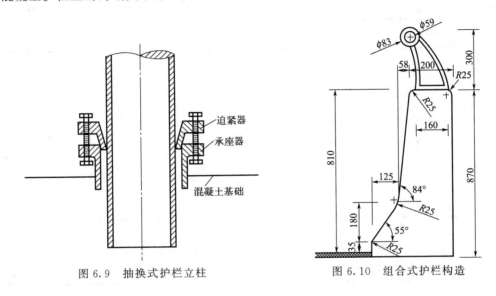

图 6.9 抽换式护栏立柱　　　　图 6.10 组合式护栏构造

组合式护栏施工可采取现浇法,也可采用预制件拼装的方法。现浇护栏要保证模板位置准确且模板要有足够的刚度;混凝土浇筑要连续,每节护栏一次浇完,不得间断;振捣、养护要充分;护栏和桥面板的联接要牢固;预埋件位置要正确。

安装预制护栏构件前,应先精确放样定位,在桥面板上预留传力钢筋。安装过程中应使每块护栏构件的中线与桥梁中线相一致。吊装时不得损坏构件的边角。就位的同时,应座浆平稳、高程一致,和传力钢筋准确连接。

6.4.4 防护设施施工质量标准

① 栏杆和防撞、隔离设施应在桥梁上部结构混凝土的浇筑支架卸落后施工,其线形应流畅、平顺,伸缩缝必须全部贯通,并与主梁伸缩缝相对应。

② 防护设施采用混凝土预制构件安装时,砂浆强度应符合设计要求。当设计无规定时,宜采用 M20 水泥砂浆。

③ 预制混凝土栏杆采用榫槽连接时,安装就位后应用硬塞块固定,灌浆固接。塞块拆除时,灌浆材料强度不得低于设计强度的 75%。采用金属栏杆时,焊接必须牢固,毛刺应打磨平整,并及时防锈防腐。

④ 防撞墩必须与桥面板混凝土预埋件、预埋筋连接牢固,并应在施作桥面防水层前完成。

⑤ 护栏、防护网宜在桥面、人行道铺装完成后安装。

⑥ 预制混凝土栏杆允许偏差应符合表 6.6 的规定。栏杆安装允许偏差应符合表 6.7 的规定。

表 6.6 预制混凝土栏杆允许偏差

项目		允许偏差/mm	检查频率		检查方法
			范围	点数	
断面尺寸	宽	±4	每个断面(抽查10%,且不少于5件)	1	用钢尺量
	高			1	
长度		0,-10		1	用钢尺量
侧向弯曲		L/750		1	沿构件全长拉线,用钢尺量(L为构件长度)

表 6.7 栏杆安装允许偏差

项目		允许偏差/mm	检查频率		检查方法
			范围	点数	
直顺度	扶手	4	每跨侧	1	用10m线和钢尺量
垂直度	栏杆柱	3	每柱(抽查10%)	2	用垂线和钢尺量,顺、横桥轴方向各1点
栏杆间距		±3	每柱(抽查10%)		
相邻栏杆扶手高差	有柱	4	每处(抽查10%)	1	用钢尺量
	无柱	2			
栏杆平面偏位		4	每30m	1	用经纬仪和钢尺量

注：现场浇筑的栏杆、扶手和钢结构栏杆、扶手的允许偏差可按本表执行。

⑦ 防撞护栏、防撞墩、隔离墩允许偏差应符合表 6.8 的规定。

表 6.8 防撞护栏、防撞墩、隔离墩允许偏差

项目	允许偏差/mm	检查频率		检查方法
		范围	点数	
直顺度	5	每20m	1	用20m线和钢尺量
平面偏位	4	每20m	1	经纬仪放线,用钢尺量
预埋件位置	5	每件	2	经纬仪放线,用钢尺量
断面尺寸	±5	每20m	1	用钢尺量
相邻高差	3	抽查20%	1	用钢板尺和钢尺量
顶面高程	±10	每20m	1	用水准仪测量

⑧ 防护网安装允许偏差应符合表 6.9 的规定。

表 6.9 防护网安装允许偏差

项目	允许偏差/mm	检查频率		检查方法
		范围	点数	
防护网直顺度	5	每10m	1	用10m线和钢尺量
立柱垂直度	5	每柱(抽查20%)	2	用垂线和钢尺量,顺、横桥轴方向各1点
立柱中距	±10	每处(抽查20%)	1	用钢尺量
防护网高度	±5			

6.4.5 质量评定标准

桥梁总体实测项目见表 6.10。

表 6.10 桥梁总体实测项目表

项次	检查项目	规定值或允许偏差/mm		检查方法和频率	权值
1	桥面中线偏位	20		全站仪或经纬仪:检查3~8处	2
2	桥宽	车行道	±10	尺量:每孔3~5处	2
		人行道	±10		
3	桥长	+300,-100		全站仪或经纬仪、钢尺检查	1
4	引道中心线与桥梁中心线的衔接	20		尺量:分别将引道中心线和桥梁中心线延长至两岸桥长端部,比较其平面位置	2
5	桥头高程衔接	±3		水准仪:在桥头搭板范围内顺延桥面纵坡,每米选1个点测量标高	2

桥梁铺装实测项目如表 6.11 所示。

表 6.11 桥梁铺装实测项目表

项次	检查项目			规定值或允许偏差		检查方法和频率	权值
1	强度或压实度			在合格标准内		按照标准检查	3
2	厚度/mm			+10,-5		对比桥面浇筑前后标高	2
3	平整度	高速公路、一级公路	IRI/(m/km)	沥青混凝土	水泥混凝土	平整度仪:全桥每车道连续监测,每100m计算 IRI 或标准差 σ	2
				2.5	3.0		
			标准差 σ/mm	1.5	1.8		
		其他公路	IRI/(m/km)	4.2			
			标准差 σ/mm	2.5			
			最大间隙/mm	5		3m 直尺:每100m测量3处×3尺	
4	横坡/%	水泥混凝土		±0.15		水准仪:每100m检查3个断面	1
		沥青		±0.3			
5	抗滑构造深度			符合设计要求		砂铺法:每200m检查3处	1

混凝土防撞护栏浇筑实测项目见表 6.12。

表 6.12 混凝土防撞护栏浇筑实测项目表

项次	检查项目	规定值或允许偏差	检查方法和频率	权值
1	混凝土强度/MPa	在合格标准内	按标准检查	3
2	平面偏差/mm	4	经纬仪、钢尺拉线检查:每100m查3处	2
3	断面尺寸/mm	±5	尺量:每100m每侧查3处	2
4	竖直度/mm	4	吊垂线:每100m每侧查3处	1
5	预埋件位置/mm	5	尺量:每件	1

桥头搭板实测项目如表6.13所示。

表6.13 桥头搭板实测项目表

项次	检查项目		规定值或允许偏差	检查方法和频率	权值
1	混凝土强度/MPa		在合格标准内	按标准检查	3
2	枕梁尺寸/mm	宽、高	±20	尺量:每根梁检查2个断面	1
		长	±30	尺量:检查每根梁	
3	板尺寸/mm	长、宽	±30	尺量:各块板检查2~4处	1
		厚	±10	尺量:检查4~8处	2
4	顶面高程/mm		±2	水准仪:测量5处	2
5	板顶纵坡/%		0.3	水准仪:测量3~5处	1

项目小结

本项目主要介绍了桥面系的一般构造、各类桥面铺装层的施工,包括混凝土桥面铺装和钢桥面铺装层的施工,各类伸缩装置的安装和施工,桥面防水与排水施工等内容。

桥面系直接与车辆、行人接触,它对桥梁的主要结构起保护作用,并且使桥梁能够正常使用。同时,桥面系构造多属外露部位,其选择是否合理、布置是否恰当直接影响桥梁的使用功能、布局和美观性。因此,必须对桥面构造有足够的重视。

桥面铺装时,无论是混凝土桥面铺装还是钢桥面铺装,都要做试铺段,以检验施工工艺和施工技术是否满足质量要求。

桥面布置伸缩缝装置,是为了克服气温对桥面结构的影响,其施工方法和施工质量尤为重要。施工过程中,严格按照规范要求,严把质量关,尤其要把好伸缩缝装置的采购关,确保成品质量。

桥梁的防水与排水,是将地表水及时排出桥面、防治水害的有效措施,要确保各类防水材料的质量符合规范要求,同时做好排水施工。

桥面的其他防护设施,主要包括栏杆、防撞设施、隔离设施等,首先具有安全防护功能,要求安装、连接牢固;同时,这些桥面防护设施在城市桥梁中的观感美也不容忽视。

巩固与提高

1. 试述桥面铺装的作用、常见类型及特点。
2. 简述桥梁伸缩缝的作用及施工要求。
3. 试述桥面铺装的施工过程。
4. 试述桥梁伸缩缝的施工过程。
5. 试述桥面防水与排水的基本做法。

参考文献

[1] 城市桥梁设计规范（2019年版）：CJJ 11—2011.
[2] 城市桥梁工程施工与质量验收规范：CJJ 2—2008.
[3] 城市道路交通工程项目规范：GB 55011—2021.
[4] 城市桥梁养护技术标准：CJJ 99—2017.
[5] 城市桥梁桥面防水工程技术规程：CJJ 139—2010.
[6] 公路桥涵施工技术规范：JTG/T 3650—2020.
[7] 范立础. 桥梁工程（上册）. 3版. 北京：人民交通出版社，2017.
[8] 邵旭东. 桥梁工程. 4版. 北京：人民交通出版社，2016.
[9] 李灵. 桥涵施工技术. 北京：机械工业出版社，2013.
[10] 苏通大桥建设指挥部. 苏通大桥论文集：第1辑. 北京：中国科学技术出版社，2004.
[11] 华渝生. 重庆石板坡长江大桥复线桥工程：重庆石板坡长江大桥加宽改造工程正桥设计、施工及管理. 重庆：重庆出版集团，2008.
[12] 周水兴，何兆益，邹毅松，等. 路桥施工计算手册. 北京：人民交通出版社，2001.
[13] 蔡新宁，南志. 桥梁施工常用计算实例. 北京：人民交通出版社，2015.
[14] 刘东跃. 施工临时支撑结构专项技术方案. 沈阳：辽宁科学技术出版社，2013.
[15] 陈忠延. 土木工程专业毕业设计指南：桥梁工程分册. 北京：中国水利水电出版社，2002.
[16] 杨转运，边喜龙，谭翠萍，等. 高等职业学校专业教学标准：土木建筑大类Ⅰ. 北京：国家开放大学出版社，2019.